El Mesías de Israel
y el pueblo de Dios

El Mesías de Israel
y el pueblo de Dios

Judaísmo mesiánico y fidelidad a la alianza

MARK S. KINZER

Editado por Jennifer M. Rosner

y traducción de Diego Losada Macías

CASCADE *Books* · Eugene, Oregon

EL MESÍAS DE ISRAEL Y EL PUEBLO DE DIOS

JUDAÍSMO MESIÁNICO Y FIDELIDAD A LA ALIANZA

Título del original en inglés: *Israel's Messiah and the People of God: A Vision for Messianic Jewish Covenant Fidelity*

Traducción: Diego Losada Macías

© Wipf & Stock
Sello editorial de Wipf and Stock Publishers
199 W. 8th Ave., Suite 3
Eugene, OR 97401, EE.UU.
www.wipfandstock.com

PAPERBACK ISBN: 979-8-3852-1031-2
HARDCOVER ISBN: 979-8-3852-1032-9
EBOOK ISBN: 979-8-3852-1033-6

04/11/24

Índice

Agradecimientos

Queremos expresar nuestro agradecimiento a la junta directiva de Hashivenu y a todos los que participan en este foro anual. Hashivenu ha proporcionado un entorno en el que han podido surgir y se han desarrollado muchas de las ideas de este libro. También tenemos que dar muchas gracias al Grupo de Diálogo Católico Romano-Judío Mesiánico, que puede haber iniciado un nuevo capítulo en la historia de la relación entre la Iglesia cristiana y el pueblo judío. Agradecemos igualmente la pasión visionaria de Howard Loewen por las personas y las ideas, y por haber organizado nuestro encuentro inicial. El Seminario Fuller sigue siendo un lugar que no teme desafiar los viejos paradigmas y aventurarse en nuevos territorios, y le estamos agradecidos por las distintas formas en que el seminario ha apoyado, tanto a cada uno de nosotros, como a la trayectoria del judaísmo mesiánico. Finalmente, gracias a Handsel Press por el permiso para incluir «The Messianic Fulfillment of the Jewish Faith». Este libro es un testimonio de la dedicación colectiva y la perseverancia de muchos, y esperamos que sus frutos proporcionen aliento y alimento renovados a aquellos de cuya amistad nos hemos alimentado nosotros.

J. Rosner

M. Kinzer

Introducción

El pensamiento y la teología de Mark Kinzer

Conocí a Mark Kinzer, por primera vez, sentados ambos en una cafetería en Pasadena, California, donde compartimos nuestras historias personales. Siendo él un judío creyente en Jesús y viviendo mayormente en un mundo cristiano, pude intuir la angustia existencial inherente a su autoidentificación como judío mesiánico. Yo prácticamente había enterrado mi identidad judía, y sabía que, en muchos sentidos, ese era el camino más fácil. Pero últimamente, en repetidas ocasiones, me había sentido atraída por la idea de reconocer y explorar mi judaísmo, y mi encuentro con Mark llegó en un momento oportuno. Uno de mis mentores cristianos me había dicho que los puentes son útiles, pero que nadie vive en un puente. Con esto en mente, reflexioné sobre el aislamiento que se debe sentir viviendo entre dos mundos, y nunca olvidaré la respuesta de Mark: «Yeshúa[1] nunca

---

1. Nombrar a Jesús por su nombre hebreo transcrito Yeshúa sirve para recordar que Jesús era —y es— judío, y que este hecho conlleva ciertas implicaciones que la Iglesia suele pasar por alto con demasiada frecuencia. Kinzer está muy convencido de la conveniencia tanto de esta como de otras especificaciones terminológicas relacionadas con ella, pues sirven para reforzar lingüísticamente su posición teológica. En *Postmissionary Messianic Judaism*, Kinzer incluye la siguiente explicación de términos: «A aquel que en la iglesia se conoce como Jesucristo, aquí nos referiremos como Yeshúa el Mesías. Como cuestión de registro histórico, todos los eruditos de hoy reconocen que la figura del siglo primero, Yeshúa de Nazaret, era un judío. Sin embargo, muy pocos de los que creen que resucitó de entre los muertos reconocen que sigue siendo judío hoy y lo seguirá siendo para siempre, ni consideran las implicaciones de este hecho. Usando un nombre extraño, que suena como judío, para referirme a alguien que es tan familiar para la Iglesia, espero sugerir que Yeshúa todavía está en casa con los que son literalmente su familia, y que la iglesia debe hacer frente a las formas sutiles mediante las cuales ha perdido contacto con su propia identidad como extensión mesiánica multinacional del pueblo judío» (Kinzer, *Postmissionary Messianic Judaism*, 22).

Los primeros escritos de Kinzer, entre ellos algunos textos originales incluidos o

1

dijo que nuestro camino sería fácil». Aquella afirmación, con todo su peso, caló hondo en mí; y desde entonces no he dejado de reflexionar —y de experimentar— acerca de su verdad.

El camino del judaísmo mesiánico no es nada fácil. Mark Kinzer sigue desempeñando un papel pionero en un movimiento plagado de dificultades por todos lados, y su tratamiento de las numerosas y a menudo conflictivas dinámicas que caracterizan el movimiento es magistral. Kinzer está profundamente comprometido con la tradición y la vida judías, al tiempo que se aferra firmemente a la creencia en el mesianismo de Yeshúa. Para él, Yeshúa no es uno más en la vibrante fe judía: Yeshúa está en el corazón de esa fe, dándole su verdadera forma y su significado más profundo. Como teólogo, Kinzer está apasionadamente convencido de que debemos hacer teología con la tradición religiosa judía en una mano y con la tradición religiosa cristiana en la otra.

Históricamente, desde la proverbial *separación de caminos*, el judaísmo y el cristianismo[2] se han analizado la mayoría de las veces en contraposición del uno con el otro, sosteniendo afirmaciones teológicas mutuamente excluyentes. En este esquema, Yeshúa se convierte en la línea divisoria. Los judíos a menudo bromean diciendo que en lo único en lo que todas las ramas del judaísmo están de acuerdo es que Yeshúa no era el Mesías. En contra de este paradigma tradicional tan arraigado, Kinzer propone una disposición, radicalmente nueva, de las piezas del rompecabezas teológico: en ella Yeshúa es el *vínculo esencial* entre el judaísmo y el cristianismo, en lugar de su fundamental factor de diferenciación.

Kinzer no está dispuesto a aceptar que el judaísmo y el cristianismo sean dos fenómenos completamente separados y argumenta convincentemente que esta no es la configuración que vemos en el Nuevo Testamento. Por el contrario, ambos están fundamentalmente vinculados, inextricablemente ligados, entre sí mismos y con los propósitos redentores de Dios para toda

---

referenciados en este libro, emplean un lenguaje más típicamente cristiano. Los cambios en su terminología reflejan su propio proceso de evolución teológica y existencial.

2. Kinzer entiende que el término *cristianismo* hace referencia a la tradición religiosa del flanco gentil del cuerpo del Mesías, que en gran medida se desarrolló por la diferenciación del judaísmo y la oposición al mismo. En *Postmissionary Messianic Judaism*, Kinzer escribe: «Puesto que los propios términos implican mutua exclusividad, en este libro no utilizaré las palabras *cristianismo*, *cristianos* e *Iglesia* de la manera convencional. Las emplearé solo para referirme a la realidad institucional desarrollada que se volvió abrumadoramente gentil en su composición y carácter. Al hablar de realidades que deberían concebirse como íntegramente ligadas al judaísmo y al pueblo judío, o incluso como situadas dentro de esas esferas, hablaré de la *fe en Yeshúa* (en lugar de *cristianismo*), los *creyentes en Yeshúa* (en lugar de *cristianos*), y la *ekklesia* (en lugar de la *Iglesia*)» (íd., 22).

la creación. Por supuesto, este argumento no puede deshacer o negar el desarrollo histórico por el cual ambos, empíricamente, se han separado y se han vuelto diferentes y, en muchos sentidos, opuestos entre sí. En el paradigma de Kinzer, el judaísmo mesiánico y los judíos mesiánicos proporcionan el vínculo que une a estas dos realidades. Las ideas de Kinzer tienen una relevancia que va mucho más allá del judaísmo mesiánico; sus afirmaciones, si son ciertas, afectan radicalmente tanto a la Iglesia como al pueblo de Israel. Según Kinzer, cada tradición contiene un componente único en el desenvolvimiento de la redención de toda la creación; y la verdad solo es revelada cuando estas dos piezas se unen.

El método de Kinzer representa la doble tarea interdireccional de explicar, por un lado, la parte judía a los cristianos (quienes históricamente han percibido el judaísmo o bien espiritualmente en ruina por haber rechazado a Yeshúa, o bien como precursor tipológicamente importante de Yeshúa cuya significación ha sido remplazada desde entonces por la Iglesia); y, por otro, explicar la parte cristiana a los judíos (que históricamente han experimentado el cristianismo, y así justificadamente lo han percibido, como una amenaza para la vida y la esencia misma de la existencia judía). En la realización de esta representación dual, el judaísmo mesiánico emerge como el eslabón crítico, y la teología de Kinzer ofrece un llamamiento a los judíos creyentes en Yeshúa para que encarnen el papel de constructores de puentes que existencialmente se les ha asignado.

La radicalidad de la propuesta de Kinzer ha suscitado multitud de críticas[3], pero Kinzer se siente llamado proféticamente a decir la verdad tal y como él la ve. De un modo que recuerda al gran reformador Martín Lutero, Kinzer se sostiene tras su controvertido paradigma afirmando: «No puedo hacer otra cosa». La conexión que Kinzer establece entre Israel, Yeshúa y la comunidad creyente en Yeshúa (o *ekklesia*) crea una interpretación de la historia de la salvación rica y llena de matices, que abre nuevas perspectivas para entender la obra redentora de Dios en el mundo. La interrelación entre esos componentes desarrollada por Kinzer sienta las bases de su paradigma teológico, un paradigma con implicaciones de gran alcance.

El pueblo de Israel

Kinzer entiende el judaísmo mesiánico como *posmisionero* y subraya la importancia de que la identidad primaria del judaísmo mesiánico esté radicada fundamentalmente *dentro* del pueblo de Israel. Según Kinzer, los

---

3. Véase Kinzer, «*Postmissionary Messianic Judaism*, tres años después: reflexiones sobre una conversación recién iniciada», en el epílogo de este libro.

judíos mesiánicos no se apartan del pueblo de Israel ni se sitúan frente a él, sino que tienen que identificarse profundamente con la compleja historia de Israel y el curso del viaje en el que está inmerso. Al vivir en solidaridad con el pueblo de Israel, los judíos mesiánicos asumen las múltiples facetas de la vida judía en la alianza y tienden un puente entre Israel y la Iglesia. Kinzer ofrece tres marcadores o señales principales de una actitud posmisionera:

> En primer lugar, *el judaísmo mesiánico posmisionero insta a los judíos mesiánicos a vivir una vida judía observante como un acto de fidelidad a la alianza y no de oportunidad misionera.* = […] = En segundo lugar, *el judaísmo mesiánico posmisionero abraza al pueblo judío y su tradición religiosa, y descubre a Dios y al Mesías en medio de Israel.* = […] = En tercer lugar, *el judaísmo mesiánico posmisionero sirve a la Iglesia cristiana (gentil) vinculándola a los descendientes físicos de Abrahán, Isaac y Jacob, confirmando así su identidad como extensión multinacional del pueblo de Israel.*[4]

Cada una de estas tres señales constituye un importante elemento fundacional para la teología de Kinzer.

La primera de esas señales de Kinzer tiene dos caras. Por un lado, afirma inequívocamente que los judíos mesiánicos deben, de hecho, «vivir una vida judía observante». Este principio básico de la teología de Kinzer, establecido con firmeza a lo largo de sus escritos, es una declaración significativa por sí misma. Esta postura va a contracorriente de gran parte de la historia cristiana y apunta hacia una reconfiguración radical de cómo la Iglesia ve a los judíos en medio de ella.[5] Para Kinzer, las implicaciones eclesiológicas de esta afirmación están basadas en su precedente bíblico: «En contra de lo que se suele dar por sentado, llego a la conclusión de que el Nuevo Testamento —leído canónica y teológicamente— enseña que todos los judíos (incluidos los creyentes en Yeshúa), no solo pueden, sino que están obligados a seguir las prácticas judías básicas».[6] Las implicaciones de esta afirmación sustentan todo el sistema teológico de Kinzer. Comentando *Postmissionary Messianic Judaism*, afirma: «Aunque el mensaje de *PMJ* va mucho más allá del carácter obligatorio de la práctica y la identidad judías basadas en la Torá para los judíos creyentes en Yeshúa, no se puede subestimar la importancia capital de esta proposición para la argumentación del libro en su conjunto. Es

---

4. Kinzer, *Postmissionary Messianic Judaism*, 13-15.

5. Kinzer observa la extraña inversión perpetuada por la Iglesia con respecto a judíos y gentiles: «[…] mientras que el primer movimiento judío de Yeshúa decidió que un gentil no necesitaba convertirse en judío para salvarse, el creciente consenso entre los cristianos fue que, en efecto, ¡un judío necesitaba hacerse gentil para salvarse!» (íd., 194).

6. (Íd., 23).

mucho más importante como base para llegar a otras conclusiones, que como conclusión en sí misma».[7]

La segunda cara de esa primera señal es, por otro lado, igualmente importante: la fidelidad a la alianza de los judíos mesiánicos no está motivada por la «oportunidad misionera». Si los judíos mesiánicos se entienden a sí mismos como parte de todo el pueblo de Israel, entonces su compromiso con ese pueblo y su aceptación de las responsabilidades inherentes a la alianza de Israel están arraigados en su identificación con ese pacto y su participación en él.[8] Según Michael Wyschogrod:

> Ser judío significa trabajar bajo el yugo de los mandamientos [...] Ahora bien, una vez que alguien es judío, lo sigue siendo para siempre. Una vez que alguien se ha sometido al yugo de los mandamientos, no puede escapar de este yugo. Así el bautismo, desde el punto de vista judío, no convierte el comer cerdo en un acto neutral. De hecho, nada que pueda hacer un judío le permite escapar del yugo de los mandamientos.[9]

Está claro lo que esto implica: creer que Yeshúa es el Mesías no hace que un judío deje de ser judío y, por lo tanto, no le exime de las responsabilidades del pacto judío. Aunque Wyschogrod (judío ortodoxo) no está de acuerdo con las convicciones teológicas de Kinzer respecto a Yeshúa, sí lo está con la postura de Kinzer sobre cómo deben vivir los judíos mesiánicos:

> De hecho, a lo largo de los siglos, los judíos que ingresaron en la Iglesia perdieron muy pronto su identidad judía. Al cabo de varias generaciones, con los matrimonios mixtos, las huellas judías desaparecieron. [...] En resumidas cuentas, si todos los judíos de épocas pasadas hubieran seguido el consejo de la Iglesia de hacerse cristianos, hoy no habría judíos en el mundo. Lo que debemos preguntarnos es: ¿quiere realmente la Iglesia un mundo sin judíos?, ¿cree la Iglesia que un mundo así está en conformidad con la voluntad de Dios?, ¿o cree la Iglesia que es voluntad de Dios, aun después de la venida de Yeshúa, que haya un pueblo judío en el mundo? [...] Si, desde el punto de vista cristiano, la elección de Israel sigue siendo una

---

7. Kinzer, «*PMJ*, three years later» [aquí traducido e íntegramente reproducido en el epílogo, v. pág. 206].

8. Esto, por supuesto, plantea preguntas sobre la postura de un judío mesiánico hacia la Torá oral, el puente necesario entre los mandamientos bíblicos y su ejecución. Kinzer aborda esta cuestión en el capítulo 7 de *Postmissionary Messianic Judaism*, así como en el ensayo «A Biblical Defense of Oral Torah» [aquí traducido e íntegramente reproducido en el capítulo 3].

9. Wyschogrod, *Abraham's Promise*, 206.

realidad contemporánea, entonces la desaparición del pueblo judío del mundo no puede ser un acontecimiento aceptable. Estrechamente relacionada con la supervivencia del pueblo judío está la cuestión de la ley mosaica.[10]

Al igual que Wyschogrod presenta este reto a la Iglesia, Kinzer ve su teología como una llamada de atención para que la Iglesia reconsidere su postura hacia el pueblo judío: «Los cristianos que ahora afirman la naturaleza irrevocable de la alianza entre Dios e Israel deben replantearse su enfoque de la práctica judía arraigada en la Torá para todos los judíos, incluidos los judíos creyentes en Yeshúa».[11]

La segunda señal del judaísmo mesiánico posmisionero pone de relieve la solidaridad entre los judíos mesiánicos y el mundo judío en general, señalando el camino hacia una cristología arraigada en el pacto de Dios con Israel y planteando una continuidad significativa entre la Biblia hebrea y las Escrituras de la nueva alianza.

La tercera señal sienta las bases para entender el judaísmo mesiánico como un vínculo esencial entre Israel y la Iglesia. Una vez más, esta configuración ofrece una nueva forma de entender a Yeshúa como puente en lugar de cuña que abre brecha y divide; y propone un paradigma en el que el judaísmo y el cristianismo se unen conservando sus distinciones únicas y complementarias.[12] La *ekklesia* se convierte en una extensión —en vez de un remplazo o sustitución— de Israel.

Aunque Kinzer defiende la identificación del judaísmo mesiánico con el pueblo judío en su conjunto, la creencia en Yeshúa no carece de implicaciones significativas:

> El judaísmo mesiánico implica algo más que una pequeña sutil modificación de la forma de vida y el pensamiento judíos existentes, simplemente añadiendo unos pocos elementos requeridos por la fe en Yeshúa y eliminando algunos elementos incompatibles con esa fe. Por el contrario, el judaísmo que hemos heredado —y que seguimos practicando— está totalmente bañado por la brillante luz de la revelación de Yeshúa. En una interacción circular y dinámica, nuestro judaísmo nos proporciona el marco necesario para interpretar la revelación

10. Íd., 207-208.

11. Kinzer, *Postmissionary Messianic Judaism*, 210.

12. Siguiendo a Pablo en Gálatas 3,28, Kinzer trata la unión entre judío y gentil como análoga a la unión entre hombre y mujer en el matrimonio. Kinzer afirma que «la unidad de judío y gentil no implica la eliminación de toda distinción entre los dos, como tampoco la unidad de marido y mujer elimina toda diferenciación de género» (íd., 170).

de Yeshúa, aun cuando resulte a su vez reconfigurado por esa revelación. Es así como nuestro judaísmo y nuestra fe en Yeshúa están orgánica y holísticamente *integrados*.[13]

La interpretación que hace Kinzer de la relación entre judíos mesiánicos y pueblo de Israel en su conjunto sigue la teología paulina del remanente, tal como se puede ver claramente en Romanos 9-11. El remanente es parte y a la vez distinto del pueblo como un todo: «En opinión de Pablo, el remanente no sustituye a Israel, sino que representa y santifica a Israel. Cumple una función sacerdotal en nombre de toda la nación».[14] El remanente está llamado a identificarse con el pueblo judío, y también a dirigirlo hacia su Mesías, tanto tiempo esperado, quien encarna plenamente la misión y la identidad de Israel.

Si este es el papel del remanente de Israel que acepta la mesianidad de Yeshúa, la realidad es, en cambio, que la inmensa mayoría de Israel niega esta afirmación. Mientras que durante la mayor parte de la historia cristiana se ha condenado a Israel por este error fatal, Kinzer considera el rechazo de Yeshúa por parte del pueblo judío como parte integrante del plan de salvación de Dios: «Mientras que una lectura tradicional de Romanos 9-11 ha visto el endurecimiento del Israel que no forma parte del remanente como algo de naturaleza exclusivamente punitiva, los textos que hemos estado explorando apuntan en otra dirección. Describen el endurecimiento parcial de Israel como una forma de sufrimiento impuesto por Dios para que el propósito redentor de Dios para el mundo pudiera realizarse».[15]

Aquí Kinzer se une a una serie de eruditos que han comenzado a leer el rechazo de Israel a Yeshúa bajo una nueva luz. Según Paul van Buren:

> El Evangelio se presentó a los gentiles como exigencia de abandonar sus costumbres paganas y el culto a los dioses que no son Dios. El Evangelio, tal como lo predicó la Iglesia después de Pablo, se presentó a los judíos ¡como una exigencia de abandonar los explícitos mandamientos y el pacto del mismo Dios que la iglesia proclamaba! He aquí una profunda incoherencia, surgida por la falta de una adecuada teología cristiana de Israel. La realidad teológica que dicha teología debe abordar es, pues, que Israel dijo «no» a Jesucristo por fidelidad a su Padre, el Dios de Israel.[16]

---

13. Kinzer, «Prayer in Yeshua, Prayer in Israel: The Shema in Messianic Perspective» [aquí traducido e íntegramente reproducido en el capítulo 4, v. pp. 84-85].

14. Kinzer, *Postmissionary Messianic Judaism*, 125.

15. Íd., 129.

16. Van Buren, *A Theology of the Jewish-Christian Reality*, vol. 2, 34, 276.

De acuerdo con la afirmación de van Buren, Kinzer observa que «Israel no solo sufre a pesar de su fidelidad a la alianza; en realidad sufre a causa de su fidelidad a la alianza».[17] Richard Hays ofrece una valoración similar, señalando que el endurecimiento parcial de Israel se produce como resultado de la acción de Dios, no de la sola obstinación de Israel:

> El rechazo temporal de Israel se ha producido por el bien de los gentiles. Es Dios quien ha desgajado las ramas judías para permitir que se injerten las ramas gentiles. [...] Así pues, en la mente de Pablo existe una definida —aunque misteriosa— analogía entre el «endurecimiento» de Israel y la muerte de Jesús: Dios ha ordenado estos dos terribles acontecimientos para la salvación del mundo. Por consiguiente, el destino de Israel se interpreta cristomórficamente, incluida la esperanza final para los judíos de una «vida de entre los muertos» (Ro 11,15). Cualquier comunidad cristiana que tomara en serio esta analogía soteriológica entre un Israel rechazado y un Cristo que se hizo maldición por nosotros (Ga 3,13) vería sin duda transformada su forma de tratar al pueblo judío.[18]

En concordancia con la noción de que el sufrimiento de Israel participa misteriosamente en el sufrimiento de Yeshúa, vemos una plena implicación de la cristología de Kinzer en la continuidad con Israel. No es solo que Yeshúa representa a Israel en un solo hombre (como analizaremos más adelante), sino que de igual forma el pueblo de Israel está ligado ontológicamente a su Mesías, aun cuando no lo reconozca. De ahí que Kinzer pregunte: «¿Es posible que Pablo esté insinuando, a través de estos sorprendentes paralelismos entre Romanos 8 y Romanos 9-11, que la temporal incredulidad en Yeshúa por parte de Israel es, en sí misma y paradójicamente, una participación en el sufrimiento vicario y redentor de Yeshúa?».[19]

Thomas Torrance señala una conexión similar entre Yeshúa e Israel: «Ser portador de alguna revelación divina es sufrir; y no solo sufrir, sino también ser muerto y revivido; y no solo ser revivido, sino también continuamente renovado y remodelado bajo su conmoción creativa. Esa es la prehistoria de la crucifixión y resurrección de Jesús en Israel».[20] Mientras Torrance hace referencia al sufrimiento de Israel como prefiguración del de Yeshúa, Clemens Thoma afirma que el papel de Israel fue más que

---

17. Kinzer, *Postmissionary Messianic Judaism*, 132.
18. Hays, *The Moral Vision of the New Testament*, 433.
19. Kinzer, *Postmissionary Messianic Judaism*, 133.
20. Torrance, *The Mediation of Christ*, 11.

meramente precursor: el sufrimiento del pueblo judío sigue reflejando el de Yeshúa:

> Auschwitz es el signo moderno más monumental de un vínculo y una unidad intimísimos entre los mártires judíos —representando a todo el judaísmo— y el Cristo crucificado, aunque de ello no hayan podido ser conscientes los judíos afectados. Por eso, para los cristianos que creen, el Holocausto es un signo importante de la inquebrantable unidad, fundamentada en Cristo crucificado, del judaísmo y el cristianismo, a pesar de todas las divisiones, los caminos individuales y los malentendidos.[21]

Kinzer llega a una conclusión similar, ofreciendo una lectura de Isaías 53 que sintetiza la interpretación judía clásica del texto con la clásica interpretación cristiana: «Desde la Edad Media, la lectura judía de este texto ha seguido en gran medida el comentario clásico de Rashi, que considera que el siervo sufriente que se describe en el capítulo es el pueblo de Israel. Los comentaristas cristianos tradicionales, en cambio, ven en esta figura al Mesías y consideran que el sufrimiento, la muerte y la resurrección de Yeshúa son el cumplimiento de la profecía. A la luz del Holocausto, algunos intérpretes creyentes en Yeshúa sugieren que *ambas lecturas deberían combinarse*».[22] Si la vida corporativa de Israel está representada y encarnada en Yeshúa, entonces el sufrimiento de Yeshúa reverbera a través de su propia familia de carne y hueso. Según Kinzer, «el aparente no de Israel a Yeshúa resultó en la íntima participación de Israel en el sí de Yeshúa a Dios».[23]

La persona de Yeshúa

Como ya hemos señalado, en su cristología Kinzer destaca la continuidad entre la obra de Dios en Israel y la misión e identidad del Mesías de Israel. Kinzer sitúa a Yeshúa dentro del marco narrativo de Israel, presenta su venida como cumplimiento del destino de Israel: «Aunque la encarnación de la *Memra* (Palabra) es un acontecimiento nuevo y único,

---

21. Thoma, *Christian Theology of Judaism*, 159.

22. Kinzer, *Postmissionary Messianic Judaism*, 228 (cursivas añadidas). Martin Hengel apoya la interpretación de Isaías 53 como una referencia tanto al pueblo de Israel como a un futuro Mesías: «En determinadas circunstancias, las dos posibilidades podrían verse, simultáneamente, como aspectos diferentes del texto, porque una figura mesiánica es siempre, al mismo tiempo, representante de todo el pueblo» (Hengel, «The Effective History of Isaiah 53 in the Pre-Christian Period», 81).

23. Kinzer, *Postmissionary Messianic Judaism*, 230.

no obstante debe verse, en continuidad con lo que le precede, como una forma concentrada e intensificada de la presencia divina que acompaña a Israel a lo largo de su travesía histórica. Así, contrariamente a la común narración canónica cristiana, la divinidad de Yeshúa puede considerarse, no una ruptura y disyunción radical en la historia, sino la continuación y elevación de un proceso iniciado mucho antes».[24]

Uno de los modos en que vemos a Yeshúa encarnar «una forma concentrada e intensificada de la presencia divina» es a través de la naturaleza expansiva de su santidad. Mientras que a Israel se le ordenó que se abstuviera del contacto con objetos y personas ritualmente impuros para que la santidad de Israel no fuera contaminada, la santidad de Yeshúa fluye hacia el mundo impuro: «El contacto de Yeshúa con los impuros no lo contamina a él, sino que, al contrario, él transmite pureza, santidad y vida a los impuros que le rodean. = […] = La vida y la misión de Yeshúa despliegan así un nuevo tipo de *kedushá*[25], una santidad profética e invasiva que no necesita protección, sino que trata de contactar para santificar lo profano».[26]

En este sentido, vemos a Yeshúa representando el cumplimiento del destino de Israel, pues la santidad de Israel siempre tuvo por objeto expandirse afuera y santificar el mundo. Cuando Dios llama a Abrahán en Génesis 12, este elemento de expansión hacia el exterior ya está presente: «Bendeciré a los que te bendigan y maldeciré a quien te maldiga, y *todos los pueblos de la tierra* serán bendecidos a través de ti» (Gn 12,3). El profeta Isaías repite esta idea: «Poco es que tú seas mi siervo para restaurar las tribus de Jacob y hacer volver a los de Israel que yo he guardado. *También haré de ti una luz para los gentiles, para que lleves mi salvación hasta los confines de la tierra*» (Is 49,6). De este modo, la presencia de Dios que descansa sobre Israel es transmitida al mundo por medio de Yeshúa.

Una vez más, las ideas de Kinzer coinciden con las de Michael Wyschogrod. Wyschogrod afirma que, conjuntamente con el templo de Jerusalén, el pueblo judío es lugar de morada real de Dios: «Este es el absoluto compromiso de la elección de Israel: Dios ha decidido vincular consigo mismo a un pueblo; un pueblo definido por un grupo humano, la simiente de Abrahán y Sara, Isaac y Jacob; y este pueblo, que constituye una presencia física en el mundo, es al mismo tiempo la morada de Dios

---

24. Kinzer, «Beginning with the End» [aquí traducido e integramente reproducido en el capítulo 5, v. pág. 124].

25. [N. del T.: «santidad» o «santificación», lit. «apartado» (de lo profano o impuro, para Dios).]

26. Kinzer, «Beginning with the End» [aquí traducido e integramente reproducido en el capítulo 5, v. pp. 127-128].

en el mundo».[27] Si bien Wyschogrod no acepta la idea de la encarnación de Dios en la persona de Yeshúa, considera que tal afirmación es una variación de una idea judía y no algo totalmente nuevo. «Afirmo que la enseñanza cristiana de la encarnación de Dios en Jesús es la intensificación de la enseñanza de la morada de Dios en Israel, concentrando esa morada en un judío en lugar de dejarla extendida al conjunto del pueblo de Jesús».[28]

La intensificación y la concentración de las que habla Wyschogrod caracterizan perfectamente la cristología de Kinzer: «En Yeshúa, la tienda de la presencia divina adopta una forma nueva. Como el verdadero israelita, intachable y santo, Yeshúa resume todo lo que Israel debía ser. Él se convierte en el templo, el sacerdote y el sacrificio perfectos, ofreciéndose a sí mismo a Dios en nombre de Israel, de las naciones y de toda la creación. Yeshúa muere, no solo como sacrificio, sino también como el mártir perfecto de Israel, quien, como Isaac en la Aquedá, encarna en sí mismo a todos los mártires de Israel, y cuya sangre es derramada tanto para expiar los pecados, como para preparar el camino a la venida del Olam Habá».[29]

De hecho, la cristología de Kinzer postula que Yeshúa es precisamente la intensificación de la presencia de Dios en Israel; para Kinzer, Yeshúa es 'Israel en un solo hombre': «El Nuevo Testamento emplea muchas imágenes bíblicas en su intento de explorar el significado y la importancia de Yeshúa. Una de esas imágenes tiene especial relevancia para nuestro tema de estudio: Yeshúa como representante y encarnación individual de todo el pueblo de Israel».[30] Yeshúa a la vez resume la historia de Israel y apunta hacia el cumplimiento profético del destino último de Israel como luz a las naciones y agente santificador para todo el mundo. En esta línea, N.T. Wright observa que los evangelios «cuentan la historia de Jesús de tal manera que transmiten la creencia de que esta historia es el clímax de la historia de Israel. Por eso tienen la *forma* de la historia de Israel, ahora reelaborada en términos de una sola vida humana».[31]

Además de considerar la encarnación una intensificación de la realidad de Dios en Israel, Kinzer ve también la muerte de Yeshúa de un modo similar:

---

27. Wyschogrod, «Incarnation», 212-213.

28. Wyschogrod, *Abraham's Promise*, 178.

29. Kinzer, «Beginning with the End» [aquí traducido e integramente reproducido en el capítulo 5, v. pág. 143]. La *Aquedá* (lit., «atadura») es, en hebreo, el relato del sacrificio de Isaac en Génesis 22; *Olam Habá* es el mundo venidero.

30. Kinzer, *Postmissionary Messianic Judaism*, 217.

31. Wright, *The New Testament and the People of God*, 401-402.

Del mismo modo en que los Escritos Apostólicos[32] describen la encarnación divina con la imaginería sacerdotal del *Mishkán* [el tabernáculo] y el templo, así también representan la muerte de Yeshúa con la imaginería sacerdotal del sacrificio expiatorio. = [...] = Si Yeshúa es el perfecto 'Israel en un solo hombre', entonces su muerte como mártir bajo los romanos resume todo el sufrimiento justo de Israel a lo largo de los siglos, proporciona la máxima expresión del compromiso con Dios y del amor abnegado mostrados antes en la *Aquedá*, y efectúa una expiación definitiva [...] Una versión judía mesiánica de la narración canónica verá la muerte de Yeshúa en continuidad, no solo con el sistema del templo de Israel, sino también en continuidad con toda la vida en curso de Israel en este mundo. Ocurre con la muerte expiatoria de Yeshúa lo mismo que con la encarnación: en lugar de ponerle fin, ni de comenzar algo completamente nuevo en ella, el Mesías personifica, engrandeciéndola, lo mejor de la historia de Israel.[33]

La cristología concebida de esta manera implica una estrecha y *continua* conexión entre Yeshúa y la vida de Israel, como se ha señalado antes. R. Kendall Soulen hace explícita esta conexión: «Jesús, el primogénito de entre los muertos, es también la primicia de la vindicación escatológica del cuerpo de Israel por parte de Dios. A la luz de la resurrección corporal de Jesús, es cierto no solo que Dios intervendrá en favor de todo el cuerpo de Israel al final de la historia de la alianza, sino también que por este mismo acto Dios consumará el mundo».[34] Esta interpretación también previene de una posible gran cristología que conduzca a una escatología excesivamente realizada. Según Kinzer, Yeshúa no solo encarna la historia de Israel, sino que también apunta a la futura consumación de esa historia.

La experiencia que tiene Israel de la presencia permanente del Señor anticipa la consumación del mundo, cuando «la tierra se llenará del conocimiento de Dios como las aguas cubren el mar» (Is 11,9). Esa experiencia anticipatoria se eleva a un nivel superior con la venida de Yeshúa, el 'Israel en un solo hombre', en quien la Palabra divina se hace carne. Los Escritos Apostólicos comienzan su relato narrando el nacimiento de Yeshúa, que es Emanuel, «Dios con nosotros» (Mt 1,23), y

---

32. [N. del T.: es así como el autor Mark Kinzer —y el judaísmo mesiánico en general— se refiere al conjunto de los libros del Nuevo Testamento.]

33. Kinzer, «Beginning with the End» [aquí traducido e integramente reproducido en el capítulo 5, pp. 128 Y 129-130].

34. Soulen, *The God of Israel and Christian Theology*, 166.

concluyen describiendo la Nueva Jerusalén como «la morada de Dios» (Ap 21,3). [...] la encarnación, tal como la construcción del *Mishkán*, también debe verse en términos de escatología proléptica, pues apunta hacia una realidad que aún no está completamente a nuestro alcance.[35]

Aunque la vida, muerte y resurrección de Yeshúa están íntimamente entrelazadas con la historia en curso de Israel, Yeshúa inaugura un futuro que Israel aún no ha experimentado. «Así, ciertos aspectos de la identidad y la misión de Yeshúa (su encarnación y su muerte expiatoria) están en continuidad con la historia pasada de Israel, mientras que otros (su resurrección y la fundación de la *ekklesia* dual) son señales garantes del futuro prometido a Israel».[36]

El cuerpo del Mesías

Una vez examinada la teología de Kinzer en lo que se refiere a Israel y a Yeshúa, podemos ahora abordar las implicaciones eclesiológicas de sus opiniones. La eclesiología de Kinzer es, en muchos sentidos, piedra angular de todo su sistema teológico, con la que aporta un plan de acción para sanar la ruptura que caracteriza actualmente al pueblo de Dios. La constructiva propuesta eclesiológica de Kinzer es lo que él denomina *eclesiología bilateral en solidaridad con Israel*.[37]

La eclesiología bilateral es el resultado práctico del cúmulo de afirmaciones teológicas de Kinzer. En *Postmissionary Messianic Judaism*, Kinzer argumenta en contra de la noción supersesionista de que la Iglesia remplaza a Israel, afirmando en cambio que «el pueblo judío en su conjunto conserva su posición como comunidad elegida y amada por Dios. Aunque, en lenguaje paulino, Israel ha experimentado un "endurecimiento parcial" que por un tiempo le impide abrazar la fe en Yeshúa colectivamente, sin embargo sigue siendo un pueblo santo, apartado para Dios y para los propósitos de Dios».[38] Esta declaración, unida a la afirmación de que el *remanente* de Israel dentro de la *ekklesia* está llamado a ser «un componente representativo y sacerdotal de Israel que santifique a todo Israel»[39], requiere necesariamente una nueva configuración eclesiológica.

---

35. Kinzer, «Beginning with the End», [aquí traducido e integramente reproducido en el capítulo 5, v. pág. 124].

36. Íd., v. cap. 5, pág. 132.

37. Véase Kinzer, *Postmissionary Messianic Judaism*, cap. 4.

38. Íd., 151.

39. Íd., 151.

Según Kinzer, para que el remanente cumpla el papel que Dios le ha dado, «esta porción de Israel debe *vivir verdaderamente como Israel*, es decir, debe ser ejemplar en la observancia de las prácticas judías tradicionales que identifican al pueblo judío como una comunidad distinta, elegida y amada por Dios».[40] Sin embargo, el Nuevo Testamento también deja claro que el cuerpo del Mesías debe incluir a gentiles que no están obligados a vivir como judíos.[41] ¿Cómo puede la *ekklesia* dar cabida a ambas cosas, tanto al llamamiento del remanente a vivir como Israel, como al reconocimiento de que los creyentes gentiles no tienen por qué adoptar las prácticas judías? «Solo un arreglo estructural permitiría una vida comunitaria judía diferenciada en el contexto de una comunidad transnacional de judíos y gentiles: la única *ekklesia* debe constar de dos subcomunidades corporativas, cada una con sus propias estructuras gubernamentales y comunitarias formales o informales».[42] Según dicho arreglo, la rama judía de la *ekklesia* sigue siendo distinta de la rama gentil, y de esa forma sirve de vínculo entre la *ekklesia*, en sentido amplio, e Israel, también en sentido amplio.

La eclesiología bilateral «proporciona a la rama gentil de la *ekklesia* una forma de participar en la vida y las bendiciones de Israel sin caer en el supersesionismo».[43] Teólogos de toda tendencia reconocen, cada vez más, el oscuro y destructivo supersesionismo entretejido a lo largo de la historia de la Iglesia.[44] Según Thomas Torrance:

> […] el cisma más profundo en el pueblo único de Dios es el cisma entre la Iglesia cristiana y la judía, no el cisma entre Oriente y Occidente o entre el cristianismo romano y el protestante. La amarga separación entre la Iglesia católica y la Sinagoga que quedó establecida tras la revuelta de Bar Kojba en el siglo II después de Cristo fue una de las mayores tragedias de toda nuestra historia, no solo para el pueblo de Dios, sino para toda la civilización occidental. […] Solo con la curación de esa fisura, en una profunda reconciliación, se superarán finalmente todas las demás divisiones con las que luchamos en el movimiento ecuménico.[45]

---

40. Íd., 151.

41. Véanse, por ejemplo, las resoluciones del Concilio de Jerusalén en Hechos 15.

42. Kinzer, *Postmissionary Messianic Judaism*, 152.

43. Íd., 152.

44. Para una excelente valoración del supersesionismo a lo largo de la historia de la Iglesia, véase Soulen, *The God of Israel and Christian Theology*.

45. Torrance, «The divine vocation and destiny of Israel in world history», 92.

El cambio eclesiológico propuesto por Kinzer ofrece un paso prometedor hacia la reparación y la renuncia de este corrosivo lado oscuro de la historia de la Iglesia. En opinión de Kinzer, «el auge del supersesionismo cristiano tiene correlación con el cisma entre las ramas judía y gentil de la *ekklesia*, con el cisma entre esa rama judía y el pueblo judío en general, y con la desaparición de la fe judía en Yeshúa como realidad colectiva viable».[46] Si estos son los factores que llevaron al triunfo del supersesionismo, habrá que abordar cada uno de ellos para reparar el descarrilamiento de la Iglesia respecto del pueblo judío.

Kinzer cree que restaurar la rama judía de la *ekklesia* es un factor clave para corregir los errores de la historia y curar el cisma entre judíos y cristianos. Como él mismo afirma, «si bien defiendo la legitimidad y la importancia del judaísmo mesiánico, mi tesis es que la propia identidad de la Iglesia —y no solo la identidad de los judíos mesiánicos— está en juego en el debate».[47] Y, aunque la Iglesia históricamente haya perpetuado el supersesionismo, en cualquier caso la Iglesia sigue siendo fundamental en el plan de Dios para la reconciliación y la redención:

> El supersesionismo y el desmoronamiento del puente eclesiológico —es decir, la *ekklesia* judía— dañaron profundamente a la Iglesia. Pero debemos evitar la tentación de ver la historia de la Iglesia en términos puramente negativos: la *ekklesia* gentil conservó el mensaje esencial que se le había confiado; siguió proclamando al Mesías de Israel resucitado; rechazó el marcionismo y aceptó la Biblia judía como inspirada, autorizada y canónica; recopiló los libros del Nuevo Testamento y los ordenó de manera que contrarrestaran aún más el antijudaísmo marcionita. Las formas más virulentas de enseñanzas antijudías en el siglo II no prevalecieron, sino que fueron moderadas por Ireneo y más tarde por Agustín. La Iglesia conservó fielmente y llevó consigo las verdades que le permitirían un día reexaminar su historia y reconocer el supersesionismo como un error que exige corrección. Al mismo tiempo, el triunfo del supersesionismo y el desmoronamiento del puente eclesiológico produjeron un cisma en el corazón del pueblo de Dios.[48]

En otras palabras, enterrados dentro de la tradición y del legado de la Iglesia yacen los recursos necesarios para reparar el cisma. Pero estos

46. Kinzer, *Postmissionary Messianic Judaism*, 152.

47. Íd., 13.

48. Íd., 211 (cursivas añadidas).

recursos por sí solos no son suficientes. Dado que el pueblo judío sigue siendo un pueblo elegido por Dios y forjado según sus designios, su papel en la historia de la salvación es igualmente significativo y necesario para la reunificación del pueblo de Dios. Del mismo modo que el método de Kinzer es interdireccional, también lo es la curación del cisma en el esquema de Kinzer. ¿Cón qué parte contribuye Israel a la matriz de ese proceso curativo?

> Si la obediencia de Yeshúa, que le llevó a la muerte en la cruz, es interpretada correctamente como la encarnación y la realización perfectas de la fidelidad al pacto de Israel, entonces el rechazo judío del mensaje de la Iglesia, en el siglo II y después, puede correctamente considerarse una participación oculta en la obediencia del Mesías de Israel = [...] = Cuando los cristianos trataban de obligar a los judíos a convertirse en cristianos, también trataban de obligarlos a renegar del judaísmo y del pueblo judío, ¡y, por tanto, de Dios mismo! [...] En este caso, decir que no al Yeshúa proclamado por la Iglesia se convertía en una forma de compartir su perfecto sí a Dios = [...] = Paradójicamente, el no del judío a Yeshúa se convierte en un signo de su presencia en Israel, y no de su ausencia.[49]

Mientras que Israel aparentemente ha rechazado la obra redentora de Dios en la persona de Yeshúa, el judaísmo rabínico[50] ha salvaguardado un elemento clave del mensaje mismo que la Iglesia proclama. Kinzer sostiene que, para que prevalezcan los propósitos últimos de Dios, la Iglesia debe reconocer y aceptar la contribución que la tradición judía tiene que hacer. Este aspecto concreto de la teología de Kinzer se parece mucho a la de Franz Rosenzweig.

En las secciones finales de su obra magna *The Star of Redemption*, Rosenzweig emplea la imagen de una estrella celestial para describir la relación y la dependencia mutua entre el judaísmo y el cristianismo. El judaísmo constituye el ardiente núcleo interior de la estrella y su vocación es preservar la verdad *preservándose a sí mismo*. El cristianismo representa los rayos que brillan desde la estrella, llevando su luz y calor al medio que la rodea. Para Rosenzweig, el cristianismo es necesariamente misionero[51], mientras

---

49. Íd., 225-226.

50. Según Peter Ochs, «en cierto sentido, no hay otro judaísmo para los judíos que el que viene a través del judaísmo rabínico, o el judaísmo de la Mishná, el Talmud, la sinagoga, el libro de oraciones y el estudio de la Torá, que surgió después de, a pesar de, y en respuesta a, la pérdida del segundo templo. Todos los nuevos judaísmos que han surgido desde entonces lo han hecho a partir y desde el punto de vista de este judaísmo rabínico» (Ochs en Yoder, *Jewish-Christian Schism Revisited*, 3).

51. «El cristianismo, como camino eterno, tiene siempre que extenderse más allá.

que el judaísmo está intrínsecamente centrado en sí mismo[52]. Aunque cada uno tiene su propia vocación prescrita, se necesitan mutuamente para evitar los peligros que sus respectivas trayectorias entrañan.

Según Rosenzweig, sin la contraparte equilibradora del judaísmo, el cristianismo es propenso a tres peligros que están relacionados entre sí: «la espiritualización del concepto de Dios, la apoteosis del concepto del hombre, la panteización del concepto del mundo».[53] En otras palabras, el cristianismo corre el peligro de domesticar a Dios, exaltar la humanidad y actuar como si el mundo ya estuviera redimido. Los peligros del judaísmo representan una distorsión de su llamamiento a la propia preservación y conllevan el olvido del plan de Dios de redimir al mundo entero. El judaísmo corre el peligro de privatizar a Dios, abandonando al mundo y aislándose en su propia existencia.

Los peligros del judaísmo y del cristianismo se derivan de sus deberes y de sus fundamentos, independientes, pero relacionados:

> El cristianismo, al irradiar hacia el exterior, corre el peligro de evaporarse en rayos aislados lejos del núcleo divino de la verdad. El judaísmo, al crecer hacia el interior, corre el peligro de acumular su calor en su propio seno, muy lejos de la realidad del mundo pagano. Si allí los peligros eran la espiritualización de Dios, la humanización de Dios, confundir a Dios con el mundo..., aquí lo eran la negación del mundo, el desprecio del mundo, la mortificación del mundo. [...] Estos tres peligros son las consecuencias necesarias de la interioridad apartada del mundo, como los peligros del cristianismo son las consecuencias de la autorrenuncia dirigida hacia el mundo.[54]

Aunque los detalles de los «peligros» de Kinzer son ligeramente diferentes, el marco es el mismo. Para Kinzer, el mensaje de Dios en Yeshúa es estructuralmente defectuoso si se desliga del judaísmo, su fuente y su contraparte. Cuando la Iglesia exigió a los «conversos» judíos que

---

Para él, la simple conservación de su continuidad significaría la renuncia a su eternidad y, por tanto, la muerte. El cristianismo debe ser misionero» (Rosenzweig, *The Star of Redemption*, 362).

52. «El corazón del fuego debe arder sin detenerse jamás. Su llama debe alimentarse a sí misma eternamente. No quiere alimento de ningún otro lugar. El tiempo debe pasar sin poder sobre él. El fuego debe engendrar su propio tiempo. Debe engendrarse a sí mismo eternamente. Debe hacer que su vida sea eterna en la sucesión de las generaciones, cada una de las cuales engendra a la siguiente, pues ella misma volverá a dar testimonio de la precedente. El testimonio tiene lugar en la procreación» (íd., 317).

53. Íd., 424-425.

54. Íd., 429-430.

renunciaran a sus antiguas prácticas, el cristianismo perdió el contacto con sus raíces en el judaísmo y, por tanto, perdió parte de su mismo ser. Aunque pueda parecer que este error solo afecta a los creyentes judíos en Yeshúa, según Rosenzweig, la existencia misma del cristianismo se marchita si pierde de vista la tierra donde brotó. Perdiendo sus raíces históricas en el judaísmo, el cristianismo pierde a su propio Dios.

Del mismo modo, el judaísmo necesita que el cristianismo le recuerde que el mundo entero es la creación amada de Dios, destinada a la redención. El deleite del judaísmo en la Torá no puede ocultar el hecho de que, por la fe en Yeshúa, «se ha dado a conocer una justicia de Dios, aparte de la ley, de la cual dan testimonio la Ley y los Profetas» (Rm 3,21). El judaísmo debe recordar que el Dios de Israel es también el Dios de los gentiles.

En el pensamiento de Kinzer, la redención y la reconciliación solo pueden lograrse cuando el judaísmo y el cristianismo ofrezcan sus tesoros únicos y reciban las ofrendas del otro. Las implicaciones de este modelo exigen que la Iglesia redescubra una parte de sí misma que se ha perdido: «Hemos argumentado que la Iglesia cristiana y el pueblo judío constituyen juntos el pueblo único de Dios y, en cierto sentido, el cuerpo único del Mesías. El cisma en el seno de este pueblo ha hecho daño a cada una de las partes y ha dado lugar, entre los cristianos, a una visión truncada de la propia identidad de la Iglesia y de la identidad de su Mesías. Para redescubrir su propia catolicidad, la Iglesia debe redescubrir a Israel y su parentesco con Israel».[55]

El judaísmo mesiánico desempeña un papel mediador entre la Iglesia e Israel en sentido amplio, y su vocación es representar y recomendar uno a otro. Los judíos mesiánicos han de jugar un precario papel como tendedores de puentes, vivir bajo el mesianismo de Yeshúa y al mismo tiempo identificarse plenamente con el mundo judío: «La eclesiología bilateral en solidaridad con Israel convoca al movimiento congregacional judío mesiánico a dar pasos para acercarse al mundo judío y alejarse de su matriz evangélica. Solo distinguiéndose del cristianismo evangélico y estando conectado con el judaísmo, puede ese judaísmo mesiánico cumplir su vocación de puente eclesiológico que permita a la Iglesia descubrir su identidad en el parentesco con Israel, y al pueblo judío encontrarse con su Mesías como nunca antes lo ha hecho»[56].

✲ ✲ ✲

---

55. Kinzer, *Postmissionary Messianic Judaism*, 310.

56. Kinzer, «*PMJ*, three years later» [aquí traducido e íntegramente reproducido en el epílogo, v. pág. 214].

Los ensayos incluidos en este libro, varios de ellos inéditos, ofrecen al lector una ventana única a la riqueza y la progresiva exposición de la teología de Kinzer. Cada ensayo refleja el pensamiento de Kinzer desde un ángulo ligeramente distinto, lo que permite al lector entrar en su sistema teológico desde muchos portales diferentes. La naturaleza de este libro lo hace más accesible que su anterior *Postmissionary Messianic Judaism*, pues no incluye el mismo tipo de complejidades que sostienen el argumento central y pionero expuesto en el primer volumen de Kinzer.

El período de veintisiete años que estos ensayos representan en la vida de Kinzer revela que, aunque su travesía ha sido compleja, la trayectoria de su pensamiento se ha mantenido constante. En muchos sentidos, la visión lanzada en forma de semilla en *The Messianic Fulfillment of the Jewish Faith* (1982) encuentra su expresión madura en la obra reciente de Kinzer y también en el desarrollo del Messianic Jewish Theological Institute (MJTI)[57], fundado en 1998. Su liderazgo en esta institución educativa en desarrollo (igual que en la Congregación Zera Avraham de Ann Arbor, Michigan) es muestra de la forma en que Kinzer dedica su vida, íntegramente, a su visión del judaísmo mesiánico. Para Kinzer, la teología es más que un ejercicio intelectual: es una forma de vida.

Los ensayos incluidos en este volumen son una muestra tangible del método interdireccional de Kinzer. Los dos primeros ensayos ofrecen un esbozo de la teología del judaísmo mesiánico de Kinzer. El tercero y el cuarto abordan el tema desde puntos de partida judíos, considerándolo en relación con la Torá oral y la oración judía, respectivamente. Los ensayos quinto y sexto parten de tópicos cristianos tradicionales en escatología y soteriología. El séptimo ensayo es fruto de la participación de Kinzer en el grupo de diálogo católico romano-judío mesiánico, que se reunió por primera vez en el otoño del año 2000 en el monasterio de Camaldoli en Italia.[58] Finalmente, en el último ensayo Kinzer hace una valoración de las respuestas suscitadas en los tres primeros años de la recepción de su libro *Postmissionary Messianic Judaism*.

Espero que este libro genere conversaciones —entre el mundo judío mesiánico, el cristiano y el judío en general— sobre la persona de Yeshúa, los propósitos redentores de Dios para la creación y el vínculo imborrable entre judaísmo y cristianismo. Dice el rabino Joseph Soloveitchik que «cuando Dios creó el mundo, brindó una oportunidad para que la obra

57. [N. del T.: Instituto Teológico Judío Mesiánico, escuela de posgrado en San Diego, California (EE. UU.), fundada por la Unión de Congregaciones Judías Mesiánicas (UMJC), para la formación de rabinos, líderes y laicos del movimiento.]

58. El grupo se ha reunido todos los años desde entonces, alternativamente en Italia e Israel (con la excepción de 2008, en que la reunión tuvo lugar en Viena).

de Sus manos —el hombre— participara en Su creación. El Creador, por así decirlo, alteró la realidad para que el hombre mortal pudiera reparar sus defectos y perfeccionarla».[59] Ojalá estemos entre aquellos cuyas vidas contribuyan a reparar el mundo; en particular, trabajando para reparar el cisma entre el judaísmo y el cristianismo. Pero recordemos: el camino no va a ser fácil.

J. Rosner

59. Soloveitchik, *Halakhic Man*, 101.

Parte i

VISIÓN DEL JUDAÍSMO MESIÁNICO

Capítulo 1

EL CUMPLIMIENTO MESIÁNICO DE LA FE JUDÍA[1]

Mark Kinzer cuenta su propia historia de cómo llegó a la fe en Yeshúa y, por medio de ella, a una comprensión enriquecida del judaísmo y a un más hondo compromiso con la vida judía. Desde que se hizo creyente en Yeshúa en 1971, Kinzer nunca cuestionó que su recién descubierta fe habría de vivirla en el contexto del judaísmo. Este compromiso llegaba en una época en la que aún no se había forjado del todo una vía para la expresión judía de la fe en Yeshúa, y este ensayo representa la incipiente visión de Kinzer como pionero en ese camino. En muchos sentidos, las convicciones que Kinzer mantuvo en los primeros años de su fe mesiánica marcarían la trayectoria del resto de su vida y obra. En las apasionadas reflexiones de un joven, vemos aquí, en forma de semilla, los compromisos teológicos de Kinzer en su madurez.

JEN ROSNER

El cristiano judío[2] es para muchos una anomalía y un enigma. Su identidad parece a menudo incomprensible tanto para sus hermanos judíos

1. Publicado originalmente en Torrance (ed.), *The Witness of the Jews to God*, 115-125; aquí introducido por Jennifer M. Rosner.

2. A medida que se fue desarrollando la teología de Kinzer y él se fue comprometiendo cada vez más a vivir una vida dentro del mundo judío, su terminología también cambió. El término *cristiano judío* indica que la identidad principal de una persona se encuentra en el mundo cristiano, mientras que el término *judío mesiánico* connota claramente el énfasis en su identidad como judío. El primero refleja la situación de Kinzer en 1982, cuando se escribió este ensayo. Conforme ha ido trabajando por conseguir que

no mesiánicos como para sus hermanos gentiles mesiánicos. La forma judía de la incomprensión me fue transmitida fielmente en mis años de juventud: recuerdo que era incapaz de distinguir entre las palabras *goy* (gentil) y *cristiano*; en mi mente, ambas hacían referencia a todos aquellos que no eran judíos. La forma cristiana de incomprensión se refleja en las preguntas que muchos creyentes gentiles me hacen: «¿Eres, entonces, un converso del judaísmo?» o «¿Así que antes eras judío?». El hombre que insiste en que es un cristiano judío parece a todo el mundo como quien intenta caminar por una valla con una pierna a cada lado, o como quien responde sí y no a la misma pregunta.

Hay razones históricas obvias que explican esta dificultad para juntar las palabras *judío* y *cristiano*. Y sin embargo, no se puede desestimar el cristianismo judío, si nos atenemos a razones históricas o lógicas: Jesús era judío, los apóstoles eran judíos, el Nuevo Testamento es un libro evidentemente judío, y la primitiva congregación mesiánica vio la unidad de judíos y gentiles en sus salas de reunión como señal suprema de que Dios había reconciliado al mundo consigo mismo (Ef 2,11-22). Ni siquiera el judío no mesiánico puede negar la lógica: si Jesús era realmente el Mesías, entonces un judío está obligado a seguirle; y, como resultado, no puede sino experimentar la plenitud del judaísmo. Se puede poner en discusión la premisa, pero no que la conclusión es inevitable.

El cumplimiento del judaísmo realizado en Jesús el Mesías es para mí tanto una realidad teológica como una experiencia real, una verdad que creo y una verdad que vivo. Soy judío, procuro seguir la Torá (la ley judía) y vivo hoy una vida más judía que nunca antes; soy también cristiano, creo que Jesús cumple las promesas hechas a mis antepasados, y experimento los frutos que provienen de una relación con él.

Antecedentes

La memoria de mi familia más inmediata se remonta a solo dos generaciones. Justo antes de la Primera Guerra Mundial, mis abuelos emprendieron el largo viaje oceánico desde el *shtetl* (poblado judío) de Europa oriental a la gran metrópoli estadounidense. El padre de mi madre fue un humilde carpintero, un hombre jovial y sencillo. Mi abuelo paterno

---

el judaísmo mesiánico represente una rama auténtica del judaísmo, sus elecciones terminológicas han sido muy deliberadas. Al respecto, véanse aquí las notas 1 y 2 de la introducción «El pensamiento y la teología de Mark Kinzer» (pp. 1-2) y el capítulo 2 «Hacia una teología del judaísmo mesiánico» (pp. 34-46), para más aclaración sobre la importancia de la terminología.

fue un erudito talmúdico, instruido y piadoso; los rabinos se sentaban a su lado y le pedían su opinión sobre abstrusos asuntos de la ley judía. Aunque ambos vivieron mucho más de los supuestos setenta años de una vida normal, un abismo separaba su universo del mío: un abismo en cuanto al idioma, la cultura, la edad y la visión del mundo. Viví con ellos en la misma casa durante un tiempo, pero nunca los conocí realmente.

Mi padre era un hombre amable, con pocas inclinaciones espirituales, pero con un apasionado apego a la sinagoga y al sionismo. Durante la mayor parte de mi juventud, iba en coche dos veces al día a la *shul* (sinagoga) para asistir a los servicios de la mañana y de la tarde. Como presidente o vicepresidente de la congregación, dedicaba varias tardes enteras cada semana a las reuniones del comité y a la gestión práctica del edificio. También contribuía generosamente al Fondo Nacional Judío y a otras causas sionistas. Aunque por lo general era moderado y razonable, podía exaltarse con la mera mención del Estado de Israel.

El temperamento de mi madre era más intuitivo. Creía profundamente en Dios y en la oración, pero tenía poco conocimiento de las Escrituras o de la tradición judía. Concentraba su oración y su energía más bien en criar a los tres jóvenes revoltosos que había dado a luz.

Mis dos hermanos mayores y yo respondíamos a la fe de mis padres con simple condescendencia no disimulada. Vivíamos una nueva era y una nueva cultura, y las viejas costumbres nos resultaban claramente fuera de lugar. Nos sentábamos juntos en la sinagoga los días sagrados y bromeábamos sobre los falsetes de ópera del cantor o la apatía espiritual de la congregación. No nos impresionaba el judaísmo tal como lo conocíamos: una fe ritualista basada en un lenguaje que pocos entendían y un conjunto de realidades espirituales que pocos experimentaban. Después de celebrar nuestro *bar mitzvá* a los trece años, todos procuramos evitar la religión en cualquiera de sus formas.

Por supuesto, tenía otras obsesiones. En mis primeros años de juventud, lo que más sentido daba a mi vida eran los deportes. Mis hermanos y yo comíamos, bebíamos y dormíamos con los deportes. Los practicábamos en la calle y en los campos, leíamos sobre ellos en los periódicos, los veíamos por televisión, asistíamos a los estadios y las pistas, y hablábamos de ellos en cualquier lugar. Conforme crecía, fui descubriendo otra fuente de alegría y de nuevos propósitos: la música. Me sumergí también de lleno en ella, tocando, cantando y escuchando hasta que, incluso dormido, mi cabeza vibraba con Chopin, Brahms y B. B. King. Finalmente, me topé con la que se convertiría en mi gran pasión: la filosofía. Todo empezó cuando saqué de la estantería de nuestra biblioteca local un ejemplar de los *Diálogos* de Platón. Lo leí rápidamente y me conquistó de inmediato. Pronto le siguieron

Spinoza y Aristóteles. La filosofía me llevó a la psicología, y rápidamente digerí pequeños bocados de Freud, Jung, Fromm y R. D. Lang. Ya había leído a Dostoyevski y Tolstoi, y ahora los apreciaba aún más. Mi mente había cobrado vida, con hambre de conocimiento y de verdad, y la pasión no era menos fuerte por ser ahora intelectual y no física.

En aquella época tenía una actitud ambivalente hacia Jesús, una mezcla de fascinación, atracción, miedo y hostilidad que es común a muchos judíos. Por un lado, el mismo nombre de Jesús podía causarme aprensión y animadversión. Había algo extraño y amenazador en ese nombre, asociado no tanto con una persona como con ideas, instituciones y una antigua enemistad que yo no entendía. Mi madre me contó una vez cómo llegó a casa llorando después de su primer día en una escuela primaria gentil y preguntó a sus padres: «¿Quién es Jesús? ¡Me dijeron que yo había matado a Jesús!». Ese tipo de incidentes dejan huella. Incluso muchos judíos que nunca han experimentado personalmente la hostilidad de los cristianos siguen reaccionando con miedo e ira irracionales ante la sola mención del nombre de Jesús.

Por otra parte, Jesús como hombre me fascinaba. Había algo en sus enseñanzas y en su vida que cautivaba mi imaginación y me impresionaba profundamente. Una noche me quedé despierto hasta las tres de la madrugada viendo en la televisión una película basada en la vida de Cristo. Me afectó tanto, que al día siguiente le pregunté a un amigo gentil si podía prestarme su Biblia. Quería leer los relatos de primera mano sobre la vida de este hombre extraordinario. Por desgracia, la Biblia estaba en el inglés de la King James, y empecé por el primer capítulo de Mateo: dieciséis versículos con la palabra *begat* («engendró»). Mi celo decayó rápidamente y devolví la Biblia a mi amigo en el mismo estado —sin usar— en que la había recibido.

Cambio de rumbo

El año más importante de mi vida empezó cuando dejé la casa de mis padres y me matriculé en la Universidad de Michigan, en Ann Arbor. Llevaba muchos años esperando esta transición. Estaba deseando independizarme de mis padres y de su autoridad. Más aún, anhelaba el ambiente académico de efervescencia intelectual y social que me aguardaba en Ann Arbor. Quería conocer a otros buscadores que pudieran ayudarme en mi búsqueda del conocimiento y la verdad. Oculto en mí, bajo muchas capas de pretensión y egoísmo juveniles, había un intenso deseo por lo que era justo y verdadero. Yo era un producto de finales de los años sesenta, y el idealismo de aquellos años había dejado huella en mi mente.

La desilusión de mi primer año en la facultad me afectó más debido a mis altas expectativas. Había varias razones para esta desilusión. En primer lugar, la enorme burocracia universitaria me parecía opresiva y agobiante. Como la mayoría de los estudiantes de primer año, vivía en una residencia que albergaba a casi un millar de estudiantes. Establecí relaciones personales con unos pocos de mis compañeros y con ninguno de mis profesores. En segundo lugar, pronto descubrí que en la universidad el conocimiento estaba fragmentado en multitud de compartimentos separados, además de enfrentados. Mi búsqueda de una cosmovisión integrada se vio frustrada por todos lados. Cada uno de mis profesores era elocuente, culto y convincente; desafortunadamente, todos discrepaban entre sí. En tercer lugar, encontré a pocas personas que estuvieran realmente preocupadas por el sentido y el propósito de la vida. Durante años, la cuestión filosófica que más me preocupó fue la de la muerte. No era tanto que le tuviera miedo a la muerte, como que me negaba a ignorarla. ¿Qué sentido tenían mi trabajo, mis principios morales, mi cuerpo, mis relaciones de amor y amistad, si todo estaba destinado a acabar en el polvo? Pronto descubrí que muy pocas personas se preocupaban por estas cosas, incluso en la universidad. Finalmente, empecé a ser más consciente de mis propios defectos. Mis ideales eran elevados, pero mi capacidad para vivir de acuerdo con ellos era sustancialmente inferior. En particular, empecé a ver cómo se deterioraban algunas de mis relaciones más cercanas, y sabía que yo tenía gran parte de la culpa. Por ello, aquel verano me despedí de la universidad descorazonado, desilusionado y ligeramente confundido.

Durante tres años, gran parte de mi vida había girado en torno a tres amigos cercanos. Todos éramos agnósticos y nos enorgullecíamos de nuestra incredulidad. Durante esos años nunca nos separamos el uno del otro. Ahora decidí que había llegado el momento de romper con las cosas que me habían dado estabilidad en el pasado, especialmente con la camaradería de mis amigos. Necesitaba tomar decisiones claras acerca de lo que pensaba, lo que creía y hacia dónde me dirigía. Mi primer paso fue comprarme una mochila y reservar un asiento en un vuelo chárter barato a Europa. Esto me permitiría estar lejos de mis amigos y de mi familia, visitar algunos lugares que siempre había querido ver y tomar algunas decisiones fundamentales sobre el rumbo de mi vida.

Las siete semanas siguientes significaron un punto de inflexión. Cada libro que cogía parecía hablarme de la realidad de Dios y de Jesucristo. Visité magníficas catedrales en Europa y me maravillé ante tantos siglos de energía, tesoros e ingenio dedicados por los hombres a la gloria de su Dios. Un hombre se me acercó mientras almorzaba tras un palacio vienés y empezó a hablarme en alemán; cuando le dije que no hablaba su idioma, con una amplia sonrisa de Kansas empezó a hablarme en mi lengua materna sobre Jesús el Mesías. Pasé un fin de semana con un matrimonio cristiano en Worcester, Inglaterra, quienes me hablaron largo y tendido del Señor y me reconfortaron con su cariñosa hospitalidad. Me regalaron un libro que hablaba de Dios como un ser personal y poderoso que gobernaba el mundo, pero que quería que lo conociéramos consciente e íntimamente. Yo había estado buscando una fuente última de sentido, un principio fundacional a partir del cual poder organizar e integrar todo el campo del conocimiento humano, un sistema ético que fuera elevado y realizable; pero no estaba en absoluto preparado para este tipo de Dios, preocupado no tanto por que corriéramos a él, como de que nos dejáramos encontrar.

La gota que colmaría el vaso me estaba esperando al volver a casa. En las siete semanas que había estado fuera, mis tres amigos se habían convertido al cristianismo. Sus experiencias y líneas de pensamiento eran paralelas a las mías. Con este hecho, estaba acabado; no podía resistirme y mantener mi integridad. Empecé entonces a orar, a leer las Escrituras y a reunirme de vez en cuando con otros creyentes. Cada día encontraba nuevas confirmaciones para aquella fe mía, todavía a medio convencer. Mi oración fue respondida: las Escrituras resplandecieron como una antorcha ante mis ojos e iluminaron mi mente con verdades inesperadas; mi vida y mi carácter empezaron a sufrir un cambio radical. Este mundo era ahora completamente nuevo, lleno de poderes y principados más allá de cuanto podía haber imaginado.

Había buscado la verdad, y ella se había apoderado de mí. Había deseado encontrar un sistema intelectual completo y, en vez de eso, me encontré cara a cara con una persona que era más que una persona. Esta nueva fe tenía solidez intelectual, pero se elevaba mucho más allá de los dominios de la filosofía. La búsqueda había terminado donde había comenzado: con el Dios de Israel. Él me había convocado, y no había otra respuesta posible que la de mis antepasados: «Aquí estoy».

Un judaísmo mesiánico

¿Cómo pude conciliar mi nueva fe con mi antigua aversión al cristianismo, ese conjunto de ideas, instituciones y acontecimientos históricos que antes asociaba al nombre de Jesús? Mi planteamiento inicial fue sencillo: yo no me estaba haciendo cristiano en *ese* sentido. Yo no me estaba adhiriendo a una entidad llamada cristiandad, sino simplemente creyendo que Jesús era el Mesías y decidiendo seguirle. En muchos sentidos, seguía identificando el cristianismo con los *goyim* (gentiles), y estaba decidido a no someterme a un proceso de gentilización. Mi actitud se ha suavizado con el paso de los años, pues he aprendido a apreciar muchos aspectos de la herencia cristiana gentil, pero mi determinación inicial de vivir como un judío seguidor de Jesús —un cristiano judío— sigue siendo la misma.

Mi primer maestro cristiano fue un hombre judío que se había criado en un hogar ortodoxo. Habiéndo creído en Yeshúa (Jesús) a la edad de diecinueve años, llevaba más de veinte años sirviendo fielmente al Señor. Su esposa también era judía creyente en Yeshúa. Vivían sus vidas de forma completamente judía: sus hijos iban a la escuela hebrea, y su hijo había celebrado su *bar mitzvá* en la sinagoga de mi padre. Este hombre me enseñó un principio básico que nunca he olvidado: acepta a tus hermanos gentiles como tu familia en el Señor, pero nunca abandones tu vida ni tu identidad judía.

La aplicación de este principio tuvo un impacto sorprendente en mis padres. Como cualquiera puede imaginarse, al principio se horrorizaron ante mis nuevas convicciones religiosas. Mi madre respondió con vehementes objeciones. Mi padre, viendo que no cambiaría de opinión y queriendo calmar las agitadas emociones de mi madre, siguió su línea habitual de intentar sacar lo mejor de una mala situación: «Míralo de este modo, Marion: al menos ahora cree en Dios». Sin embargo, al cabo de varias semanas empezaron a notar algunas cosas que les sorprendieron. En primer lugar, era evidente que yo no había renunciado al judaísmo. De hecho, estaba más preocupado, como nunca antes, por las cosas judías: acompañaba a mi padre a la sinagoga y lo acribillaba a preguntas sobre la vida judía, e insistía en que no me estaba alejando de mi tradición, sino que estaba volviendo a ella. En segundo lugar, notaron cambios en mi forma de relacionarme con ellos: era menos rebelde, más respetuoso y más dispuesto a ayudar en casa. Era evidente que algo importante había ocurrido en mi vida.

El resultado de este verano en casa fue más dramático de lo que yo esperaba. Cuatro meses después de que yo hubiera profesado fe en Yeshúa, mi madre recibió una visión del Señor y le oyó llamarla por su nombre. Ella respondió, se hizo también seguidora del Mesías y ha permanecido firme en su fe hasta el día de hoy.

En mis primeros años como cristiano, a veces temía perder mi identidad judía. ¿Se erosionaría mi judaísmo ante las poderosas fuerzas asimiladoras del mundo y de la Iglesia gentiles? Ya no tengo esos miedos. La experiencia me ha confirmado lo que ya sabía que teológicamente era cierto: la fe en el Mesías es el cumplimiento del judaísmo. Ese cumplimiento lo he podido comprobar en mi vida de muchas maneras.

La primera y la más importante, he entrado en una relación y experiencia personal con el Dios de Abrahán, Isaac y Jacob. Este es el Dios que Jesús revela de una forma única (Mt 22,32). No es Marduk, Moloch o Baal, sino el Dios de mis padres. Cuando mis hermanos y yo éramos niños, mi padre escribió una oración que nos enseñó y que recitaba con nosotros todas las noches antes de dormir. La recitábamos irreverentemente, lo más deprisa que podíamos, y nunca entendimos realmente su contenido, pero todavía la tengo en mi memoria:

> El Señor es mi pastor, nada me faltará.
> Él es mi roca, mi fortaleza, mi escudo, mi guía, mi guardián, mi
> libertador, mi protector, mi redentor, mi salvador.
> Él es el gran Dios de Abrahán, Isaac, Jacob y Moisés.
> Él es el creador de todos los seres vivos, en el cielo y en la tierra.
> Él es el hacedor de milagros y maravillas.
> Él es el Dios en quien yo confío. Amén.

Este es el mismo Dios a quien ahora confieso, conozco, amo y sirvo. Él es la fuente del pueblo judío, del pacto con Abrahán, de la promesa de la tierra, de la sagrada Torá y de la liberación mesiánica. Él es el Dios de mis padres.

En segundo lugar, la fe en el Mesías me ha llevado a un gran amor y reverencia hacia las Escrituras hebreas, el *Tanakh* (o *Tanaj*, acrónimo hebreo para el conjunto de la Ley —*Torah*—, los Profetas —*Nevi'im*— y los Escritos —*Ketuvim*—). Las Escrituras son el verdadero fundamento de la vida judía. En *Bereshit* (Génesis) leemos la promesa irrevocable de Dios a Abrahán y a sus hijos. En los siguientes libros de Moisés leemos sobre la liberación de Egipto, el pacto en el Sinaí y la entrega de la Torá. En los *Tehillim* (Salmos) tenemos las antiguas plegarias de Israel que durante milenios han sido expresión de la adoración a Dios y del anhelo de redención del pueblo judío. En los *Nevi'im* (Profetas) leemos sobre la prometida consolación de Israel, la esperanza que ha sostenido a este pueblo en tiempos de noche muy oscura. Como hijo de Abrahán por la fe y por la circuncisión, me he dado cuenta de que las Escrituras son mi herencia y mi posesión más preciada. Me unen al Dios de mis padres, pero también me unen indisolublemente a los padres mismos, a aquellos de mi pueblo entre los que surgió este libro y los que han vivido y han muerto por este libro y por el modo de vida consagrado en él. La fe en el Mesías me ha hecho amar y comprender las Escrituras judías, reafirmándome inalterablemente en mi identidad de hijo de Israel.

En tercer lugar, mi fe en el Mesías ha sembrado en mí un gran celo por la Torá. Este es ciertamente un punto de controversia entre judíos mesiánicos y gentiles, pero no puedo sino expresar aquí mi opinión y experiencia propias. Creo que los judíos mesiánicos pueden y deben (siempre que sea posible) observar la Ley de Moisés, tanto en lo que se refiere a ceremonias como a normas morales. Mi convicción se basa en gran medida en la evidencia de las prácticas de los primeros judíos mesiánicos, que se encuentran en los escritos del Nuevo Testamento. Por ejemplo, en Hechos 21,20-24 tenemos la siguiente relación de las palabras de Santiago a Pablo y sus colaboradores a su llegada a Jerusalén:

> Ya ves, hermano, cuántos miles de judíos hay que han creído, y son todos celosos de la ley. Se les ha dicho que tú enseñas a todos los judíos que viven entre los gentiles a renunciar a Moisés, diciéndoles que no circunciden a sus hijos ni vivan según nuestras costumbres. ¿Qué debemos hacer? Es seguro que oirán que has venido, así que haz lo que te decimos. Hay con nosotros cuatro hombres que han hecho un voto. Toma a estos hombres, únete a ellos en sus ritos de purificación y paga sus gastos para que se rasuren la cabeza. Entonces todos sabrán que no hay verdad en lo que se les ha dicho de ti, sino que tú mismo sigues viviendo en obediencia a la ley.

Pablo siguió la sugerencia de Santiago para demostrar que los rumores eran falsos. Pablo observaba la ley ceremonial, al igual que toda la piadosa congregación mesiánica de Jerusalén. Por supuesto, de ahí surgen muchas preguntas complejas. ¿Cómo interpretamos la ley? ¿Debe un cristiano judío seguir la interpretación y la ornamentación rabínicas tradicionales de la ley? ¿Cuánta libertad tiene el cristiano judío con respecto a los mandatos ceremoniales mosaicos? Este es solo el principio de las preguntas. Cuestiones tan complejas son muy importantes, pero mi punto de mira principal aquí es simple y elemental: amo la Torá, creo que tiene implicaciones para la vida de todos los judíos y me esfuerzo por seguirla de acuerdo con las enseñanzas y el ejemplo de Yeshúa y sus discípulos. La fe en el Mesías no me ha apartado del modo de vida dado por Dios a mis antepasados, de la misma forma que tampoco apartó al apóstol Pablo de la Torá.

En cuarto lugar, mi nuevo conocimiento de Dios me ha abierto las puertas al inmenso tesoro del culto judío. El *Sidur Avodat Israel*, libro de oraciones judío, abunda en alabanzas a Dios como pocos libros que yo haya leído. El núcleo fundamental del *Sidur* se remonta a la época de Yeshúa y refleja algo de la forma en la que él debió orar. Cuando rezo diariamente con el *Sidur*, tengo la experiencia de estar en comunión con Yeshúa y puedo unir mi voz a la de los santos judíos, del pasado y del presente, que han ofrecido sacrificios aceptables de alabanza y acción de gracias a Dios. Estas oraciones, que antes tenían tan poco sentido para mí, ahora encarnan y expresan lo que he llegado a conocer por experiencia personal.

Además del modelo de devoción diario que se encuentra en el *Sidur*, ahora también siento aprecio por el Shabat y las festividades. Recuerdo mi primera experiencia en la fiesta de Sucot (Tabernáculos) tras haber creído en el Mesías: mientras adoraba en la sinagoga, agitaba mi *lulav* (rama de palma) y cantaba el *hallel* (Salmos 113-118) y el gran *hoshannah* (hosanna), en mi mente se suscitaba la imagen de la gran entrada de Yeshúa a Jerusalén al comienzo de la última semana antes de su muerte; y medité también acerca de la promesa de su regreso con esplendor de rey, y sobre cómo habrían de cumplirse tanto el Domingo de Ramos como el significado profético de Sucot. He tenido otras experiencias y reflexiones similares al celebrar Shabat, Pésaj (Pascua judía), Shavuot (Pentecostés), Jánuca (Dedicación), Rosh Hashanah (Año Nuevo) y Yom Kipur (Día de la Expiación). La asistencia regular a la sinagoga y la familiaridad con la oración judía también me han formado profundamente para la observancia que estos días especiales requieren.

En quinto lugar, mi nueva estima de las Escrituras y el culto hebreos ha dado lugar a un gran amor por la lengua hebrea. No soy un erudito en hebreo, pero puedo rezar y leer con entendimiento de lo que digo. Cuanto más utilizo esta lengua, más me parece que fue creada teniendo en la mente el culto y el servicio a Dios. Es viva, concreta, musical y fluye con riqueza oriental. El hebreo antiguo no es una lengua que, como el griego, se preste fácilmente a la especulación metafísica. Pero es una lengua que fluye fácilmente con las alabanzas a Dios, y la riqueza del culto hebreo es incomparable.

En sexto lugar, la fe en el Mesías me ha dado un amor nuevo por el pueblo judío. Antes veía al pueblo judío simplemente como un grupo étnico más, con sus costumbres, lengua e historia propias. No me avergonzaba de llamarme judío, pero me sentía tan a gusto en la cultura moderna americana como en la cultura judía. Ahora me doy cuenta de que pertenezco a un pueblo que tiene un llamamiento y un destino especiales, no por su gran valor intrínseco o su genio único, sino por su elección, por haber sido elegido por Dios. Me siento humillado y avergonzado por los continuos fallos de mi pueblo, pero también doy gracias por la fidelidad y el amor constantes de Dios «por amor a sus antepasados» (Rm 11,28). Me identifico con Israel, que es mi pueblo y, como Pablo, «el deseo de mi corazón y mi oración por ellos a Dios es que se salven» (Rm 10,1).

En séptimo y último lugar, la fe en el Mesías me ha llevado a un nuevo amor y aprecio de mi propia familia. Doy gracias por mis padres y su fe, y por mis abuelos y su fe. Estoy especialmente agradecido por mi abuelo y su vida de devoción a Dios. Me encanta que mis padres me cuenten historias sobre él; fue un hombre lleno de sabiduría, fe, fervor religioso y caridad. Mi fe en el Mesías ha despertado en mí el deseo de imitarle.

He oído frecuentemente una acusación, hecha por dirigentes judíos no mesiánicos, que mi experiencia personal contradice completamente. Según estos líderes, los cristianos judíos solo viven un modo de vida falsamente judío: adoptan costumbres judías, no por auténtica convicción personal, sino solamente para poder engañar a otros judíos desprevenidos y que estos acepten las pretensiones mesiánicas de Jesús. Tal vez algunos cristianos judíos hayan hecho esto, pero mi experiencia ha sido totalmente distinta: soy un judío y quiero vivir como judío, incluso si yo soy el único en una ciudad y no tengo ninguna esperanza de poder persuadir a alguno de mis hermanos acerca del mesianismo de Yeshúa. Las Escrituras, el culto, la lengua y el destino de Israel forman parte de mi herencia como hijo de Abrahán; y yo he reclamado esa herencia, porque el Dios de Israel me ha reclamado a mí.

Yeshúa el nazareno es el cumplimiento del judaísmo del pueblo de Israel. Como los patriarcas y los reyes, e incluso en mayor medida, el Mesías *es* Israel; él es en persona la cabeza, y el representante, y la fuente común y el gobernante de este pueblo. Esta es la clave para interpretar el gran pasaje del siervo sufriente de Isaías 53; el Siervo hace referencia al pueblo de Israel (como afirma la interpretación judía) y a un Mesías personal (como afirma la interpretación cristiana). Si esto es cierto, entonces ¿cómo puede uno perder su judaísmo siguiendo a este judío que encarna y personifica a todo el pueblo de Israel? Y, de hecho, ¿cómo puede uno ser plenamente judío sin seguirle?

En efecto, la fe en el Mesías ha cumplido, ha colmado, mi judaísmo. Para ser más preciso, me ha *devuelto* al Dios de Israel que había abandonado en mi juventud. Yo era un judío asimilado, independiente, cínico y descreído —si bien hambriento de conocimiento y de verdad— y Yeshúa se me reveló como la sabiduría y el poder de Dios. Y, para precisar aún más, la fe en el Mesías me ha hecho *avanzar* a un nuevo judaísmo, consumado en la muerte y resurrección de Yeshúa, y que ofrece ya los primeros frutos de la vida que está por venir.

Capítulo 2

Hacia una teología del judaísmo mesiánico[1]

A principios de la década de 1970, el cambio de nombre del
movimiento cristiano hebreo supuso un cambio fundamental
en su identidad: había (re)nacido el judaísmo mesiánico. Mark
Kinzer explica el significado teológico del término *judaísmo
mesiánico* destacando su intencionada identificación primaria
como rama del judaísmo. Al afirmarse como judaísmo, Kinzer
sostiene que el judaísmo mesiánico debe reconocer el papel y la
importancia de la Torá oral y la tradición rabínica como medios
por los que el judaísmo ha sido interpretado y se ha aplicado. Sin
embargo, el adjetivo modificador *mesiánico* es crucial: para los
judíos mesiánicos, toda la Torá y toda tradición es interpretada a
través de la lente de Yeshúa, cuya condición de Mesías afecta a la
forma de entender y de vivir el judaísmo en su totalidad.

Jen Rosner

Definir el judaísmo mesiánico, una tarea teológica

Después de un cuarto de siglo de existencia, cabría esperar que nuestro
movimiento hubiera progresado más allá de cuestiones de elemental

---

1. Presentado originalmente en el Foro de Teología de la Union of Messianic Jewish
Congregations (UMJC), en 1999 y aquí introducido por Jennifer M. Rosner. Fundada
en 1979, la UMJC es la asociación de congregaciones judías mesiánicas más antigua,
de la que es miembro la congregación de Ann Arbor (Michigan, EE. UU.), fundada y
dirigida por Kinzer. Este ensayo se publicó por primera vez en Kinzer, *The Nature of
Messianic Judaism*.

autodefinición. Como demuestra el tema de este Foro de Teología de la UMJC, no es así. Seguimos luchando con cuestiones básicas de identidad. Sin embargo, esta lucha demuestra algo más que nuestra inmadurez colectiva (¡aunque también la pone de manifiesto!): refleja las complejas, desafiantes e inquietantes cuestiones que nuestra propia existencia plantea a dos comunidades que, a lo largo de casi dos milenios, se han definido a sí mismas en mutua oposición la una a la otra. Precisamente la naturaleza misma de nuestra relación con estas dos comunidades, con sus historias y con sus tradiciones, hace difícil cualquier fórmula sencilla.

La tarea de definir el judaísmo mesiánico podría interpretarse de diversas maneras. Se podría estudiar la cuestión de forma descriptiva, bien desde una perspectiva histórica (por ejemplo, analizando la identidad comunitaria de los judíos creyentes en Yeshúa en el siglo I y después) o desde una perspectiva sociológica (por ejemplo, examinando la identidad comunitaria de los judíos mesiánicos a finales del siglo XX). Tales estudios pueden ofrecer perspectivas cruciales que nos ayuden en nuestra búsqueda, pero no responden a nuestra *verdadera* pregunta, que es más prescriptiva que descriptiva. Cuando preguntamos «¿Qué es el judaísmo mesiánico?», queremos decir «¿Qué *debería* ser el judaísmo mesiánico?». Estamos haciendo una pregunta teológica: ¿cómo ve Hashem[2] nuestra relación con las iglesias y con la comunidad judía en general y su tradición? ¿Cuál es su propósito para nosotros?

Además, se trata de una cuestión teológica en otro sentido. También la pregunta «¿Es Yeshúa el Mesías?» es una pregunta teológica, pero una que un judío mesiánico que acepta la autoridad de los escritos del Brit Hadashá (Nuevo Testamento) puede responder con poco esfuerzo intelectual. Basta con una exégesis elemental. Sin embargo, la pregunta que ahora nos hacemos es de otro orden, requiere una exégesis bíblica sofisticada, y mucho más. ¿Cómo entender ciertos textos bíblicos —cuyos significados son a veces ambiguos y reflejan una realidad social drásticamente diferente a la nuestra— y cómo aplicarlos luego a nuestro mundo? ¿Cómo relacionarnos con la historia judía posterior a la destrucción del templo y con la forma de judaísmo que cristalizó en torno a la Mishná y el Talmud? ¿Qué pensamos de las iglesias y su escabrosa historia, especialmente en sus relaciones con el judaísmo y el pueblo judío? Estas preguntas, y muchas otras similares, están implícitas en la engañosamente simple pregunta «¿Qué es el judaísmo mesiánico?». Para responderlas, debemos hacer mucho más que citar textos

---

2. [N. del T.: «el Señor», así traducido en adelante en todo el libro; lit. en hebreo «el Nombre», en sustitución del tetragrámaton.]

de prueba bíblicos. Debemos dedicarnos a esa actividad de disciplina intelectual que llamamos teología.

Una teología del judaísmo mesiánico

Hacer una teología del judaísmo mesiánico que abordara tales cuestiones requeriría un marco más amplio de lo que permite el presente documento. Puesto que no es posible ofrecer aquí una cuidada y completa teología del judaísmo mesiánico como realidad social y religiosa aprobada por Dios, intentaré algo más modesto: un estudio teológico de la expresión *judaísmo mesiánico* como término de autodenominación. Siempre que empleamos nuevos términos para describir realidades a las que se apunta en las Escrituras —siempre que vamos más allá de la mera repetición de lo que la Biblia dice con sus propias palabras— estamos haciendo teología. Términos nuevos que obtienen una aceptación casi universal dentro de una comunidad de fe —términos como *cristianismo* y *judaísmo, trinidad, sacramento, canon bíblico, tikún olam* (sanar el mundo), *Shejiná* (presencia divina) y *Torá shebeal pe* (Torá oral)— representan importantes avances en teología y espiritualidad, y abren por sí mismos nuevas posibilidades para interpretar la información recibida por revelación.[3] El cambio de nombre de nuestro movimiento en la década de 1970 fue en sí mismo un gran avance teológico, cuyas implicaciones aún no hemos investigado a fondo. ¿Qué significación hay en el hecho de que nuestro movimiento se denomine a sí mismo *judaísmo mesiánico*? No solo me pregunto qué pretendíamos originalmente cuando acuñamos el término; me pregunto también qué implica el término en sí.

No obstante, sería prudente comenzar con la intención original. La autodenominación del que fuera el antecedente de nuestro movimiento se reflejaba en el nombre de su organización más importante, Hebrew Christianity (cristianismo hebreo). El nuevo nombre se dio al menos por tres razones. En primer lugar, reflejaba el hecho de que la palabra *hebreo*, utilizada habitualmente entre los judíos (reformistas) del siglo XIX y principios del XX como autodenominación religiosa y cultural, había caído en desuso y había sido sustituida por la palabra *judío*. En segundo lugar, al invertir el orden de los dos elementos del término compuesto —de *cristianismo hebreo/judío* a *judaísmo mesiánico*, se dio un nuevo énfasis a la relación con el pueblo judío y la tradición religiosa judía. La palabra *judaísmo* se convirtió en género y *mesiánico* en especie, y no al revés. En tercer lugar, el cambio de *cristianismo* a *mesiánico* sirvió para evitar malentendidos, especialmente

3. Kadushin, *The Rabbinic Mind*, 1-58.

entre los judíos, para quienes *cristiano* a menudo equivalía a *goy* (gentil). También expresaba nuestro deseo de encontrar nuevas formas culturales y lingüísticas, comprensibles y familiares para el pueblo judío, con las que expresar nuestra fe en el Mesías.

Estas intenciones originales, plasmadas en la nueva y audaz autodenominación, nos proporcionaron principios fundacionales que siguen dando forma a nuestro movimiento de manera constructiva. Cualquier instrucción que entre en conflicto con estos principios seguro que nos desviará de nuestro propósito original. Al mismo tiempo, me gustaría sugerir que la significación del nuevo nombre nos lleva, más allá de estas intenciones originales, a lo que (al menos para algunos de nosotros) puede ser un terreno inexplorado.

Judaísmo como género

¿Qué da a entender el nombre *judaísmo mesiánico* sobre el movimiento al que se refiere? La decisión de utilizar el término *judaísmo* dice mucho. Como ya se ha señalado, su papel como categoría o género fundamental en nuestra autodenominación da un nuevo énfasis a nuestra conexión con el pueblo judío y la tradición religiosa judía. Al principio, como personas familiarizadas con la Biblia, a lo que más importancia dábamos era al hecho de que los primeros seguidores de Yeshúa eran todos judíos y siguieron viviendo como judíos. Por lo tanto, el judaísmo del período del segundo templo predominaba en nuestros pensamientos. Sin embargo, no es posible que un movimiento religioso vital al comienzo del tercer milenio después de la venida del Mesías emplee un término, que es común en el lenguaje cotidiano, de una manera sustancialmente diferente de la de su uso común. Los historiadores y los arqueólogos pueden oír la palabra *judaísmo* e inmediatamente pensar en el mundo de la Antigüedad, pero el no especialista considera que el judaísmo es la tradición religiosa del pueblo judío, en toda su diversidad, a lo largo de su historia. Así pues, estamos reivindicando una relación significativa con la totalidad de la tradición judía, no solo con un mundo judío que desapareció con la destrucción del templo de Jerusalén y ahora solo accesible a través de una reconstrucción teórica hecha por eruditos.

La palabra *judaísmo*, aunque acuñada en la Antigüedad, no ha cobrado auge en el mundo judío hasta tiempos modernos. A diferencia del término *cristianismo*, no apunta directamente al contenido de fe de la religión judía. A diferencia del término *Torá*, al que sustituyó, tampoco apunta directamente al modo de vida de quienes la viven y creen en ella.

En cambio, *judaísmo* dirige la atención, en primer lugar, *al pueblo judío*; y designa la fe religiosa y el modo de vida de ese pueblo invocando *su nombre*. Por lo tanto, cuando denominamos a nuestro movimiento como un tipo de judaísmo, estamos afirmando nuestra relación con el pueblo judío en su conjunto, así como nuestra conexión con la fe religiosa y la forma de vida que ese pueblo ha vivido a lo largo de su recorrido histórico.

Al mismo tiempo, *judaísmo* sí hace referencia a la tradición religiosa judía. Podríamos habernos llamado *judíos mesiánicos* sin llamar a nuestro movimiento *judaísmo mesiánico*. El nombre *judío mesiánico* implica que quien lo asume considera fundamental su identidad judía. Pero muchos judíos consideran importante su identidad judía y no ven nada de gran valor en el judaísmo. De la misma forma que el término *judío* tiene significado aparte de la palabra *judaísmo* (aunque lo contrario no es cierto), el término *judío mesiánico* tiene sentido aparte del *judaísmo mesiánico* (si bien, una vez más, lo contrario no es cierto). Aunque tal vez no se reconociera en aquel momento, la decisión de emplear el término *judaísmo mesiánico* y no solo el término *judío mesiánico* fue de gran trascendencia: implicaba una identificación con la tradición religiosa judía, así como con el pueblo judío.

Por último, el nombre *judaísmo mesiánico* implica que nuestro movimiento existe fundamentalmente entre judíos y para judíos. Puede incluir a no judíos, pero está orientado hacia el pueblo judío, y los no judíos dentro de él tienen un papel de apoyo. Esto contrasta con la opinión de que nuestro movimiento tiene como objetivo básico la *teshuvá* (arrepentimiento), bajo el yugo de la Torá, de los «paganizados» cristianos gentiles. En este contexto, puede ser significativo que muchos prefieran hoy el término *movimiento mesiánico* al de *judaísmo mesiánico*. El primer término puede fácilmente denotar un renacimiento de la Torá entre los cristianos gentiles. El segundo no. El judaísmo mesiánico sin judíos no es judaísmo en absoluto.

Un término compuesto, con un modificador descriptivo

La palabra *judaísmo* dentro del término *judaísmo mesiánico* tiene, por lo tanto, una enorme importancia. Y el hecho de que hayamos añadido un modificador —*mesiánico*— es también significativo. Implica que nos vemos a nosotros mismos como un tipo particular de judaísmo y que reconocemos la existencia de otras formas de judaísmo que pueden llevar merecidamente este nombre. A algunos judíos ortodoxos no les gusta el término *judaísmo ortodoxo* por esta misma razón: implica que existe otra forma de judaísmo, algo que por principio consideran inaceptable. El hecho de que adoptemos nuestro nombre compuesto y nos identifiquemos con él implica que nuestra visión del judaísmo es más amplia e inclusiva: podemos pensar que nuestra forma de judaísmo es la mejor y la más verdadera, pero incluso nuestro nombre implica el reconocimiento de alternativas. Y, de hecho, nos resultaría difícil hacer otra cosa, a menos que estuviéramos dispuestos a proponer que el judaísmo dejó de existir con la extinción de las primeras comunidades judías mesiánicas, y que solo volvió al mundo con el surgimiento del Jesus Movement en los años sesenta del siglo xx.

El tipo de modificador elegido también es importante. Algunos modificadores utilizados en denominaciones religiosas compuestas transmiten un claro mensaje de valor: somos nosotros los que tenemos esta religión correctamente, y todos los demás se han desviado del camino verdadero. Así, en el mundo cristiano, los términos *Iglesia católica* e *Iglesia ortodoxa* hacen afirmaciones que otros cristianos no pueden consentir —como que esta iglesia en particular sea *la iglesia universal* o la que *cree correctamente*—. Del mismo modo, en el mundo judío, *judaísmo ortodoxo* es un término que implica que otras formas de judaísmo *no son ortodoxas*; pueden ser formas de judaísmo, pero son formas distorsionadas, deformadas. Es así como el rabino Moshe Dovid Tendler hace referencia a «las ramas no ortodoxas *(no judías)* del judaísmo».[4] En cambio, otros modificadores utilizados en denominaciones religiosas compuestas funcionan principalmente de modo descriptivo, por más que siempre se pretenda una connotación positiva. Así, en el mundo cristiano, la *Iglesia luterana* es la que hunde sus raíces en las enseñanzas de Martín Lutero, y las iglesias *episcopal, presbiteriana* y *congregacional* ponen especial énfasis en determinadas formas de gobierno eclesiástico. Del mismo modo, en el mundo judío, *judaísmo conservador, judaísmo reformista* y *judaísmo reconstruccionista* expresan los enfoques de estos movimientos respecto a la tradición judía y los cambios en el mundo moderno. Todos ellos tienen un carácter principalmente descriptivo, más que reivindicaciones implícitas de legitimidad exclusiva.

Podríamos haber elegido un modificador polémico y cargado de valor para nuestro nombre compuesto. Podríamos haber optado por *judaísmo realizado* (con su aparente implicación de que otras formas de judaísmo son solo potencialmente —pero no de hecho— realizables) o *judaísmo completado* (con su aparente implicación de que otras formas de judaísmo son hogares en construcción y aún no aptos para vivir en ellos). Podríamos haber llamado a nuestro movimiento *judaísmo bíblico*, dando a entender que

---

4. Tendler, «Harsh Words», 36 (cursivas añadidas).

todas las demás formas de judaísmo son «no bíblicas» y, por tanto, inválidas. Por supuesto, estos términos pueden ser utilizados entre nosotros sin tales implicaciones denigratorias. Aun así, es significativo que el término que seleccionamos fuera uno principalmente de carácter descriptivo, aunque también contenga una firme reivindicación de su posición única dentro del mundo del judaísmo. El nuestro es el judaísmo que cree que el Mesías ha venido, y que su nombre es Yeshúa de Nazaret. El nuestro es también un judaísmo en el que la proclamación de la era mesiánica que está por venir es fundamental para la forma en que se interpretan las enseñanzas judías. En este último sentido, el nuestro no es la única expresión del judaísmo mesiánico (también podrían incluirse los *jasidim* de Lubavitch y los nacionalistas religiosos israelíes). Entendido en el sentido anterior más restringido, sin embargo, no tenemos otros en el mundo judío que nos disputen el derecho a ese modificador. La disputa no surge sobre el modificador, sino sobre el sustantivo modificado, sobre nuestra reivindicación de ser un *judaísmo*.

Así, al tiempo que afirmamos clara y distintamente quiénes somos y en qué creemos, nuestro nombre también habla de nuestra relación con el mundo judío en general. No podemos negar la legitimidad de otras formas de judaísmo, porque sin ellas no tendríamos judaísmo. El modo de vida judío que vivimos deriva de esas otras formas de judaísmo, y debemos estarles agradecidos por habérnoslo transmitido. Al mismo tiempo, creemos que nosotros tenemos algo crucial que transmitir a ellos: tenemos un mensaje sobre el Mesías que muchos de ellos esperan, y que ha venido para darles acceso a tesoros inesperados.

Una alternativa problemática: *judaísmo bíblico*

Se puede aprender más sobre la significación teológica de nuestro nombre profundizando en una de las denominaciones alternativas mencionadas anteriormente —*judaísmo bíblico*—. Aunque no es empleada por ningún grupo judío mesiánico como sustituto de *judaísmo mesiánico*, se usa comúnmente como descripción del judaísmo mesiánico —como en la frase «El judaísmo mesiánico es judaísmo bíblico»—. ¿Es esto cierto? O lo que es más importante, ¿qué significa? Y, ¿es ese significado apropiado para nuestra realidad?

Judaísmo bíblico podría hacer referencia descriptivamente al judaísmo de los tiempos bíblicos. La mayoría de los eruditos bíblicos se abstendrían de usar el término *judaísmo* para describir la religión de Judá o Israel anterior al exilio, y sostendrían que el judaísmo comienza en el período posterior al exilio y encuentra a su gran impulsor en Esdras.[5] Si se sigue esta regla de nomenclatura, entonces *judaísmo bíblico,* entendido como término histórico y descriptivo, tendría una aplicación más bien reducida —al judaísmo de Esdras, Nehemías y los profetas posexílicos—. Probablemente no es esto lo que quieran decir los judíos mesiánicos que afirman practicar un *judaísmo bíblico.* Quizá entienden que el término *bíblico* incluye el Brit Hadashá. De ser así, estarían hablando del judaísmo practicado por Yeshúa y sus discípulos. Sin embargo, ¿qué ventaja tiene ese término? Si la *Biblia* se define de esta manera —incluyendo los Escritos Apostólicos—, entonces otros judíos no tendrían ningún problema en conceder que el judaísmo mesiánico es *bíblico.* Sin embargo, esos judíos luego argumentarían que se trata de una forma *cristiana* y *no judía* de definir *Biblia,* con lo que tendrían apoyo para su cuestionamiento de que el judaísmo mesiánico sea un judaísmo en modo alguno. Teniendo en cuenta estos problemas, es poco probable que ningún judío mesiánico que lo haya meditado caracterice su vida religiosa como *judaísmo bíblico,* en este sentido descriptivo e histórico.

Judaísmo bíblico también podría referirse descriptivamente a una forma de judaísmo que considerara la Biblia como su única autoridad para enseñar sobre cuestiones de importancia religiosa fundamental (la *sola scriptura* de los reformadores protestantes). Los judíos mesiánicos que utilizaran el término de este modo estarían contraponiendo su fe a la del judaísmo rabínico, que atribuye a la tradición rabínica (la Torá oral) una autoridad vinculante como complemento necesario de las Escrituras. Cabe señalar que el nombre ya ha sido usado de esta manera: los caraítas («escrituristas») adoptaron el término y lo utilizaron precisamente con ese propósito de oponerse a la autoridad vinculante de la tradición rabínica. Sin embargo, hay otro problema con la apropiación del término por parte de los judíos mesiánicos. Una vez más, el significado de la palabra *Biblia* es ambiguo. ¿Están afirmando estos judíos mesiánicos —como los caraítas— que solo el Tanaj tiene autoridad en última instancia? ¿O más bien —como los reformadores protestantes— están incluyendo los Escritos Apostólicos como parte de la Biblia? Esto último parece lo más probable. Si es así, estos judíos mesiánicos están elevando los escritos del Brit Hadashá a un nivel análogo al del Talmud en el judaísmo rabínico. El contraste entonces, entre el judaísmo mesiánico (así concebido) y el judaísmo rabínico, no es entre los que sostienen que la Biblia es la única autoridad y los que no, sino entre los que piensan que la tradición apostólica es esencial para interpretar el Tanaj y los que ven la tradición rabínica cumpliendo esta función. El hecho de que los seguidores de Yeshúa usen la misma palabra —*bíblico*— para

5. Moore, *Judaism,* 1.

referirse a Tanaj y Brit Hadashá, mientras que la tradición rabínica distingue cuidadosamente entre Mikrah y Mishná[6], puede oscurecer esta correspondencia en la función entre Brit Hadashá y Mishná. Una vez eliminado el equívoco y definidos los términos de la misma manera, el judaísmo mesiánico no es más *bíblico* (en este segundo sentido descriptivo del término) que el judaísmo rabínico.

Incluso si uno mirara más allá de este equívoco, y asumiera la inclusión judía mesiánica de los Escritos Apostólicos dentro del canon bíblico, todavía habría un problema con esta noción del judaísmo mesiánico como *judaísmo bíblico*. Es el mismo problema al que se enfrentaron los caraítas: ¿es posible construir una forma viable de judaísmo con solo la Biblia como fuente de autoridad? ¿Proporciona la Biblia suficientes detalles prácticos que hagan posible que guardemos el *kosher* (leyes dietéticas judías), celebremos un *séder* (comida pascual), observemos el Shabat (sábado), confeccionemos *tzitzit* (flecos) y coloquemos los *tefilín* (filacterias)? ¿Es posible un judaísmo verdaderamente *judío* (es decir, de acuerdo con la sensibilidad del pueblo judío) sin recurrir al *Sidur* (libro de oraciones judío), al *Majzor* (libro de oraciones de las festividades más importantes) o a la *Hagadá* (texto religioso de la Pascua judía)? No cabe duda de que el judaísmo mesiánico debe otorgar una autoridad única al Tanaj y al Brit Hadashá, y subordinar todas las demás autoridades a su escrutinio global, supremo y último, y en este sentido el judaísmo mesiánico podría denominarse *judaísmo bíblico*. Sin embargo, una interpretación estricta de *sola scriptura* que niegue a la tradición rabínica cualquier papel en la determinación de la enseñanza y la práctica judías no puede tener éxito a largo plazo (una verdad reconocida finalmente incluso por los caraítas).[7]

Estos dos usos descriptivos del término *judaísmo bíblico* —uno utilizando *bíblico* en un sentido histórico, el otro en referencia a la fuente de autoridad religiosa— probablemente no sean primarios en la mente de quienes lo adoptan como equivalente a *judaísmo mesiánico*. Al igual que *Iglesia católica* y *judaísmo ortodoxo*, *judaísmo bíblico* parece ser utilizado por sus defensores como una afirmación polémica cargada de valor más que como una descripción objetiva utilizable fuera de las filas de los ya comprometidos. Implica la afirmación de que el judaísmo mesiánico está de acuerdo con el verdadero mensaje de la Biblia, que es la única forma de judaísmo que expresa la intención divina para el pueblo judío que se encuentra en la Biblia. También implica que otras formas de judaísmo no son bíblicas, sino meras invenciones humanas que no tienen su fundamento

6. Danby, *The Mishnah*, xiii.

7. Véase Neusner, *An Introduction to Judaism*, 284.

en la palabra de Dios. Quienes están familiarizados con el lenguaje del evangelismo conservador popular saben que, en ese mundo, los adjetivos *bíblico* y *no bíblico* equivalen a *bueno* y *malo*. De hecho, *no bíblico* suele entenderse como *contrario a la Biblia*, con la suposición subyacente de que todas las proposiciones o comportamientos están, o bíblicamente autorizados, o bíblicamente prohibidos, sin término medio. Es este mundo del evangelismo conservador popular el que proporciona el trasfondo esencial para entender el término *judaísmo bíblico* tal como es usado a menudo en el movimiento judío mesiánico.

En la importantísima cuestión de la identidad de Yeshúa como Mesías de Israel, los judíos mesiánicos pueden y deben afirmar que son más *bíblicos* que sus homólogos judíos no mesiánicos. Creemos y afirmamos el mensaje del Brit Hadashá: que las palabras de la Torá apuntan a Yeshúa (Jn 5,46) y que la buena nueva acerca de Yeshúa fue prometida «de antemano por medio de sus profetas en las Sagradas Escrituras» (Rm 1,2). Con Felipe, podemos decir: «Hemos encontrado a aquel de quien escribió Moisés en la Ley y del que también escribieron los profetas: Yeshúa[8] de Nazaret, hijo de José» (Jn 1,45). Esto no significa que, en todos los casos, la apologética tradicional de los misioneros, basada en los textos de prueba, supere los esfuerzos exegéticos de los antimisioneros. Lo que significa es que consideramos que el Tanaj en su conjunto habla del Mesías Yeshúa. Así lo expresó Alfred Edersheim:

> Estas observaciones no pretenden desaprobar la aplicación de profecías individuales a Cristo; solo corregir un literalismo unilateral y mecánico que se agota en infructuosas controversias verbales en las que no pocas veces es derrotado [...] Sin medias tintas y con gusto añadimos que, incluso en estricta exégesis, muchas predicciones especiales solo pueden ser interpretadas mesiánicamente. Pero aún más creemos que el Antiguo Testamento en su conjunto es mesiánico y está lleno de Cristo; y deseamos que esto, primero, se comprenda correctamente, que de esta forma y desde este punto de vista, se pueden estudiar en detalle las profecías mesiánicas; solo entonces comprenderemos lo que verdaderamente pretenden transmitir y lo que significan, y percibiremos, sin poner reparos a las palabras, que deben referirse al Mesías.[9]

8. [N. del T.: en las citas bíblicas del texto original, el nombre de Jesús aparece siempre en su forma hebrea transcrita al inglés (Yeshua); aquí hemos respetado ese criterio, transcribiendo el nombre al español (Yeshúa), en todas las citas bíblicas traducidas de la versión NRSV, según indicado al principio.]

9. Edersheim, *Prophecy and History*, 112-113.

En este sentido, podemos hablar abiertamente de nuestro judaísmo bíblico, pues proclamamos a aquel que es, en sí mismo, la plenitud de la Torá.

Al mismo tiempo, debemos reconocer que, en muchos aspectos, otras formas de judaísmo son más *bíblicas* que la nuestra. ¿Observamos el Shabat tan bien como otras ramas del judaísmo? ¿Transmitimos la identidad judía tan bien como otras ramas del judaísmo? ¿Practicamos la *tzedaká* (caridad) tan bien como otras ramas del judaísmo? ¿Mostramos la misma reverencia en nuestro culto y en el tratamiento de las cosas sagradas (por ejemplo, los textos que contienen el nombre divino)? ¿Estamos tan comprometidos con la justicia social? ¿Tenemos el mismo celo en evitar el *lashon hara* (chismorreo)? ¿Son nuestras familias igual de sanas, estables y cariñosas? Todo esto forma parte del ser verdaderamente *bíblico*, en el sentido, cargado de valor, de vivir de acuerdo con la palabra divina. Así, en cuanto se mira más allá del significado estrictamente cristológico de la pretensión de representar el verdadero *judaísmo bíblico*, esta pretensión parece cada vez menos convincente.

El análisis anterior lleva a la conclusión de que *judaísmo mesiánico* es, con mucho, superior a *judaísmo bíblico* como denominación fundamental de nuestro movimiento, y que este último término adolece de tan grandes desventajas, que lo hacen en buena medida inútil incluso como autodescripción secundaria.

Mesiánico como especie

Hasta aquí, nuestro examen de las implicaciones teológicas del término *judaísmo mesiánico* ha arrojado las siguientes conclusiones: 1) estamos principalmente preocupados por el pueblo judío, más que por establecer un movimiento de gentiles *baalei teshuvá* (arrepentidos que vuelven a la Torá); 2) profesamos como positivo nuestro parentesco con el pueblo judío y su trayectoria a lo largo de la historia; 3) afirmamos como positiva nuestra relación con la tradición religiosa judía, tal como se ha desarrollado a lo largo de la historia, y 4) reconocemos la legitimidad de otras formas de judaísmo, y tratamos de aprender de ellas, y también de enseñarles. Nos hemos centrado en las cosas que tenemos en común con el mundo del judaísmo en sentido amplio, lo cual queda afirmado por el uso de una palabra en particular —*judaísmo*—, por su posición en el término compuesto como categoría básica o género de nuestra identidad, y por la decisión de emplear un término compuesto eligiendo como segundo componente un modificador —*mesiánico*— principalmente descriptivo, en lugar de uno cargado de valor. Pero estas consideraciones que hacemos acerca del nombre estarían incompletas sin una exposición más detallada de nuestra diferencia específica, aquello que nos distingue de los demás miembros del género o categoría más amplia; el judaísmo mesiánico es *judaísmo*, pero también es judaísmo *mesiánico*.

El rasgo distintivo de nuestro judaísmo es Yeshúa el Mesías. Esto no significa que simplemente añadimos la fe en Yeshúa a un sistema religioso preexistente, el judaísmo *genérico*, para producir por suma el judaísmo *mesiánico*. Hay judíos mesiánicos que hacen precisamente esto, pero el resultado no es judaísmo mesiánico. Puede ser mesiánico, y puede ser judaísmo, pero el todo integrado implícito en el término compuesto *judaísmo mesiánico* no se evidencia. En cambio, el judaísmo mesiánico es judaísmo en todas las facetas de su enseñanza, su culto y su forma de vida, entendido y practicado a la luz del Mesías Yeshúa. En el judaísmo mesiánico la Torá es leída con reverencia, al igual que en todas las otras formas de judaísmo, pero quienes la escuchan encuentran la plenitud de la Torá en Yeshúa. En el judaísmo mesiánico uno puede rezar la *amidá* (oración central de la liturgia judía) en su forma tradicional, sin enmiendas, entendiéndola según lo hace la tradición: que, con ello, uno está participando en el cumplimiento de la obligación comunitaria de adoración de Israel, expresada en los tiempos del templo mediante las ofrendas sacrificiales diarias. Sin embargo, él o ella (judíos mesiánicos rezando la *amidá*) también reconocerían que el cumplimiento supremo de ese culto se encuentra en la autoofrenda de Yeshúa, y que la ofrenda de la oración de Israel es ahora aceptable a Dios en y a través de su Mesías como sumo sacerdote. En el judaísmo mesiánico se observan el Shabat y las festividades de la misma forma que en otras formas de judaísmo, pero se proclama y se celebra su cumplimiento escatológico preliminar en el Mesías Yeshúa, y se anticipa y se pide su cumplimiento escatológico final en él. Las formas tradicionales del judaísmo proporcionan la forma de vida y el pensamiento fundamentales, pero todo adquiere un significado más profundo mediante la unión en el espíritu con el Mesías.

Un paralelismo con esta reinterpretación integrada de toda la tradición se puede encontrar en los anales del misticismo judío. El *Zohar* es un comentario místico de la Torá. La Torá es la máxima autoridad, y se invocan personajes y expresiones talmúdicas, pero todo se ve bajo una nueva luz: la luz de las *sefirot* (emanaciones a través de las cuales Dios se revela a sí mismo). Isaac Luria y sus contemporáneos y herederos continuaron este proceso en la Safed (Israel) del siglo XVI, desarrollando el nuevo sistema teológico y reinterpretando de acuerdo con él las prácticas tradicionales. Ahora, el cumplimiento de las *mitzvot* (mandamientos) no es simplemente una expresión del deber y el amor al pacto de Israel, sino también un medio para aportar unidad al fragmentado mundo interior de la divinidad y reparar (*tikún*) el cosmos. El judaísmo como sistema de vida y pensamiento permanece intacto, pero al mismo tiempo se ve transformado por la nueva perspectiva desde la que se considera.[10]

Algo similar se requiere del judaísmo mesiánico para estar a la altura de su nombre. Lo que distingue al judaísmo mesiánico de otras formas de judaísmo no es una doctrina o práctica particular, sino la forma en que la totalidad de la tradición se percibe y se vive. Esto no implica la destrucción del judaísmo tradicional, como tampoco lo hizo la teología de la cábala. Al contrario, el judaísmo mesiánico debe digerir la tradición y hacerla parte de sí mismo, al tiempo que la transforma en algo nuevo.

¿Tradición inspirada?

Aunque todavía inmaduros como movimiento, ya hemos existido lo suficiente como para tener algo de nuestra propia tradición a lo que recurrir. Las fuentes que la teología sondea consisten no solo en textos canónicos, sino también en las tradiciones de la comunidad en la que el teólogo vive, rinde culto y lleva a cabo su labor académica. La teología siempre está arraigada en un contexto comunitario concreto. El teólogo escudriña las tradiciones de su comunidad, tanto para comprobar si son fieles a las verdades fundamentales que la comunidad afirma, como para encontrar en ellas nuevas intuiciones sobre esas verdades fundamentales. A veces, las tradiciones son meras costumbres (*minhagim*) de pensamiento y de vida, con importancia solo pasajera o local. Esto es *tradición* con *t* minúscula. Pero a veces las tradiciones surgen como una respuesta terrenal a un impulso celestial (como la Torá oral), y arrojan nueva luz sobre un paisaje familiar. Esto es *Tradición* con *T* mayúscula.

Me gustaría sugerir que el nombre de nuestro movimiento constituye nuestra Tradición (con *T* mayúscula) más clara y valiosa. Nos dice más de lo que hasta ahora nos hemos permitido escuchar: nos habla acerca de quiénes somos y cómo nos relacionamos con las dos comunidades rivales cuya herencia compartimos. Una atención más cuidadosa a las implicaciones de lo que nos hemos llamado a nosotros mismos —y, tal vez, de lo que hemos sido llamados por Uno mucho más grande que nosotros— nos hará crecer hacia una identidad segura y madura como judíos mesiánicos que practican un judaísmo mesiánico auténtico e integral.

---

10. Scholem, *Major Trends in Jewish Mysticism*, 28-32.

Parte ii

EL JUDAÍSMO DESDE UNA PERSPECTIVA MESIÁNICA

Capítulo 3

El judaísmo mesiánico y la tradición judía en el siglo XXI: una defensa bíblica de la Torá oral[1]

A medida que el judaísmo mesiánico intenta independizarse de sus raíces cristianas evangélicas y establecerse como una rama del judaísmo, la cuestión de la Torá oral y la tradición rabínica se hace inevitable. Puesto que la Torá escrita no siempre es explícita sobre las prácticas y tradiciones que instituye, y porque a veces sus directrices están en tensión entre sí, la *halajá*[2] no puede aplicarse sin una tradición interpretativa que tenga autoridad. En este ensayo, Kinzer analiza la importancia y la justificación bíblica de la Torá oral y explica cómo el judaísmo mesiánico no puede reclamar legitimidad como judaísmo, sin reconocer la necesidad de dicha tradición interpretativa. Aunque el largo camino para desarrollar una auténtica *halajá* judía mesiánica no ha hecho más que empezar, Kinzer traza una ruta para que los

---

1. Presentado por primera vez en el foro Hashivenu en 2003 y publicado (con modificaciones) en el capítulo 7 de *Postmissionary Messianic Judaism*; aquí introducido por Jennifer M. Rosner. El Foro Hashivenu es el resultado de una pequeña reunión convocada en 1997 por Stuart Dauermann, un líder judío mesiánico que quería plantear la posibilidad de llevar a cabo un trabajo en común con otros líderes de ideas afines. El grupo estaba formado por Stuart Dauermann, Mark Kinzer, Bob Chenoweth, Michael Schiffman y Paul Saal, y este debate inicial condujo a la fundación de Hashivenu, que celebró su primer foro anual en marzo de 1999 en Pasadena, California. La palabra *hashivenu* aparece al final del servicio litúrgico de la Torá y significa «tráenos de vuelta». Para consultar el texto original en inglés, véase enlace a la web del foro en la bibliografía.

2. El término *halajá* hace referecia a las aplicaciones de la Torá a las circunstancias cambiantes de la vida cotidiana, que han adquirido autoridad comunitariamente.

judíos mesiánicos, mediante la continua reflexión, se mantengan firmes en su contribución única, acogiendo al mismo tiempo la tradición rabínica como herencia esencial y cargada de autoridad, sin la cual el judaísmo no existiría.

JEN ROSNER

Nuestro foro actual ha abordado el tema «La tradición judía». El título es deliberadamente amplio en su alcance, incluyendo en su ámbito todo el modo de vida y el pensamiento transmitidos a los judíos del presente por los judíos del pasado. Aunque en este sentido algunos judíos mesiánicos discuten el valor de la tradición judía, la mayoría reconoce que no podemos construir un modo de vida judío mesiánico que sea viable, sin valernos al menos mínimamente de la herencia recibida de nuestros antepasados. Reduciríamos sustancialmente nuestro campo de estudio si definiéramos el tema como *tradición rabínica*. Esto centraría nuestra atención en los escritos *mishnaicos*, *midráshicos* y talmúdicos, y en las tradiciones exegéticas, *halájicas*, teológicas, litúrgicas y éticas que generaron. También nos llevaría a un terreno más aventurado, pues los judíos mesiánicos discrepan apasionadamente sobre el valor de todo lo rabínico. Sin embargo, incluso esta forma de definir nuestro tema parece poco controvertida en comparación con el término *Torá oral* que he elegido para trabajar. Los judíos mesiánicos pueden cuestionar los méritos de la tradición rabínica, pero todos estamos de acuerdo en que existe. En cambio el término *Torá oral* contiene una afirmación de sanción divina que pocos judíos mesiánicos han estado dispuestos a aceptar. Es así como la mayoría de los judíos mesiánicos niegan que exista algo que pueda denominarse *Torá oral*.

Tal como demostrará la discusión que sigue, yo no defendería todo lo que las autoridades rabínicas han afirmado sobre la Torá oral. Por ejemplo, no defendería la opinión de que la enseñanza que ahora se encuentra en el vasto corpus rabínico fue revelada a Moisés en el Sinaí. Aun así, sostengo que el término es útil, pues fija nuestra atención en las cuestiones centrales que debemos afrontar: ¿necesita la Torá escrita una continua tradición de interpretación y aplicación, para convertirse en una realidad concreta en la vida diaria de los judíos?, ¿está de alguna forma sancionada por Dios la tradición de interpretación y aplicación de la Torá escrita desarrollada y transmitida por los sabios?

La cuestión de la Torá oral tiene especial importancia en el ámbito de la *halajá*. La mayoría de los judíos mesiánicos en la diáspora aceptan el punto de vista tradicional de que la identidad y la existencia judías deben estar arraigadas en la Torá (es decir, el Pentateuco) —si bien, para nosotros, interpretada y encarnada en el Mesías Yeshúa— La mayoría de los judíos mesiánicos en la diáspora reconocen asimismo que la Torá contiene instrucciones prácticas legitimadas para que el pueblo de Israel pueda cumplir su vocación de *goy kadosh* (nación santa) pactada en la alianza. Pero una vez que afirmamos estas proposiciones, nos enfrentamos a un desafío: ¿cómo entender la Torá y, como judíos mesiánicos, vivir de acuerdo con ella en el siglo XXI? Inmediatamente, esto nos lleva a los terrenos de la Torá oral: ¿cómo abordamos la confrontación entre el texto y las situaciones de la vida real?, ¿cómo resolvemos los problemas que surgen de esta confrontación?, ¿es esta una tarea de la *Torá shebeal pe*, la Ley oral?[3]

¿Por qué repugna tanto a los judíos mesiánicos la noción de Torá oral? En parte, las suspicacias derivan de una correcta preocupación por la primacía y la autoridad única de la Torá escrita: así, algunos argumentan que la Torá escrita es suficiente y no requiere ni admite complemento alguno; y se argumenta, además, que la doctrina rabínica de la Torá oral se inventó, no solo para complementar la Torá escrita, sino para suplantarla. En parte, la suspicacia deriva también de los Escritos Apostólicos y el tratamiento que en ellos se hace de los fariseos (con razón supuestos precursores, durante el segundo templo, del movimiento rabínico posterior al año 70): así, las aparentes reservas de Yeshúa sobre la farisea «tradición de los ancianos» son leídas como un rechazo directo de toda noción de la Torá oral; y el hecho de que Yeshúa otorgara autoridad *halájica* a sus *shelijim* (los apóstoles) parece asimismo excluir las pretensiones fariseo-rabínicas de tal autoridad. Por último, la desconfianza de los judíos mesiánicos con respecto a la Torá oral deriva también del rechazo fariseo-rabínico de las afirmaciones mesiánicas sobre Yeshúa hechas por sus seguidores, y del trato que dieron posteriormente a esos seguidores. A la hora de hacer una defensa de cualquier noción de Torá oral para judíos mesiánicos, hay que prestar atención a estas objeciones.

En este ensayo intentaré abordar precisamente esta tarea. No tendré ocasión de tratar todas las objeciones con la extensión que merecen. Pero espero al menos apuntar en la dirección que podrían ir las respuestas. Si tengo éxito, la noción de la Torá oral ya no será terreno vedado para nosotros, los judíos mesiánicos.

---

3. Berkovits, *Not in Heaven*, 1.

La Torá oral en el Pentateuco

¿Es suficiente la Torá escrita, sin ninguna otra instrucción complementaria? Para responder a esta pregunta, primero debemos preguntarnos ¿suficiente para qué? En las discusiones evangélicas sobre el significado de *sola scriptura*, esta es siempre una cuestión soteriológica: suficiente para instruirnos en lo que debemos creer para ir al cielo después de morir.[4] Sin embargo, en el contexto judío, la Torá no es fundamentalmente un texto que contenga verdades que debamos creer para alcanzar la otra vida; es más bien, en esencia, la constitución nacional de Israel, el texto fundacional que da forma a su vida comunitaria práctica. Por tanto, la cuestión no es qué debemos creer para salvarnos, sino cómo debemos vivir para ser fieles a esa norma básica.

¿Es suficiente la Torá escrita para instruir al pueblo judío sobre cómo debemos vivir como individuos, familias y comunidades locales? Aunque sin duda es fundamental e indispensable, no es suficiente. La Torá requiere una tradición viva de interpretación y aplicación para poder ser practicada en la vida diaria. Esto se debe, en parte, a la falta de detalle en su legislación. Como señala Michael Fishbane, «las frecuentes lagunas o ambigüedades en su formulación legal tienden a hacer [...] que las leyes [bíblicas] sean sumamente problemáticas —cuando no funcionalmente inoperativas— *sin interpretación*».[5] Así, la Torá prohíbe todo trabajo (*melajá*) en Shabat (sábado), pero no define en ninguna parte el significado de *melajá*.[6] Del mismo modo, ordena que «nos aflijamos» en Yom Kipur (Día de la Expiación), pero no nos dice qué significa esto en la práctica.[7] Cuando la Torá enseña sobre las aves inmundas, no proporciona ningún criterio para distinguir las puras de las impuras (como sí hace con los mamíferos y los peces), sino que solo nos da una lista de ejemplos.[8] ¿Es esta una lista completa? ¿Qué hay de las aves rapaces que no figuran en la lista?[9]

---

4. No se trata aquí de restar importancia a las cuestiones soteriológicas. Se trata de señalar simplemente que el Pentateuco, cuando se lee en un contexto judío, no trata de responder fundamentalmente a dichas cuestiones.

5. Fishbane, *Biblical Interpretation in Ancient Israel*, 92 (cursivas en original).

6. Éxodo 20,10; Deuteronomio 5,14. Véanse: Cardozo, *The Written and Oral Torah*, 66; y Hoenig, *The Essence of Talmudic Law and Thought*, 15.

7. Levítico 16,31. Véase: Cardozo, *The Written and Oral Torah*, 67.

8. Levítico 11,13-19; Deuteronomio 14,11-18.

9. «Los sabios, generalizando a partir de esta lista de aves *kosher*, establecieron cuatro criterios para que un ave fuera *kosher*, entre los que se incluye que no fuera un ave de rapiña» (Lieber, *Etz Hayim: Torah and Commentary*, 1073).

Pero la falta de detalles legislativos prácticos no es el único problema. Hay también numerosas incoherencias e incluso aparentes contradicciones. Números 18,21-32 ordena que los israelitas den su diezmo a los levitas, quienes luego ofrecen un diezmo del diezmo a los *kohanim* (sacerdotes). Sin embargo, Deuteronomio 12,22-29 instruye a los israelitas que coman su propio diezmo en el santuario central, y Deuteronomio 14,28 y 26,12 que lo den a los pobres cada tres años. Éxodo 21,7 indica que una esclava no es liberada en su séptimo año como lo es el esclavo, mientras que Deuteronomio 15,17 parece tratar a la esclava y al esclavo por igual.[10] Éxodo 12,1-13 parece presuponer que Pésaj (la Pascua judía) se celebrará en el hogar, mientras que Deuteronomio 16,2 requiere que se celebre en el santuario central.[11] Éxodo 12,5 dice que la ofrenda de Pésaj puede ser una oveja o una cabra, mientras que Deuteronomio 16,2 permite que también sea un toro.[12]

Para poder cumplir estas leyes, los judíos del período del segundo templo necesitaban disponer de una tradición interpretativa que les permitiera abordar las aparentes discrepancias. Podemos ver pruebas de una tradición así en Crónicas. Éxodo 12,9 indica que la ofrenda de Pésaj no se debe cocinar/hervir (*b-sh-l*) en agua, sino asarse al fuego (*'esh*), mientras que Deuteronomio 16,7 dice que se debe cocinar/hervir (*b-sh-l*) sin más, lo que normalmente se entendería como «hervir», contradiciendo el texto anterior de Éxodo. Pero ambos pasajes quedan conciliados en 2 Crónicas 35,13, cuando se dice que la ofrenda de Pésaj debe ser «cocinada (*bshl*) en el fuego (*'esh*)». De esta forma, la palabra *bshl* se entiende como «cocinar», en lugar de «hervir».[13]

David Weiss Halivni concluye de estas tensiones en el Pentateuco que debió existir una tradición interpretativa oral, al menos en la época en que el pueblo en su conjunto aceptó la autoridad del texto en su forma actual:

> Tanto los eruditos modernos como los tradicionales han observado, de distintas maneras, que el texto del Pentateuco contiene aparentes incoherencias, lagunas e incluso contradicciones, a veces en cuestiones esenciales de la observancia. [...] El problema no es solo que las leyes de las festividades y los Shabats no estén lo suficientemente detalladas como para que puedan ponerse en práctica de inmediato [...]

10. Halivni, *Revelation Restored*, 24.

11. Halivni, *Revelation Restored*, 24; Fishbane, *Biblical Interpretation in Ancient Israel*, 137.

12. Halivni, *Revelation Restored*, 25-26; Fishbane, *Biblical Interpretation in Ancient Israel*, 136-137.

13. Halivni, *Revelation Restored*, 25; Fishbane, *Biblical Interpretation in Ancient Israel*, 135-136.

sin una guía extensiva más allá de la palabra escrita. Un reto aún mayor que la frecuente falta de detalles es el hecho de que aquellos detalles que se especifican no son siempre congruentes entre unas partes y otras del Pentateuco [...] *la observancia coherente en el momento en que se fijó el canon no se puede haber basado únicamente en las Escrituras. Alguna guía oral debió acompañar al texto tan pronto como se instituyó la observancia.*[14]

Michael Fishbane va más allá, sosteniendo que una tradición legal oral se debe haber originado mucho antes:

No hay por qué dudar, razonablemente, de que la ley escrita conservada en la Biblia hebrea sea la expresión de una ley oral mucho más amplia. Esa tradición legal oral habría aumentado los casos de nuestras recopilaciones y habría también aclarado sus formulaciones con el alcance y la precisión necesarios para tomar decisiones jurídicas viables. En consecuencia, las recopilaciones legales bíblicas pueden más bien considerarse compendios prototípicos de normas legales y éticas, más que códigos completos [...] Los códigos legales recibidos son, de este modo, una expresión literaria de la antigua sabiduría legal israelita, ejemplificaciones de las leyes «justas» en las que se basaba el pacto.[15]

Ni Halivni ni Fishbane sostienen que esta tradición jurídica oral fuera idéntica a la que se encuentra posteriormente en el corpus rabínico. Pero ambos reconocen, con razón, que la Torá escrita no solo permite una instrucción complementaria, sino que la exige.

¿Establece o prevé la Torá un marco institucional para proporcionar esa necesaria instrucción complementaria? Hay buenas razones para pensar que sí. En un texto situado en un momento clave de la narración del Éxodo —en «la montaña de Dios», justo antes de la teofanía del Sinaí—, Jetro visita a Moisés y le da un importante consejo.[16] El pueblo de Israel ha estado acudiendo a Moisés con sus disputas, y él ha estado consultando a Dios, resolviendo (*shafat*) los litigios y dando a conocer los decretos (*chukkim*) y las leyes (*torot*) pertinentes. Sin embargo, esta actividad resulta agotadora tanto para Moisés como para el pueblo. Por ello, Jetro recomienda a Moisés que establezca jueces tribales que se ocupen de las disputas cotidianas del pueblo. Solo los casos importantes, demasiado difíciles de resolver para ellos, deberían ser llevados ante Moisés. Moisés acepta el consejo de su

---

14. Halivni, *Revelation Restored*, 23-24 (énfasis añadido).

15. Fishbane, *Biblical Interpretation in Ancient Israel*, 95.

16. Éxodo 18,5, 13-27.

suegro, y nace así una nueva institución de tribunales subordinados a uno superior.

Lo significativo de este incidente es acentuado por la posición misma que ocupa en la versión deuteronómica de la narrativa de éxodo-Sinaí-desierto: es el primer acontecimiento narrado por Moisés.[17] En él, a los líderes subordinados se les llama «oficiales (*shotrim*) de vuestras tribus» y «magistrados (*shoftim*)».[18] El sistema judicial del desierto sirve de trasfondo clave para la sección del código deuteronómico que establece las instituciones fundamentales del futuro gobierno de Israel.[19] Esa sección comienza con el mandato de nombrar magistrados y oficiales (*shoftim* y *shotrim*) en cada ciudad, quienes habrán de «juzgar al pueblo con justo juicio».[20] Así, los jueces locales del futuro se identifican con los magistrados tribales del pasado en el desierto. A continuación, en Deuteronomio se instituye un poder judicial central en «el lugar que el Señor tu Dios elegirá», que conocerá de todos los casos demasiado difíciles para los tribunales locales.[21] Viendo la posición destacada de Deuteronomio 1,9-18 y su parecido textual con Deuteronomio 16,18-20, es evidente que el poder judicial central desempeña la función de Moisés, del mismo modo que los tribunales locales desempeñan la función de los tribunales tribales del período del desierto.

La importancia de este poder judicial central y su papel como expresión última del oficio anteriormente desempeñado por Moisés se hace más evidente con un estudio cuidadoso de la perícopa. El pasaje comienza ordenando que ciertos tipos de casos sean llevados de los tribunales locales al tribunal central. Se refiere a algún caso que sea «demasiado difícil para ti (*yipalay mi-mecha*)», y que implique homicidio (*beyn dam le-dam*), lesión personal (*nega*) o disputa sobre la ley (*din*) que corresponde aplicar.[22] El significado de esta última clase de supuesto (*beyn din le-din*) quedará aclarado en un momento. El tribunal central conocerá del caso y dictará una resolución. Las personas implicadas no son libres para hacer caso o no de esta decisión, sino que se debe responder «observando cuidadosamente todo lo que ellos te ordenen» (*ve shamarta la'asot ke-chol asher yorucha*).[23] Las palabras *observarás cuidadosamente* (*shamarta la'asot*) aparecen con frecuencia y en formas diversas en Deuteronomio, siempre ordenando

17. Deuteronomio 1,9-18.

18. Deuteronomio 1,15-16.

19. Deuteronomio 16,18-18,22.

20. Deuteronomio 16,18-20.

21. Deuteronomio 17,8-13.

22. Deuteronomio 17,8.

23. Deuteronomio 17,10.

obediencia a las palabras de la propia Torá. En este caso, exigen obediencia al alto tribunal. El verbo utilizado para caracterizar la decisión de los jueces también es significativo: *yoru* (instruir), que comparte la misma raíz consonántica que *Torá*. Esto no es casual, como resulta evidente en el siguiente versículo, que ordena a cada parte implicada «actuar según la palabra de la Torá que te enseñen (*yorucha*)».[24] Como si estas exhortaciones a la obediencia no fueran suficientes, el pasaje insta a cada parte a no apartarse «de la decisión que ellos te declaren, ni a derecha ni a izquierda»; y advierte que aquellos que con arrogancia desobedezcan al tribunal central serán llevados a la muerte, para que el mal sea purgado de Israel, y para que todo el pueblo oiga y tema, y no actúe de manera similar.[25] Una vez más, este tipo de advertencias aparecen con frecuencia en Deuteronomio, pero generalmente como una forma de instar a cumplir con la propia Torá (y no tanto con quienes la administran).[26]

Así pues, la forma en que se describe el juicio del tribunal central implica que su alcance va más allá de la mera emisión de veredictos sobre casos particulares. Al abordar los casos difíciles están *enseñando la Torá*. Desempeñan el mismo papel que Moisés durante el peregrinaje por el desierto, y sus palabras tienen una autoridad análoga a la de la propia Torá mosaica. Frank Crüsemann lo afirma sin ambigüedades:

> La conclusión que debemos sacar de esto es absolutamente clara: las decisiones del tribunal tienen la misma importancia y el mismo rango que las cosas que dijo el propio Moisés, es decir, el propio Deuteronomio. El tribunal supremo de Jerusalén tomaba decisiones con la autoridad de Moisés y tenía su misma jurisdicción. Hablaba en nombre de Moisés y extrapolaba hacia adelante la voluntad de YHWH.

> El desarrollo y la estructura de la ley deuteronómica no pueden separarse de la institución del tribunal central de Jerusalén. [...] Según Deuteronomio 17,8ss este tribunal habla con la misma autoridad que el propio Deuteronomio, la autoridad de Moisés.[27]

Tal vez Crüsemann exagere su conclusión, pero su tesis esencial sigue siendo válida: el Deuteronomio establece una institución que desempeña la función mosaica de interpretar y aplicar la Torá en circunstancias nuevas e imprevistas.

---

24. Deuteronomio 17,11.

25. Deuteronomio 17,11-13.

26. Deuteronomio 13,6; 17,7; 19,19; 21,21; 22,21; 24,7.

27. Crüsemann, *The Torah*, 97, 269 (cursivas en original).

Según 2 Crónicas 19, tal institución existió realmente en el antiguo Israel. Este capítulo describe cómo el rey Josafat nombró magistrados (*shoftim*) en todas las ciudades fortificadas de Judá, y luego estableció un tribunal supremo en Jerusalén.[28] El tribunal supremo oiría los casos que le enviaran de cualquier lugar («cuando os llegue un caso de vuestros hermanos que viven en sus ciudades»).[29] Al igual que en Deuteronomio 17,8, entre ellos destacarían los casos de homicidio (*bein dam le-dam*). La redacción, idéntica, demuestra que el autor de 2 Crónicas 19 ve la acción del rey Josafat como la realización del propósito de Deuteronomio 17. Además de los casos difíciles de homicidio, el alto tribunal debe dictar sentencia en las controversias *bein Torá le-mitzvá le-jukim ulmishpatim* («entre la Torá y los mandamientos, estatutos y ordenanzas»). Esta frase se corresponde con *bein din le-din* de Deuteronomio 17,8, y ayuda a explicar esa enigmática formulación. Crüsemann interpreta que la versión ampliada de 2 Crónicas 19,10 se refiere a «casos en los que hay una "colisión de normas" y, por tanto, implican automáticamente algo parecido al precedente».[30] A veces el cumplimiento de una ley puede llevar a desobedecer otra. En tales casos se produce una «colisión de normas», y se requiere de una acción interpretativa autorizada para aclarar lo que está permitido y lo que es obligatorio. Esta aclaración implica algo más que simplemente emitir un veredicto en un litigio concreto. Estos casos que sientan precedente también proporcionan nuevas instrucciones sobre cómo se debe vivir la Torá. De esta forma, el alto tribunal enseña, interpreta y establece la Torá.

El papel del poder judicial central, inspirado en el de Moisés durante el peregrinaje por el desierto, se puede ilustrar con los cinco casos de la Torá en los que se dictan nuevas leyes en respuesta a cuestiones legales imprevistas planteadas por el pueblo.[31] Estas leyes son inusuales en la Torá. Normalmente, la narrativa de la Torá presenta toda materia legal como algo que tiene su origen únicamente en la iniciativa divina. Dios convoca a Moisés y le da las leyes. Ninguna circunstancia humana terrenal proporciona un contexto al que Dios responda. Sin embargo, en estos cinco casos la iniciativa procede del pueblo, y el resultado no es solo la resolución de casos particulares, sino la promulgación de una nueva legislación.[32] Estas

28. 2 Crónicas 19,5.8.

29. 2 Crónicas 19,10.

30. Crüsemann, *The Torah*, 94.

31. Levítico 24,10-23 (blasfemia del hijo de un egipcio y una israelita); Números 9,6-14 (Pésaj Sheni o segunda Pascua); Números 15,32-36 (recolección de leña en Shabat); Números 27 y Números 36 (las hijas de Zelofehad y los derechos de herencia de las mujeres).

32. Véanse Crüsemann, *The Torah*, 100-101, y Fishbane, *Biblical Interpretation*,

cinco narraciones proporcionan así el paradigma mosaico para la labor interpretativa del tribunal central de Jerusalén.[33] El tribunal central no derivará sus sentencias de modo oracular (como Moisés), y esta distinción preserva el estatus primario y único de la legislación mosaica. Sin embargo, aparte de este hecho, el tribunal central funcionará como lo hizo Moisés, y su autoridad para aclarar e interpretar la Torá deriva del propio Moisés.

La relación entre el futuro tribunal supremo y Moisés también puede estar implícita en Números 11. En este capítulo, como en Éxodo 18 y Deuteronomio 1, Moisés está agobiado por la tarea de dirigir al pueblo de Israel y, como en esos otros capítulos, su carga se ve aliviada con el nombramiento de otros líderes que le ayudan.[34] Sin embargo, también hay diferencias entre los ayudantes de Éxodo/Deuteronomio y los descritos en Números 11. En primer lugar, a los líderes de Números 11 no se les asigna explícitamente la responsabilidad de los grupos subordinados (millares, centenas, cincuentenas, decenas), ni su función se limita al juicio local. En segundo lugar, se concreta el número de sus componentes, y ese número es «setenta». Se identifican así con los setenta ancianos que ascendieron al Sinaí con Moisés y «vieron al Dios de Israel».[35] Y de este modo son asociados con Moisés más estrechamente que los jueces subordinados de Éxodo 18 y Deuteronomio 1. En tercer lugar, al igual que aquellos que subieron al Sinaí con Moisés, su nombramiento tiene lugar en la Tienda del Encuentro (*ohel moed*), que se corresponde con el futuro templo de Jerusalén.[36] En cuarto y último lugar, reciben algo del espíritu profético que Moisés posee.[37] Esto también asocia estrechamente a los setenta ancianos con el propio Moisés: de la misma forma que Eliseo recibirá el espíritu de Elías, los setenta reciben el espíritu de Moisés.[38]

Todos estos factores indican que los setenta ancianos de Números 11 prefiguran el tribunal central de Deuteronomio 17 y 2 Crónicas 19, y no los tribunales subordinados de las ciudades de Judá. La conexión con

---

99. Fishbane señala que «en todos los casos, excepto en el del recolector de leña, el *responsum* profético es formulado con el preciso estilo casuístico de las ordenanzas sacerdotales del Pentateuco («Si un hombre…»)» y presenta una ley *más amplia que* la requerida por la situación oracular original» (pág. 103).

33. «Las cinco perícopas legales precedentes reconocen explícitamente casos en los que la ley del pacto requirió aclaraciones o enmiendas complementarias» (Fishbane, *Biblical Interpretation*, 106).

34. Números 11,11-15.16-17.24-25.

35. Éxodo 24,9-11.

36. Números 11,16.24.

37. Números 11,17.25-30.

38. 2 Reyes 2,9-10.15.

Elías y Eliseo ofrece un apoyo especialmente sólido a esta tesis: tal como Eliseo recibió el espíritu de Elías y le sucedió en su papel de profeta, así los setenta ancianos reciben el espíritu de Moisés y prefiguran la institución que sucederá a Moisés en su papel de maestro de la Torá. Cuando el sanedrín de los setenta ancianos se estableció en la Jerusalén posexílica como el tribunal supremo del pueblo judío, lo hizo afirmando ser sucesor divinamente legitimado de Moisés y prorrogando el oficio mosaico de interpretar y aplicar la Torá, tal como hicieron los setenta ancianos en Números 11, y tal como hizo el tribunal supremo de Josafat en 2 Crónicas 19.

Números 11 también señala el fundamento de la autoridad del alto tribunal de Jerusalén. Los setenta reciben el poder de Dios para actuar en el papel de Moisés, pero, antes de ser nombrados y adquirir su potestad oficialmente, ya eran «ancianos (z'kenim) y oficiales (shotrim) del pueblo».[39] Como hemos visto, un grupo de setenta ancianos representaba al pueblo anteriormente en el Sinaí.[40] Así, en cierto sentido, es el pueblo de Israel en su conjunto quien está investido de autoridad. Este punto de vista se ve además reforzado en las instrucciones deuteronómicas sobre las instituciones de gobierno de Israel.[41] Deuteronomio 16,18 comienza esa sección con la ley fundamental del gobierno: «Nombrarás magistrados (shoftim) y oficiales (shotrim)». ¿Quién es el tú, en singular, de este versículo? Se refiere, evidentemente, a los que oyen el Deuteronomio, el pueblo en su conjunto. Y de manera similar, también se dice a los oyentes del Deuteronomio que se les permite tener un rey, si así lo deciden (Dt 17,14-15). Ese rey debe ajustarse a ciertos criterios (incluida la convicción entre el pueblo de que Dios mismo ha elegido a ese hombre), pero es el propio pueblo el que decide si tener un rey y quién debe ser ese rey.[42]

La autoridad conferida al pueblo de Israel en su conjunto para actuar como sucesor de Moisés puede también verse en el libro de Ester. Después de que el pueblo judío escapara de la destrucción tramada por Amán, Mordejai y Ester les instan a celebrar una fiesta anual (Purim) para conmemorar el acontecimiento. El libro —que nunca menciona el Nombre de Dios— describe entonces la respuesta del pueblo: «Los judíos establecieron (kiyyemu) y aceptaron como costumbre (kibbelu) para ellos y sus descendientes y todos los que se unieran a ellos, que sin falta

---

39. Números 11,16.24.
40. Éxodo 24,9-11.
41. Deuteronomio 16,18-18,22.
42. Crüsemann, The Torah, 238, 247.

continuarían observando estos dos días cada año, tal como estaba escrito y en el tiempo señalado».[43]

Una interpretación talmúdica entiende que *kiyyemu ve-kibbelu* significa «ellos [es decir, la corte celestial] mantuvieron arriba lo que ellos [es decir, el pueblo judío] habían aceptado abajo».[44] O, en paráfrasis de David Novak, «Dios confirmó lo que las autoridades judías en la tierra habían decretado por sí mismas para el pueblo».[45] Probablemente esto no está lejos de la intención del autor: así como el libro de Ester describe, sin mencionar nunca el Nombre divino, el poder providencial de Dios actuando en el mundo a través de la acción humana, así también presenta una institución divinamente ordenada pero aparentemente establecida por una autoridad humana. Y de esa autoridad no están simplemente investidos los líderes, como podría sugerir la paráfrasis de Novak. En lugar de eso, es todo el pueblo en su conjunto quienes «establecieron y aceptaron como costumbre para ellos y sus descendientes y todos los que se unieran a ellos» la celebración de Purim. Y, al incorporar el libro de Ester al canon bíblico, el pueblo judío dejó clara su determinación de que, de hecho, Dios había confirmado en el cielo lo que el pueblo judío había decretado y aceptado en la tierra.

Podemos, por lo tanto, sacar estas conclusiones: 1) que, debido a su falta de detalles legales, y a la cantidad de aparentes incoherencias legales, la Torá requiere una instrucción legal complementaria; 2) que la misma Torá reconoce este hecho y prevé un oficio de magisterio mosaico, cuyo cometido es interpretar las normas de la Torá y aplicarlas a nuevas circunstancias, y 3) que este oficio de magisterio mosaico, aunque en última instancia obtiene su autoridad de Dios, recibe su sanción inmediata de la confirmación por el conjunto del pueblo judío. Aunque la Torá en sí no utiliza el término en ninguna parte, no hay razón para no llamar *Torá oral* a la tradición de instrucción complementaria por parte de quienes sucedieron a Moisés. De esta forma se distingue de la Torá escrita al tiempo que se identifica con ella; igual que el tribunal supremo de Deuteronomio 17 y los setenta ancianos de Números 11 se distinguen de Moisés y al mismo tiempo se identifican con él.

---

43. Ester 9,27.

44. *B. Meguilá* 7a.

45. Novak, *The Election of Israel*, 169-170.

La Torá oral en la tradición rabínica

Hemos visto que es posible encontrar en la Torá escrita justificación para un cierto tipo de Torá oral. ¿Qué comparación tiene esta doctrina de raíz bíblica con la concepción rabínica tradicional? ¿Cuál es, de hecho, la doctrina rabínica de la Torá oral?

La versión más naíf de la doctrina tiene poca base en la propia tradición. Según esta forma de interpretar la Torá oral, Dios entregó a Moisés en el Sinaí dos Torás separadas y complementarias: una para ser transmitida por escrito y otra para ser transmitida oralmente. La Torá escrita es el Pentateuco; la Torá oral se transmitió boca a boca de una generación a otra, y finalmente quedó escrita en el Talmud. Así pues, el Talmud, como el Pentateuco, contiene palabras de Dios dichas a Moisés en el Sinaí. Las únicas diferencias entre el Pentateuco y el Talmud son que este último contiene material explicativo adicional necesario para comprender y guardar el primero, y que ambos fueron transmitidos por medios diferentes.

Aunque el Talmud se refiere a algunas normas que no figuran en el Pentateuco como *halajot le-Moshe mi-Sinai* (leyes orales de Moisés recibidas en el Sinaí), este término nunca se aplica a la Mishná en su conjunto ni a las decisiones legales del Talmud en general. Cualquiera que haya leído alguna vez el Talmud reconoce lo absurdo de pensar que encarna en su totalidad las palabras de Dios a Moisés en el Sinaí. El Talmud consiste principalmente en discusiones y argumentos rabínicos. ¿Acaso discutió Dios consigo mismo en el Sinaí, y luego asignó diversos aspectos de su debate interno a los futuros rabinos, quienes realmente no estaban discutiendo, sino simplemente representando un guión oral transmitido desde la época de Moisés? Podemos rechazar, sin temor a equivocarnos, una doctrina tan ridícula. Al hacerlo, no obstante, no estamos rechazando la concepción rabínica de la Torá oral.

Una segunda forma de interpretar la doctrina rabínica de la Torá oral tiene bases más firmes en la tradición. Según este punto de vista, no solo el Pentateuco, sino también las palabras de todos los profetas y sabios fueron reveladas a Moisés en el Sinaí. Pero no fueron transmitidas oralmente por Moisés a las futuras generaciones de profetas y sabios, sino que fueron recibidas por los profetas a través de una nueva inspiración, y desarrolladas por los sabios como interpretación creativa propia. Este punto de vista lo expone así un erudito ortodoxo contemporáneo: «¿Fueron realmente las visiones de los profetas y las alabanzas de los salmistas no más que una repetición de lo que ya se había dicho? ¿Son las miles de páginas de discusiones talmúdicas solo una regrabación de lo que Dios enseñó a Moisés? En *Tiferet Israel*, el Maharal (rabí Judah Loew ben Bezalel,

1525-1609) explica que, aunque a Moisés se le enseñó toda la Torá —desde el Jumash[46] hasta los debates del Talmud—, Dios ocultó muchas partes de ella a la nación en su conjunto. A cada generación se le permitió reproducir la exégesis para fortalecer su vínculo con la Torá».[47] Así pues, la Torá oral fue a la vez entregada a Moisés en el Sinaí y también descubierta de nuevo en cada generación. Es totalmente divina y, al mismo tiempo, algo que requiere una activa participación humana (más allá de la mera repetición de lo que ya se ha oído).

Si bien esta visión de la Torá oral se puede encontrar en el Talmud, no es el punto de vista dominante. David Weiss Halivni afirma que la doctrina de la Torá oral «apenas se menciona en toda la literatura tanaíta».[48] Halivni sostiene que también ejerció poca influencia entre los *amoraim* de Babilonia, pero que ganó protagonismo por primera vez entre los *amoraim* de la tierra de Israel. Incluso cuando la noción de *halajot le-Moshe mi-Sinai* se introdujo en el Talmud, no siempre se entendió que implicaba que la *halajá* en cuestión se le había enseñado literalmente a Moisés. Esto es evidente en la famosa historia de cómo Moisés es transportado al futuro para escuchar la exposición de la Torá por rabí Akiba, y es incapaz de comprender una sola palabra de sus enseñanzas.[49] No obstante, Moisés se consuela (y nosotros nos entretenemos) cuando, en respuesta a la pregunta «Maestro, ¿cómo sabes esto?» de sus discípulos, rabí Akiba responde: «Es una halajá *le-Moshe mi-Sinai*». Aquí es evidente que la enseñanza de Akiba se basa en una exégesis creativa de la Torá escrita —más que en una tradición *halájica* recibida de generaciones anteriores—, y que la declaración a favor de la autoridad mosaica no implicaba necesariamente una afirmación literal de la presciencia mosaica.

Sin embargo, las cosas cambiaron en el período postalmúdico. La opinión de que toda la tradición había sido revelada a Moisés en el Sinaí alcanzó una aceptación general. Halivni lamenta esta evolución y la considera un reflejo de la «obsesión por la perfección divina» del Medievo: «La sensibilidad religiosa de la Edad Media exigía creer en leyes eternas e inmutables, no contaminadas por la participación humana, que es inherente a la exégesis [...] La idea misma de que a los seres humanos se les hubiera requerido abrir la mina de la que extraer la ley de Dios [...] se volvió religiosamente intolerable. La religiosidad, en la Edad Media, era una

---

46. En hebreo el Jumash es la Torá en formato de libro en vez de rollo, escrita a mano (códice) o impresa.

47. Cardozo, *The Written and Oral Torah*, 8-9.

48. Halivni, *Revelation Restored*, 54.

49. *B. Menajot* 29b.

obsesión por la perfección divina [...] la idea de una Torá que requiriera la participación humana quedaba excluida por principio».[50] Aunque la doctrina medieval va más allá de la sobriedad talmúdica general acerca de la naturaleza de la autoridad rabínica, debe no obstante distinguirse de la fantasía ingenua de una tradición transmitida mecánicamente por repetición memorística desde Moisés hasta nuestros días.

La visión dominante en el Talmud difiere bastante de estas dos versiones de la Torá oral. Los sabios piensan menos en términos de dos Torás entregadas a Moisés en el Sinaí, y más en términos de dos tipos de ley —que ellos llaman *de oraita* (ley escrita de la Torá) y *de rabanán* (ley oral rabínica). Esta última también está autorizada divinamente, de modo que los mandamientos rabínicos pueden tratarse como mandamientos de Dios. ¿Por qué es así? No es porque los rabinos se limiten a repetir leyes recibidas a través de una cadena de transmisores de la tradición, sino porque en Deuteronomio 17 la Torá escrita les otorga la autoridad para actuar en nombre de Dios. Y esto queda claramente afirmado en medio de una discusión sobre el encendido de las velas de Janucá, una costumbre que conmemora una victoria que tuvo lugar más de mil años después de la entrega de la Torá en el Sinaí: «¿Qué bendición se recita? Se recita la bendición *Quien nos santificó con Sus* mitzvot *y nos ordenó encender la luz de Janucá.* [...] ¿Y en qué parte [de la Torá] nos lo ordenó? [...] Rav Avya dijo que la obligación de recitar esta bendición se deduce del versículo "[...] no te apartarás de la decisión que ellos te declaren, ni a la derecha ni a la izquierda" (Dt 17,11)».[51] Por lo tanto, la afirmación talmúdica fundamental de la autoridad de su enseñanza no se basa en un mito de los orígenes, sino en un texto del Pentateuco que, como ya hemos visto, tenía por objeto la aprobación de un oficio mosaico de interpretación y aplicación de la Torá, que ya estaba en curso.

Sin embargo, algunos sostienen que los sabios consideraban su propia autoridad mucho mayor de lo que una lectura de Deuteronomio 17 permitiría. Daniel Gruber ha argumentado que los *tanaim* y los *amoraim* situaban explícitamente su propia autoridad por encima de las Escrituras, de modo que sus dictámenes primaban sobre los de la Torá escrita.[52] Lawrence Schiffman es más cauto, y reconoce que los *tanaim* prohibían poner por escrito sus enseñanzas «para resaltar la mayor autoridad de la palabra escrita».[53] Pero a continuación Schiffman dice que «en el período

50. Halivni, *Revelation Restored*, 78.
51. *B. Shabat* 23a.
52. Gruber, *Rabbi Akiba's Messiah*, 80-84.
53. Schiffman, *From Text to Tradition*, 266.

amoraíta, los rabinos afirmaban abiertamente la superioridad de la ley oral»
y que «cuando el comentario *amoraíta* en la forma de los Talmuds estuvo
disponible, este material se convirtió en la nueva escritura del judaísmo [...]
La Escritura había sido desplazada por el Talmud».[54]

Hay que reconocer que ciertos dichos *amoraítas* podrían leerse de
una forma que apoye la tesis de Schiffman. Debe reconocerse también
que, a menudo, el judaísmo postalmúdico dio primacía al Talmud; cuanto
menos funcionalmente, si no también teóricamente. Sin embargo, un
estudio cuidadoso del enfoque talmúdico de la Torá escrita y la ley rabínica
no sustenta las afirmaciones de Gruber, ni siquiera las opiniones más
moderadas de Schiffman. El Talmud distingue sistemáticamente entre las
obligaciones que son *de oraita* y las que son *de rabanán*, y considera que las
primeras tienen prioridad sobre las segundas. Como señala Halivni, «Hay
diferencias con respecto a la severidad de la observancia entre una ley que
está ordenada bíblicamente y una ley que está ordenada rabínicamente».[55]
Así, se emplea un argumento *kal vajómer* (de lo mayor a lo menor) para
demostrar que se puede interrumpir la recitación del *halel* (Sal 113-118) para
saludar a alguien con autoridad, pues, si se puede interrumpir la recitación
del *shemá*, que es *de oraita*, sin duda se puede interrumpir el *halel*, que es
solo *de rabanán*.[56] Asimismo, está decretado que, para mostrar respeto
por las personas con autoridad, en general está permitido dejar de lado las
disposiciones rabínicas, pero no los mandamientos que son *de oraita*.[57] Y
estas no son excepciones al enfoque talmúdico, sino casos típicos.[58]

Este principio talmúdico de subordinar la ley rabínica a la ley bíblica
es remarcado por David Novak, que lo considera fundamental para el
judaísmo:

> Y al leer *davar* en Deuteronomio 17,11 como un término
> general y no un término específico, la Torá nos obliga no solo
> a prestar atención a la sentencia rabínica de casos individuales,
> sino a prestar atención a la legislación rabínica en general [*b.
> Berajot* 19b] [...] La única condición es que no se pierda de vista
> la distinción formal entre la ley de las Escrituras (*de oraita*) y la
> ley rabínica (*de rabanán*), y que se mantenga sistemáticamente
> la prioridad normativa de la ley de las Escrituras sobre la ley
> rabínica [*b. Betsá* 3b].

54. Íd., 287.

55. Halivni, *Peshat and Derash*, 14.

56. B. *Berajot* 14a.

57. B. *Berajot* 19b.

58. Véanse *b. Berajot* 15a, 16b, 20b, 21a; *b. Nidá* 4b; *b. Sucá* 44a; *b. Bavá Kamá* 114b.
Véase también el comentario de Rashi a *b. Berajot* 17b y 20b.

Por supuesto, este poder otorgado a los rabinos no es incondicional. Primero y ante todo, debe funcionar en aras del pacto. Su ley brota de un pacto hecho entre el pueblo y sus dirigentes ante Dios. Esto significa que la ley rabínica está diseñada, o bien para proteger leyes específicas de las Escrituras que comprenden la sustancia básica del pacto [gezerot], o bien para mejorar el pacto mediante la inclusión de nuevas celebraciones en él [tacanot].[59]

Michael Wyschogrod subraya igualmente la importancia de este principio: «La Torá oral depende de la Torá escrita y es inconcebible sin ella. La Torá escrita es el principal documento de revelación. Solo en el caso de la Torá escrita existe un texto autorizado que, cuando se escribe según lo especificado, da lugar a un objeto físico —el rollo de la Torá— que es sagrado».[60] Por lo tanto, la opinión de que los sabios anteponían su autoridad a la de la Torá escrita debe descartarse.

Pero, ¿qué ocurre con los casos en que los rabinos idearon una forma de eludir la ley bíblica, como el prosbul[61] de Hillel, o aquellos en los que un sabio se arroga la autoridad de arrancar un mandamiento bíblico? Resulta que esos casos no implican una arbitraria afirmación de poder sobre la Torá, sino que abordan situaciones en las que hay una colisión de normas bíblicas, como se exponía en Deuteronomio 17,8 (beyn din le-din) y 2 Crónicas 19,10 (beyn Torá le-mitzvá le-chukim ul-mishpatim). En este sentido, Eliezer Berkovits muestra cómo trata el Talmud una ley bíblica en la que se consideraba estipulado el derecho del marido a invalidar un documento de divorcio (get), cuando el estricto cumplimiento de esa ley perjudicaba a un ser humano: «Sin embargo, si lo examinamos detenidamente, descubriremos que la filosofía jurídica que subyace al principio puede revelar que la palabra arrancar no debe tomarse demasiado literalmente [...] En realidad, no se está arrancando una ley de la Torá, sino que se está limitando su aplicación con la autoridad de la propia Torá. El mandamiento bíblico que más abarca —en concreto nos referimos a "amarás a tu prójimo como a ti mismo"— enseña cómo y cuándo utilizar la ley específica relativa al derecho del marido a invalidar un get».[62] Este enfoque de la Torá se parece al de Yeshúa, que utilizó el mandamiento del amor para arrojar luz sobre las leyes acerca del Shabat y la pureza. Como señala Berkovits, tal resolución de conflictos entre

---

59. Novak, The Election of Israel, 172-173.

60. Wyschogrod, The Body of Faith, XXXII.

61. [N. del T.: procedimiento legal rabínico introducido en el siglo I a. de C. para permitir préstamos privados a personas necesitadas, sin temor por parte del prestamista a que la deuda fuera legalmente condonada al final del año sabático.]

62. Berkovits, Not in Heaven, 77.

normas bíblicas no implica realmente *arrancar* un mandamiento bíblico: «Nuestra discusión trae a la memoria un dicho de Resh Lakish: "A veces, la abolición de la Torá es su fundamentación"».[63]

Entonces, ¿en qué sentido las decisiones rabínicas, autorizadas por la Torá escrita en Deuteronomio 17, están basadas a su vez en la instrucción oral dada a Moisés en el Sinaí? Según el erudito del siglo XV Joseph Albo, solo existe una conexión muy general entre ambas: «Por lo tanto, a Moisés se le dieron oralmente ciertos principios generales, a los que solo se alude brevemente en la Torá, mediante los cuales los sabios pueden elaborar los nuevos detalles particulares que surgen en cada generación».[64] Muchos teólogos judíos modernos pasan por alto incluso este vínculo mínimo y, en su lugar, ponen el énfasis en la naturaleza práctica, concreta y contingente de la Torá oral: la Torá escrita es una norma inmutable, pero la Torá oral es dinámica, flexible, y refleja la infinita diversidad de circunstancias a las que se enfrenta el pueblo judío en el transcurso de su viaje por la historia. Según Eliezer Berkovits —ya citado antes—, este es el núcleo descriptivo de la tarea que la Torá oral realiza.[65]

De hecho, tanto Berkovits como Wyschogrod ponen el acento en que esta dimensión *oral* es la esencia de la Torá oral. Berkovits lamenta el hecho de que la Torá oral fuera un día consignada en forma escrita, y denomina esta evolución «el exilio de la *Torá shebeal pe* en la literatura»: «El cuerpo principal de la Torá oral, que nunca estuvo destinado a convertirse en un texto, se había transformado así en otro tipo de *Torá shebiketav*[66]. Este resultado no se debió a desarrollos producidos desde el interior de la tradición oral, sino que —contrariamente a su naturaleza esencial— fue forzada a ello por el poder de las circunstancias extrínsecas de una realidad hostil».[67] La aparición de la Torá oral en forma escrita podía llevar fácilmente a la malinterpretación de su naturaleza esencial como aplicación, flexible y contingente, de la Torá escrita a nuevas situaciones. Wyschogrod llega a describir la Torá oral como el poder de la Torá para entrar en la vida judía y moldearla desde dentro, de modo que Israel pueda convertirse en «la encarnación de la Torá»:

---

63. Íd., 69.

64. Citado en Zemer, *Evolving Halakhah*, 43.

65. «Cómo afrontar la confrontación entre el texto y la situación real de la vida, cómo resolver los problemas derivados de esta confrontación, es la tarea de la *Torá shebeal pe*, la Ley oral» (Berkovits, *Not in Heaven*, 1).

66. [N. del T.: «Torá escrita».]

67. Berkovits, *Not in Heaven*, 88.

A pesar de la escritura de la ley oral, sería un grave error borrar la distinción entre la ley escrita y la oral. Teológicamente hablando, la ley oral nunca puede ser escrita. La ley oral es la parte de la ley que lleva en su interior el pueblo judío. La ley no solo sigue siendo un dominio normativo que se cierne sobre el pueblo de Israel y juzga a sus gentes. Hace también eso, por supuesto. Pero la Torá entra en el ser del pueblo de Israel; es absorbida en su existencia y por eso ellos se convierten en los portadores, o la encarnación, de la Torá. La ley oral refleja este hecho.[68]

Esta descripción de la Torá oral se aproxima a lo que nosotros, judíos mesiánicos, podríamos decir del *Ruaj Hakodesh* (Espíritu Santo), como aquel aspecto de la Torá que actúa sobre el pueblo de Dios desde dentro hacia fuera.

En esta forma de entender la Torá oral, no se la considera un código consolidado, dado de una vez por todas a Moisés en el Sinaí, y que solo difiere de la Torá escrita por su modo de transmisión.[69] En cambio, se considera que la Torá oral es el proceso, divinamente guiado, mediante el cual el pueblo judío trata de hacer de la Torá escrita una realidad viva, en continuidad con la sabiduría acumulada de generaciones pasadas y en un encuentro creativo con los desafíos y las oportunidades del presente. De este modo, presupone que las promesas del pacto del Sinaí —tanto la promesa de Dios a Israel, como la promesa, en correspondencia, de Israel— siguen siendo eternamente válidas, y que el Dios del pacto siempre protegerá ese pacto, guiando a su pueblo en su viaje histórico a través del desierto.

Los pensadores que adoptan esta perspectiva sobre la Torá oral suelen hacer hincapié en el papel tradicional desempeñado por el pueblo judío en su conjunto en el proceso *halájico*. Así, David Novak sostiene que el pueblo judío tiene un papel más activo que desempeñar en el desarrollo de la Torá oral (ley rabínica) que en el desarrollo de la Torá escrita (ley escrituraria):

> Por último, está el factor del consentimiento popular. En el ámbito de la ley bíblica, este factor no parece actuar. Aunque se supone que la ley de Dios es para el bien del hombre, sin embargo, su autoridad se asume tanto si se ve el bien que la ley pretende como si no [...] Con la ley rabínica, por otra parte, el consentimiento popular es de hecho un factor importante *ab*

---

68. Wyschogrod, *The Body of Faith*, 210.

69. Quienes ven la escritura de la Torá oral como un mal necesario que amenaza su misma naturaleza, ven que la codificación de la Torá oral plantea un peligro aún mayor: «La idea misma de *codificación* viola la esencia de la *Torá shebeal pe*» (Berkovits, *Not in Heaven*, 88-89). Véase también Dorff en Leiber (editor), *Etz Hayim*, 1474-1475.

initio. Así, el Talmud asume que «no se puede dar un decreto (*guezerá*) a menos que sea obvio que la mayoría de la comunidad lo acatará» (*b. Avodá zará* 36a). En otras palabras, no solo los rabinos, sino también la gente común, tienen más poder en el ámbito de la ley creada por el hombre que en el ámbito de la ley hecha por Dios. Sin embargo, el hecho de que este poder no se interprete en aras de una autonomía respecto *del* pacto, sino más bien como una autonomía *para* el pacto, permite que uno mire al propio pueblo judío como una fuente de revelación [...] En casos de duda sobre cuál es en verdad la ley, cuando hay buenos argumentos teóricos de rabinos en ambos lados de la cuestión, uno debe «salir y observar lo que la gente está haciendo» [*b. Berajot* 45a].[70]

Esto nos lleva de nuevo a lo que vimos antes en el libro de Deuteronomio: la ley bíblica tiene sus raíces en la revelación divina, pero debe ser administrada, interpretada y aplicada por autoridades humanas, y esas autoridades adquieren su legitimidad al ser elegidas por el pueblo de la alianza. Así, una vez más, nos encontramos con que la visión de la Torá oral, en al menos una corriente importante de la tradición rabínica, tiene mucho en común con las premisas básicas inherentes a la Torá escrita.

Así como la Escritura tiene más que decir de lo que podíamos esperar en apoyo de un proceso halájico en continuo desarrollo y de su necesaria forma institucional, también encontramos que la tradición judía tiene una visión de la Torá oral y su relación con la Torá escrita con más matices de lo que comúnmente se expresa en el movimiento judío mesiánico. Ahora nos queda examinar los Escritos Apostólicos, para ver si es posible leerlos de un modo que nos permita, como judíos mesiánicos, adoptar como nuestra alguna versión de la doctrina tradicional de la Torá oral.

La Torá oral en los Escritos Apostólicos

En general, se reconoce que el judaísmo rabínico posterior al año 70 d. de C. debe mucho al movimiento fariseo del período del segundo templo. Por lo tanto, si queremos sacar alguna conclusión de los Escritos Apostólicos con respecto a lo que se convertirá en tradición rabínica, debemos prestar mucha atención a la forma en que esos escritos tratan a los fariseos y sus enseñanzas.

---

70. Novak, *The Election of Israel*, 174-175.

Los autores de los *Besorot* (Evangelios), al igual que Josefo, señalan que los fariseos poseían una tradición *halájica* (*parádosis*[71]) que los distinguía. Dice así este último: «Por el momento solo deseo explicar que los fariseos habían transmitido al pueblo ciertas regulaciones transmitidas por generaciones anteriores y no registradas en las leyes de Moisés, razón por la cual son rechazadas por el grupo de los saduceos, quienes sostienen que solo deben considerarse válidas aquellas regulaciones que fueron escritas (en las Escrituras), y que las transmitidas por generaciones anteriores no era necesario observarlas».[72] Es importante señalar que ni Josefo ni los Evangelios dan a entender que los fariseos considerasen que sus tradiciones fueran de origen mosaico, sino «la tradición de los mayores».[73] La doctrina ya elaborada de la Torá oral surge mucho más tarde en la historia judía. No obstante, las tradiciones fariseas sientan las bases para el posterior énfasis rabínico en la transmisión oral del precedente *halájico*.

¿Cuál es la actitud de los Escritos Apostólicos respecto a la *parádosis* farisea? Deberíamos empezar con la discusión entre Yeshúa y los fariseos sobre el tema del lavado de manos.[74] La práctica de lavarse las manos antes de comer se convirtió en una práctica normal en el judaísmo rabínico, y es tratada en Marcos 7 y Mateo 15 como una costumbre típica de los fariseos.[75] Según Marcos, también se observaba fuera de los círculos fariseos, pero la mayoría de los eruditos consideran que el comentario de Marcos de que lo hacían «todos los judíos» es una generalización simplificada para sus lectores no judíos y no debe tomarse al pie de la letra. Mateo 15 y Marcos 7 describen cómo un grupo de fariseos critican a algunos de los discípulos de Yeshúa porque no se lavan las manos antes de comer. Antes de seguir adelante, cabe hacer tres observaciones. En primer lugar, estos fariseos no critican al propio Yeshúa. ¿Por qué critican a los discípulos y no al maestro? Tal vez quieren mostrarle respeto como hombre santo, hacedor de milagros y sabio, y por eso critican su práctica personal indirectamente, y no de forma directa. Lo más probable es que, en este caso, el autor quiera que asumamos que Yeshúa sí se lavó las manos, pero algunos de sus seguidores no lo hicieron. Esto significaría que Yeshúa honra esta tradición particular,

---

71. [N. del T.: del griego (παράδοσις), «entrega», «transmisión», «herencia», «tradición religiosa o popular».]

72. F. Josefo, *Antigüedades de los judíos* 13,297.

73. Mateo 15,2. Véase también Gálatas 1,14.

74. Mateo 15,1-20; Marcos 7,1-23.

75. Muchos eruditos argumentan que el lavado de manos ni siquiera era universal entre los fariseos. Véanse: Sanders, *Jewish Law from Jesus to the Mishnah*, 39-40, 228-231; y Harrington, *The Gospel of Matthew*, 232.

pero no la considera obligatoria.[76] En segundo lugar, la crítica se dirige solo a «algunos de sus discípulos» (Mc 7,2). Esto parece implicar que el comportamiento por el que los fariseos se habían ofendido ni siquiera estaba generalizado entre los seguidores de Yeshúa. En tercer lugar, ¿por qué criticar a Yeshúa acerca de una costumbre que era característicamente farisea y no aceptada ni practicada universalmente por sus contemporáneos judíos?[77] La explicación más razonable sería que el mensaje y la forma de vida de Yeshúa llevaban a estos fariseos a considerarlo como uno de los suyos; solo así el hecho de que sus discípulos no se ajustaran a la costumbre farisea normal en este asunto de lavarse las manos provocaría su sorpresa y reprensión. Uno no puede imaginarse a un fariseo preguntando a un maestro saduceo «¿Por qué tus alumnos no observan la tradición de los mayores?».

La respuesta de Yeshúa a la pregunta demuestra cuáles son los dos aspectos de la tradición farisea que él considera potencialmente problemáticos. En primer lugar, Yeshúa hace ver que la obsesión farisea por los mínimos detalles de la práctica ritual a veces oscurece la preocupación central de la Torá por el amor y la justicia en las relaciones humanas. Así, cita un caso en el que un hombre dedica una propiedad a un uso sagrado y con ello elude o descuida su obligación de cuidar a sus padres; y expone también el principio general de que la verdadera contaminación proviene de lo que sale de la boca, no de lo que entra en ella. Este acento profético impregna la enseñanza de Yeshúa sobre la observancia de la Torá y queda efectivamente resumido en el versículo que cita de Oseas: «Misericordia quiero y no sacrificio» (lo que significa, tanto para Oseas como para Yeshúa, que la misericordia es más importante que el sacrificio).[78] En segundo lugar, Yeshúa considera que la obsesión farisea por la «tradición de los mayores» a veces se sobrepone y no deja ver la autoridad principal del texto bíblico: «¿Por qué también vosotros transgredís el mandamiento de Dios por vuestra tradición?». Es decir, que sea cual sea el valor que se dé a «la tradición de los mayores», siempre debe estar adecuadamente ordenada en relación con los mandamientos bíblicos: la tradición debe servir a esos mandamientos, no quitarles autoridad ni sustituirlos.

---

76. Lucas 11,38 cuenta cómo Yeshúa no se *lava* las manos antes de comer. Generalmente, esto se entiende referido al lavado de manos. Sin embargo, el verbo es *baptizo* («sumergir»), y el texto realmente puede estar hablando del lavado por inmersión de todo el cuerpo. Véase: Mason, «Chief Priests, Sadducees, Pharisees and Sanhedrin in Acts», 137.

77. Esta pregunta no se la plantearía un lector gentil de Marcos, pero sí el lector judío y formado de Mateo, en el siglo I.

78. Oseas 6,6; Mateo 9,13; 12,7.

Estas preocupaciones atribuidas a Yeshúa por Marcos y Mateo no constituyen necesariamente un ataque frontal a la tradición farisea en su conjunto. Se pueden interpretar como correctivos proféticos, emitidos por alguien que comparte muchos de los mismos compromisos y convicciones que aquellos que están siendo amonestados. La tradición rabínica que surge en el período posterior al año 70 muestra algunas de las mismas preocupaciones, incluso a veces sucumbiendo también a los excesos de los que Yeshúa advertía.

La actitud de Yeshúa hacia la tradición farisea, según los Evangelios sinópticos, queda muy clara en Mateo 23,23-24 (Lc 11,42): «¡Ay de vosotros, escribas fariseos,[79] hipócritas! Porque diezmáis la menta, el eneldo y el comino, y habéis descuidado los asuntos más importantes de la Ley: la justicia, la misericordia y la fe. Son estas cosas las que teníais que practicar, sin dejar de hacer las otras. ¡Guías ciegos! Coláis un mosquito, pero os tragáis un camello». Una vez más, vemos el acento profético de Yeshúa puesto en el amor y la rectitud en las relaciones humanas («justicia, misericordia y fe») como motivación principal de la Torá, frente a los pequeños detalles de la observancia ritual (en este caso, el diezmo). Sin embargo, lo que a menudo pasa desapercibido es su afirmación inequívoca de la validez incluso de esos pequeños detalles («[...] estas cosas [...] teníais que practicar, sin dejar de hacer las otras»).[80] En otras palabras, Yeshúa proporciona orientación sobre cómo tratar situaciones en las que las normas chocan, tal como se mencionaba en Deuteronomio 17 y de manera similar se abordó en la *halajá* rabínica posterior. No muestra desprecio por las normas rituales minuciosas, sino que las subordina a lo que él considera «los asuntos más importantes» de la Torá.

Aún es más desapercibido, frecuentemente, el hecho de que las normas rituales que Yeshúa defiende en este texto no se encuentran en la Torá escrita, sino que ¡proceden de la *tradición farisea*![81] El diezmo de las hierbas pequeñas como la menta, el eneldo y el comino era una ampliación farisea de la Torá escrita. Sin embargo, según Mateo, Yeshúa no solo insta a cumplir con esta práctica, sino que la trata como un *asunto de la Torá* (aunque de menor peso que los mandatos de amor, justicia y fe). Esto sirve de apoyo a nuestra deducción anterior de que la enseñanza y la práctica

79. [N.del T.: esta expresión «escribas fariseos» es traducción propia del autor. Mark Kinzer trata la expresión «escribas y fariseos» en Mateo como una hendíadis, implicando que no está amonestando a todos los escribas, sino específicamente a los escribas de origen fariseo.]

80. Uno de los estudiosos que señala esta afirmación acerca de los mandamientos «menos importantes» es Sim, *The Gospel of Matthew and Christian Judaism*, 131-132.

81. Véase Davies y Allison, *The Gospel According to Saint Matthew*, vol. 3, 295.

de Yeshúa animan a los fariseos a considerarlo como uno de los suyos. Su crítica a los fariseos (o —para ser más precisos— a algunos de los fariseos) es una crítica profética ofrecida por uno cuyos compromisos y convicciones le sitúan como un iniciado y no como un extraño.

Esta perspectiva se ve reforzada por los versículos que siguen: «¡Ay de vosotros, escribas fariseos,[82] hipócritas! Porque limpiáis por fuera la copa y el plato, pero por dentro están llenos de avaricia y de autocomplacencia. ¡Fariseo ciego! Limpia primero el interior de la copa, para que también el exterior pueda quedar limpio».[83] Según algunos eruditos, la crítica profética de Yeshúa demuestra aquí un conocimiento de las disputas fariseas internas entre los shamaítas y los hilelitas sobre el estado de pureza del exterior y el interior de las vasijas, dejando también ver la afinidad por la posición hilelita.[84] Lo más probable es que el grupo de los shamaítas fuera dominante entre los fariseos de la época de Yeshúa, si bien el grupo de los hilelitas ganó ventaja en el período posterior al año 70, cuando surgió el movimiento rabínico.[85] Por lo tanto, es posible que la crítica de Yeshúa se centrara especialmente en el grupo dirigente del movimiento fariseo, y no debería generalizarse a todos los fariseos en su conjunto (y tampoco hemos de llegar tan lejos como Harvey Falk, cuando afirma que el mismo Yeshúa era un fariseo hilelita).[86]

Así pues, parece que, según los Evangelios, la actitud de Yeshúa hacia la tradición farisea es más compleja de lo que podría sugerir la lectura inicial de Marcos 7 y Mateo 15. Le preocupaban algunas de las tendencias que veía entre los fariseos, pero su rechazo no fue tanto de su tradición misma, sino de una forma particular de interpretarla y aplicarla. Debemos ser aún más cuidadosos si pretendemos considerar el valor de las implicaciones del punto de vista de Yeshúa sobre la tradición farisea, para nuestra evaluación de la tradición *rabínica* posterior. Como ya se ha señalado, Yeshúa probablemente estaba respondiendo a un movimiento dominado por los shamaítas, mientras que los hilelitas fueron quienes dieron forma al judaísmo rabínico posterior. Aún más importante es el hecho de que la *parádosis* farisea representaba solo una corriente de la tradición interpretativa judía en tiempos de Yeshúa; era muy influyente, y con toda probabilidad era la corriente con la que Yeshúa más se identificaba. Sin embargo, no todo el pueblo judío en su conjunto

82. [N. del T.: traducción del autor (véase nota 79).]

83. Mateo 23,25-26.

84. Saldarini, *Matthew's Christian-Jewish Community*, 139-140.

85. Moore, *Judaism*, vol. 1, 81; Saldarini, *Pharisees, Scribes and Sadducees in Palestinian Society*, 205.

86. Véase Falk, *Jesus the Pharisee*.

reconocía su autoridad. En consonancia con la valoración rabínica posterior sobre la autoridad que debe tener la general opinión y práctica del pueblo judío, Yeshúa parece haber abrazado sin reservas las tradiciones posbíblicas cuando esas tradiciones eran indiscutibles. Así, él asistía habitualmente a la sinagoga para el servicio del Shabat, usaba circunloquios reverentes para hablar de la acción de Dios y (según Juan) describía su propia identidad en términos extraídos de las ceremonias del agua y la luz de Sucot.[87] Por lo tanto, no podemos suponer que Yeshúa habría dado a la tradición rabínica posterior (a la que el pueblo judío en su conjunto reconoció su autoridad) exactamente el mismo trato que dio a la tradición farisea, por más que una surgiera de la otra.

Hasta aquí hemos estado examinando la opinión de Yeshúa sobre la tradición farisea. Pero hay que plantear también otra cuestión igualmente significativa para nuestros propósitos: según Yeshúa, ¿quién tenía ahora autoridad para interpretar las disposiciones de la Torá para la vida nacional de Israel? Yeshúa podría haber estado dispuesto, parcial o totalmente, a favor de la tradición *halájica* farisea, y aún así haber determinado que la oposición farisea a su misión y su mensaje significaba que no tenían legitimidad actual como autoridades *halájicas*. ¿Qué afirman o qué implican las enseñanzas de Yeshúa sobre las instituciones *halájicas* de la vida judía en su época?

Para responder a esta pregunta, comenzaremos examinando la parábola de la viña, de Yeshúa.[88] En los tres sinópticos, esta parábola sigue a la acción profética de Yeshúa expulsando a los mercaderes del templo y al enfrentamiento en el templo con los «sumos sacerdotes, escribas y ancianos» por la cuestión de la autoridad.[89] El último de estos grupos representa al sanedrín de Jerusalén, el consejo oficial que gobernaba el templo y Jerusalén bajo la supervisión romana. Como queda claro en el libro de los Hechos, el sumo sacerdote y sus aliados saduceos controlaban el sanedrín.[90] Había destacados fariseos (como Gamaliel) en el consejo, pero eran una minoría y a menudo una voz disidente.[91] En todos los relatos del arresto y ejecución

87. Lucas 4,16; Juan 7,37-39; 8,12. Sobre el uso de circunloquios por Yeshúa, véase Jeremias, *New Testament Theology*, 9-14.

88. Marcos 12,1-12; Lucas 20,9-19; Mateo 21,33-46.

89. Textos acerca de la acción profética de Jesús en el templo: Marcos 11,15-19; Lucas 19,45-48; Mateo 21,10-17. Textos sobre la confrontación con las autoridades del templo: Marcos 11,27-33; Lucas 20,1-8; Mateo 21,23-27.

90. Hechos 4,1-6; 5,17-18.21.27-28.

91. Sobre Gamaliel, véase Hechos 5,33-39. Los fariseos ejercen de nuevo una influencia de contención en el sanedrín en Hechos 23,6-10. Al describir el conflicto de Yeshúa con las autoridades de Jerusalén, solo Mateo (entre los sinópticos) describe al sanedrín como «sumos sacerdotes y fariseos» (Mt 21,45). Su énfasis sobre el papel de los fariseos en el concilio refleja su polémica general contra los fariseos. Hablaremos

de Yeshúa, y de la persecución de sus seguidores en Jerusalén, es el sanedrín el responsable de las acciones.

La parábola de la viña funciona como una reprensión profética a las autoridades del templo, que son los labradores malvados de los que habla Yeshúa.[92] Han perseguido a los profetas y ahora están a punto de arrestar al Mesías y darle muerte. Por eso, Dios —el dueño de la viña (que simboliza al mismo tiempo el templo, la ciudad de Jerusalén, la tierra de Israel y sus habitantes)— castigará a esos labradores y dará la viña a otros. Se trata de un anuncio profético del juicio que va a venir sobre el templo, la ciudad y la tierra, que se hará realidad cuatro décadas más tarde. En Marcos y Lucas, se podría suponer que los «otros» a quienes se dará la viña son los romanos, que ejecutarán la ira divina derribando la ciudad. Sin embargo, en la versión de Mateo se entiende que los «otros» son un nuevo sanedrín constituido que dará al dueño de la viña «los frutos a su tiempo».[93]

Podemos concluir que Yeshúa pronuncia juicio sobre el sanedrín sacerdotal de su tiempo. Han perdido su derecho legítimo a gobernar, y su autoridad les será quitada. Sin embargo, esto no dice nada sobre los fariseos, que constituyen un movimiento organizado distinto. De hecho, un seguidor del judaísmo rabínico podría hoy estar de acuerdo con la parábola, incluso en la forma expuesta por Mateo. En lo que ese seguidor o seguidora diferirían de las interpretaciones de Mateo hechas desde la Iglesia (y acaso también del propio Mateo) sería en que él o ella a continuación afirmarían que los «otros» a quienes se da la viña... ¡son los sabios del movimiento rabínico!

El propio planteamiento que hace Mateo de esta cuestión de la autoridad legítima —especialmente en el ámbito *halájico*— es complejo. Por un lado, Mateo nos proporciona dos relatos en los que Yeshúa da a sus

---

de ello más adelante.

92. La parábola de Yeshúa es una versión ampliada y modificada de la canción de la viña de Isaías (Is 5,1-7). En Davies y Allison, *The Gospel According to St. Matthew*, vol. 3, 180, se citan textos antiguos parecidos de la literatura judía, que muestran una aplicación similar de Isaías 5 al templo de Jerusalén.

93. Mateo 21,41.43. Mateo 21,43 afirma que «el reino de Dios os será quitado y dado a una gente (*ethnos*) que produzca sus frutos». Este uso de *ethnos* (generalmente traducido como «nación») se ha entendido habitualmente de forma supersesionista, como refiriéndose a un «nuevo Israel». Sin embargo, Saldarini (*Matthew*, 59-61) ha argumentado de forma convincente que «el significado ordinario de *ethnos* que encaja con el uso que del término hace Mateo es el de una organización voluntaria o un pequeño grupo social. [...] La viña, Israel, sigue siendo la misma; los subgrupos dentro de Israel son condenados o alabados. El *ethnos* por lo tanto es un grupo de dirigentes, con sus leales seguidores, que pueden dirigir bien a Israel».

discípulos autoridad para «atar y desatar».[94] De acuerdo con el uso rabínico posterior, estos términos probablemente se refieren a la autoridad para tomar decisiones *halájicas*.[95] Por tanto, es razonable concluir que Mateo ve a los líderes de la comunidad mesiánica como el nuevo sanedrín constituido que sustituye a los malvados labradores aparceros.

Por otro lado, debemos ocuparnos de Mateo 23,1-3: «Entonces Yeshúa dijo a la multitud y a sus discípulos: "Los escribas fariseos[96] se sientan en la cátedra de Moisés; así que haced y seguid todo lo que os enseñen"». Samuel Lachs es uno de los pocos exégetas que ha reconocido la alusión bíblica que es central para el significado y la importancia de este texto: «Esto está basado en Deuteronomio 17,10, que es la base bíblica para que la autoridad rabínica sustituya a la de los sacerdotes».[97] Fuera como fuese arquitectónicamente la sinagoga en tiempos de Yeshúa, la «cátedra de Moisés» en este versículo hace referencia principalmente a la correspondencia entre el tribunal supremo de Deuteronomio 17 y el papel de Moisés durante el tiempo de Israel en el desierto.[98] Así, Yeshúa está afirmando que los maestros fariseos ocupan la posición de los jueces en Deuteronomio 17, que son los herederos legítimos de Moisés, y que tienen autoridad para interpretar y aplicar la Torá en su generación, como Moisés lo hizo en la suya. Esta manera de leer Mateo 23,1-3 está confirmada por lo que Yeshúa dice sobre cómo deben recibirse las palabras de aquellos: «observad cuidadosamente todo lo que os digan». Se trata de una paráfrasis de «cuidad de hacer todo aquello que os digan que hagáis» de Deuteronomio 17,10.

Este texto es crucial para nuestro propósito. Yeshúa emplea aquí, para justificar la legitimidad *halájica* de los maestros fariseos, el mismo versículo que luego se utilizará en la tradición rabínica para justificar la legitimidad *halájica* de los rabinos. Como ya hemos visto, esa lectura de Deuteronomio 17,10 se ajusta bien a su función original dentro del Pentateuco. Aunque

94. Mateo 16,19; 18,18.

95. Davies y Allison, *The Gospel According to Saint Matthew*, vol. 2, 787; Sim, *The Gospel of Matthew and Christian Judaism*, 197; Saldarini, *Matthew*, 119.

96. [N. del T.: traducción del autor (véase nota 79).]

97. Lachs, *A Rabbinic Commentary on the New Testament*, 366.

98. «Debemos recordar aquí que los representantes del pueblo y especialmente los ancianos, tal como los encontramos en las variantes exílicas/posexílicas del relato desde Ex 18 a Dt 1 y Nm 11, funcionan en la línea de Moisés, como establecidos e imbuidos de su espíritu. El pronunciamiento y la interpretación (o aplicación) de la ley que ellos hacen es, por tanto, parte de un oficio mosaico íntegramente interpretado. *Cuando, en Mateo 23,2, los fariseos y los escribas se sientan en la cátedra de Moisés, esto va mucho más allá de la cuestión de la existencia de una cátedra de Moisés en la sinagoga —un mueble real— y hace referencia al mismo fenómeno*» (Crüsemann, *La Torá*, 103, cursivas añadidas).

Mateo 23 prosigue reprendiendo a esos mismos fariseos por su conducta indigna, este hecho hace más llamativos los versículos iniciales. En efecto, los maestros fariseos tienen autoridad para atar y desatar, del mismo modo que los discípulos de Yeshúa tienen autoridad para atar y desatar. Lo que no nos dice el libro de Mateo es cómo coexisten o se interrelacionan estas dos autoridades.

Esta imagen del liderazgo fariseo como poseedor de algún tipo de aprobación divina es más respaldada en los escritos lucanos (Lucas y Hechos). El Evangelio de Lucas describe a los fariseos de forma más cuidadosa y moderada que Mateo. Así, muchos fariseos invitan a Yeshúa a sus casas, pese a que él aprovecha habitualmente tales ocasiones para amonestarlos.[99] Algunos fariseos advierten a Yeshúa que Herodes Antipas quiere arrestarlo y hacerlo ejecutar; así que es evidente que buscan protegerlo de cualquier daño.[100] Yeshúa les dice a algunos fariseos que «el reino de Dios está en medio de vosotros» y esto puede implicar que Dios está especialmente entre ellos *porque* son fariseos.[101] Y lo que Lucas nos cuenta en Hechos sobre la primera comunidad mesiánica describe a los fariseos bajo una luz aún más favorable. Gamaliel habla en el sanedrín en favor de los apóstoles encarcelados y consigue que sean liberados.[102] Muchos fariseos se convierten en miembros de la comunidad mesiánica de Jerusalén.[103] El Pablo de Lucas se identifica como fariseo con orgullo, y lo hace utilizando el verbo en tiempo presente y no pasado.[104] Cuando Pablo comparece ante el sanedrín, los miembros fariseos del consejo salen en su defensa, como antes Gamaliel había defendido a los apóstoles.[105] Por tanto, los fariseos no son —como en Mateo— los enemigos de Yeshúa, de sus seguidores o de la

---

99. Lucas 7,36-50; 11,37-52; 14,1-24. «Jesús criticará a los fariseos en cada oportunidad, pero ellos, no obstante, continúan tratándole como un colega respetable» (Mason, «Chief Priests, Sadducees, Pharisees and Sanhedrin in Acts», 135).

100. Lucas 13,31-33.

101. Lucas 17,20-22. «La declaración más compasiva de Jesús hacia los fariseos se produce cuando le preguntan a él, todavía el maestro respetado, "cuándo vendría el reino de Dios" (Lc 17,20). Al responder "el reino de Dios está en medio de vosotros" (Lc 17,21), Jesús está declarando que los fariseos tienen el reino en sí mismos, como el hermano mayor [Lucas 15,25-32] con los recursos del cielo a su disposición, como los justos y sanos de la sociedad; pero como hemos visto una y otra vez, desperdician su potencial» (Mason, «Chief Priests, Sadducees, Pharisees and Sanhedrin in Acts», 142).

102. Hechos 5,34-40.

103. Hechos 15,5.

104. Hechos 23,6. Véase también Hechos 26,4-8.

105. Hechos 23,9.

buena nueva. En lugar de eso, Lucas los presenta como el grupo más abierto y comprensivo con el nuevo movimiento.[106]

¿Por qué Mateo trata a los fariseos con más dureza que Lucas? La respuesta a esta pregunta es simple, pero paradójica: Mateo es el libro más *polémicamente antifariseo* de los Escritos Apostólicos, porque también es el libro más *sustancialmente fariseo* de los Escritos Apostólicos. La intensidad polémica no se produce por la distancia, sino por la proximidad. David Sim ha señalado este aspecto de Mateo: «Ahora está muy aceptado que un lenguaje tan polémico y estereotipado como el que encontramos en Mateo no refleja la distancia entre las dos partes. Al contrario, indica proximidad física e ideológica entre los grupos que disputan, pues su verdadero propósito es distanciarse una parte de la otra. Es generalmente una regla de oro en sociología que, cuanto más estrecha es la relación entre los grupos disidentes, más intenso es el conflicto y más enconada la polémica resultante».[107]

De hecho, Mateo comparte muchos rasgos característicos del movimiento rabínico posterior y su literatura. En primer lugar, el liderazgo de su comunidad es escriturario: su legitimidad no es solo carismática, sino que también deriva de la autenticidad y la erudición de su enseñanza de la Torá.[108] En segundo lugar, su liderazgo es *halájico*: reclama la autoridad para atar y desatar, ofrece principios *halájicos* para resolver conflictos aparentes entre *mitzvot* (mandamientos), e incluso parece estar al tanto de las controversias *halájicas* internas de los fariseos.[109] En tercer lugar, muestra sensibilidades religiosas características del movimiento rabínico posterior, como el uso de circunloquios (así, la palabra *cielo*) en lugar de la palabra *Dios*. En cuarto lugar, sigue un método de organización tópico (por temas, como la Mishná), en lugar de la forma narrativa más dramática que encontramos en Marcos y Lucas. En quinto lugar, muestra afición por ciertos patrones numéricos (cinco discursos, diez acciones que muestran poder, siete peticiones, siete parábolas, siete ayes), la *guematria*[110] (las

106. Aunque utilice una terminología anacrónica y equívoca, Robert Brawley sin embargo percibe certeramente la actitud de Lucas hacia los fariseos: «Lucas lleva a los fariseos justo hasta los portales de la fe cristiana. [...] Pablo mismo se convierte luego en el ejemplo del fariseo más fiel a las esperanzas de Israel» (Brawley, *Luke-Acts and the Jews*, 158).

107. Sim, *The Gospel of Matthew and Christian Judaism*, 121.

108. Mateo 13,51-52; 23,34.

109. Mateo 16,19; 18,18; 9,13; 12,7; 7,12; 22,40; 15,18-20; 19,3.9.

110. La *guematria* es un sistema de asignación de un valor numérico a una palabra o frase, en la creencia de que las palabras o frases con valores numéricos idénticos guardan cierta relación entre sí y revelan un entendimiento de la interrelación de conceptos e ideas.

catorce generaciones y el nombre *David*) y los recursos mnemotécnicos. En sexto lugar, su versión del padrenuestro se asemeja a la liturgia sinagogal posterior (*en la tierra como en el cielo* y la *kedushá*[111]). En séptimo lugar, como ya hemos visto, Mateo cita palabras de Yeshúa que respaldan la autoridad *halájica* farisea, aludiendo a los mismos versículos del Deuteronomio luego empleados por los rabinos para fundamentar su derecho a emitir decretos *halájicos* vinculantes. También presenta a Yeshúa refiriéndose a las típicas tradiciones fariseas acerca del diezmo como *asunto de la Torá*.[112] Todos estos elementos apuntan a una estrecha relación entre Mateo y los fariseos. Es la cercanía de esta relación lo que explica la agria polémica que caracteriza este libro.

Esta perspectiva de Mateo tiene implicaciones significativas para nosotros como judíos mesiánicos del siglo XXI. Del mismo modo que Mateo desarrolla una forma de fe mesiánica para el siglo I sustentada sobre las tradiciones que distinguían al movimiento de los fariseos, y así como él les llega a reconocer (aunque tal vez a regañadientes) su vigente papel como autoridades *halájicas*, así nosotros podemos desarrollar una forma de fe mesiánica del siglo XXI que se sustente sobre las tradiciones que distinguen al movimiento rabínico que surgió del fariseísmo, y reconocer su papel actual en el desarrollo de la *halajá*. Sin embargo, en un nuevo mundo religioso plural, en el que judíos y cristianos intentan por primera vez construir formalmente una relación de comprensión mutua y amistad, y en el que el judaísmo permite expresarse más abiertamente, no necesitamos imitar la orientación polémica de Mateo. En cambio, la actitud irenista de Lucas, más conciliadora, se adapta mejor a nuestras circunstancias.

En conclusión, parece que muchas suposiciones comúnmente aceptadas sobre los fariseos en los Escritos Apostólicos son infundadas. Según esos escritos, Yeshúa y sus seguidores no rechazan la tradición o el movimiento fariseo en su totalidad. De hecho, el Yeshúa de los Evangelios manifiesta su apoyo condicionado a los fariseos. Textos que reflejan este hecho se encuentran incluso en Mateo, un libro que lo mismo reprende a los fariseos que adopta muchas de sus posiciones típicas. Así pues, nada de los Escritos Apostólicos tiene por qué prevenirnos a los judíos mesiánicos de aceptar alguna versión de la doctrina de la Torá oral.

---

111. *Kedushá* es también el nombre de una unidad de la liturgia judía que contiene como parte central la triple bendición angélica de la santidad de Dios que se encuentra en Isaías 6.

112. Mateo 23,23.

La Torá oral desde una perspectiva histórico-teológica

Antes de continuar, debemos resumir lo hasta ahora aprendido. Para que el Pentateuco sirva como fundamento del modo de vida judío, debe ir acompañado de una tradición de interpretación y aplicación. El propio Pentateuco tiene en cuenta este hecho y establece un tribunal central que está autorizado para desarrollar dicha tradición de interpretación y aplicación. Este tribunal continúa la obra de Moisés y funciona en la vida del pueblo judío de forma análoga a como lo hizo el propio Moisés cuando gobernaba al pueblo en el desierto. El tribunal central obtiene su legitimidad por el consentimiento del pueblo aliado al que gobierna.

Sobre esta base bíblica, la tradición rabínica construye una doctrina de la Torá oral. En su forma talmúdica, esta doctrina presenta a los sabios de Jamnia (Yavne) y a sus sucesores rabínicos como el verdadero sanedrín, el tribunal central autorizado para actuar con el espíritu y el poder de Moisés. Ellos transmiten una tradición de interpretación que llena lagunas bíblicas, concilia textos legales aparentemente incompatibles y proporciona precedentes *halájicos* para el futuro, abordando situaciones nuevas e imprevistas. Sus decretos se distinguen cuidadosamente de la ley bíblica y se subordinan a ella. Sin embargo, como líderes de su generación, a veces se les pide «arrancar» una ley bíblica en aras de la defensa de un principio bíblico más fundamental. Su autoridad debe ser (y es) confirmada por el pueblo en su conjunto, y la legitimidad de cualquier decreto rabínico depende de su aceptación por la comunidad.

Los Escritos Apostólicos presentan a Yeshúa manteniéndose en una relación ambivalente con los predecesores fariseos de la tradición rabínica. Por un lado, hace una crítica profética de las prácticas fariseas, censurándoles que privilegien las minucias rituales sobre las obligaciones con los demás y la obsesión por su tradición a expensas del testimonio bíblico. Una lectura atenta de los textos relevantes en este sentido muestra que esa crítica es más una corrección del énfasis que un rechazo de las convicciones básicas. Pero, en cualquier caso, se evidencia la tensión entre Yeshúa y sus seguidores de un lado, y el movimiento fariseo de otro. Por otra parte, Mateo y Lucas-Hechos presentan una imagen de Yeshúa y sus seguidores que implícita, y a veces explícitamente, expresa su afinidad con los fariseos.

Los verdaderos oponentes del primer movimiento mesiánico fueron los gobernantes sacerdotales del templo de Jerusalén. Fueron ellos los que hicieron arrestar a Yeshúa y los que persiguieron a los apóstoles. En la parábola de la viña, Yeshúa los denuncia y profetiza su destrucción. Esto se cumplió cuando Jerusalén fue destruida por los romanos en el año 70 d. de C. Al tiempo que predecía el fin inminente del sanedrín sacerdotal,

Yeshúa también afirmaba (según Mateo) que los escribas fariseos «se sientan en la cátedra de Moisés», reforzando así la posición de estos como herederos de Moisés. Yeshúa ejerce la autoridad única del Mesías y al mismo tiempo concede autoridad *halájica* a sus seguidores más cercanos. El antiguo sanedrín pierde así su poder, y es sustituido por dos instituciones en tensión entre sí.

¿Qué hacemos nosotros, judíos mesiánicos del siglo XXI, con todo esto? Para poder formarnos juicios teológicos basados en este análisis bíblico, debemos ir más allá del mero análisis bíblico y examinar los desarrollos históricos de los últimos dos milenios. ¿Nos es realmente posible reconocer la autoridad de una tradición que ha negado rotundamente la mesianidad de Yeshúa? ¿Podemos considerar que esta tradición encarna la Torá oral, continuando la obra de Moisés de una generación a otra?

La autoridad *halájica* que Yeshúa otorga a sus seguidores nos anima a continuar nuestros esfuerzos por desarrollar un modo de vida judío mesiánico propio. Sin embargo, eso no es suficiente para poder llevar a cabo esa tarea; y no lo es por tres razones importantes. En primer lugar, según Mateo, la autoridad *halájica* de la comunidad mesiánica opera en el contexto de la autoridad *halájica* de los escribas fariseos; cada una de esas autoridades está aparentemente incompleta sin la otra. En segundo lugar, dado que el movimiento de judíos observantes de la Torá y seguidores de Yeshúa se desvaneció en los primeros siglos de nuestra era, no existe una tradición continuadora de la *halajá* judía mesiánica. No sabemos con detalle cómo aquel primer movimiento judío en torno a Yeshúa guardaba el Shabat, el *kashrut* o las leyes de pureza en la familia. Sin embargo, incluso si lo supiéramos, seguiríamos sin tener la memoria viva del continuo esfuerzo de una comunidad por vivir la Torá y transmitirla a sus hijos a través de las circunstancias cambiantes de los últimos veinte siglos. Esta memoria viva es esencial para la observancia de la Torá por parte del pueblo judío. En tercer lugar, la comunidad judía en su conjunto decidió aceptar la autoridad *halájica* del movimiento rabínico. Dado el papel divinamente asignado a la comunidad en el establecimiento y la confirmación de los legítimos sucesores de Moisés, no podemos ignorar la tradición rabínica, por más que creamos que nosotros también tenemos una contribución crucial que hacer al proceso *halájico*.

El surgimiento del judaísmo rabínico es extraordinario, especialmente a la luz de los Escritos Apostólicos. Aunque el mundo judío en su conjunto no aceptó a Yeshúa como el Mesías, sí aceptó como sucesores de Moisés a aquellos de quienes Yeshúa dijo que «se sientan en la cátedra de Moisés». Otros movimientos podrían haber triunfado, pero no lo hicieron. Además, la escuela farisea shamaíta, dominante durante la época de Yeshúa y objeto, probablemente, de gran parte de su ira, perdió el control del rabinismo naciente en favor de los hilelitas, aparentemente más cercanos en espíritu a Yeshúa. Aunque, desde nuestra perspectiva, el fracaso del pueblo judío al no aceptar a Yeshúa como Mesías añade una dimensión trágica a la historia judía, no es menos cierto que, asumido este fracaso, nuestro pueblo no pudo hacer mejor elección que la de reconocer la autoridad *halájica* del movimiento rabínico.[113] La sabiduría de esta elección sería confirmada por el éxito del judaísmo rabínico en la preservación del pueblo judío, la Torá y el modo de vida judío, durante dos milenios.

Si, como Michael Wyschogrod, entendemos que la Torá oral es «la parte de la ley que lleva en su interior el pueblo judío», entonces nos vemos obligados a ver a los rabinos del Talmud y a sus sucesores como sus custodios oficiales.[114] En su papel de autoridades *halájicas*, interpretando y aplicando la Torá en circunstancias siempre cambiantes, ellos continuaron la labor de Moisés en Israel. Estas conclusiones están justificadas por las fuentes bíblicas y por una valoración teológica, bíblicamente informada, de la historia del pueblo judío. Por lo tanto, como judíos mesiánicos no debemos dudar en decir: «Bendito eres Tú, Señor, nuestro Dios, rey del universo, que nos has santificado con Tus mandamientos, y nos has ordenado [...]» antes de encender las velas de Shabat y Janucá, cantar el *halel* (oración judía basada en Sal 113-118), agitar el *lulav* (rama de palma) o poner los *tefilín* (filacterias).

Para nosotros, no es incoherente que respetemos la autoridad de la tradición rabínica al tiempo que rechazamos su juicio sobre Yeshúa; y esto es así por dos razones. En primer lugar, deberíamos estar abiertos a la posibilidad de que las prohibiciones *halájicas* de los actos de fe en Yeshúa pudieran haber sido apropiadas en ciertas situaciones del pasado. Por ejemplo, si un acto público de fe en Yeshúa incluye necesariamente la renuncia a la Torá y al pueblo de Israel, entonces las disuasiones *halájicas* contra tal acción serían esenciales para la preservación del pacto. En segundo lugar, cualquier versión judía mesiánica de la Torá oral debe reconocer dos autoridades *halájicas* legítimas en tensión: las reconocidas por la comunidad judía en su conjunto y las que presiden su subcomunidad mesiánica. Nuestra autoridad *halájica* para atar y desatar es de naturaleza profética, del mismo modo que la propia autoridad de Yeshúa no derivaba de un cargo institucional, sino de una atribución mesiánica de poder.

113. He argumentado en otro lugar que la culpabilidad de nuestro pueblo por no aceptar a Yeshúa ha sido mitigada por una serie de factores importantes. Véase *The Nature of Messianic Judaism*, 21-25, y «On the Nature of Messianic Judaism: Replying to My Respondents», *Kesher*, 56-61.

114. Wyschogrod, *The Body of Faith*, 210.

Cuando los requisitos inherentes a la fe en Yeshúa entran en conflicto con las normas de la tradición rabínica y las instituciones de la comunidad judía en general, entonces tenemos que encontrar la manera de ser fieles a Yeshúa al tiempo que mantenemos el respeto por la comunidad y su tradición. Esta es a menudo una tarea tremendamente difícil; pero Yeshúa nunca dijo que nuestro camino sería fácil.

He dedicado mucho tiempo y esfuerzo a defender una conclusión que podría ser el punto de partida para otras formas de judaísmo. No defiendo aquí ninguna perspectiva en particular sobre lo que la Torá oral tiene que decirnos hoy. Tomando mi conclusión como premisa, se podrían desarrollar tanto un enfoque mesiánico ortodoxo, como conservador, reformista o reconstruccionista de la tradición judía. Este debate posterior es esencial, pero no podemos esperar entablarlo fructíferamente si no comenzamos donde comienzan todos los demás judaísmos modernos: con el reconocimiento explícito de la validez de la tradición rabínica, la Torá oral, que nos proporcione el contexto necesario para toda interpretación y aplicación práctica de la Torá escrita a la vida judía contemporánea.

Capítulo 4

La oración en Yeshúa y la oración en Israel: el *shemá* desde un punto de vista mesiánico[1]

La recitación del *shemá* y sus bendiciones están en el corazón mismo del culto de Israel. Rezando el *shemá* día tras día, los judíos de todo el mundo renuevan el pacto del Sinaí y su compromiso con las *mitzvot* (los mandamientos). Declaran que su devoción al único Dios verdadero no vacilará, ni siquiera en la muerte. La exposición que hace Kinzer de esta pieza central de la oración judía revela que Yeshúa, aunque no sea mencionado explícitamente, impregna esta liturgia sagrada y es a Él a quien en última instancia apuntan las oraciones y las bendiciones. Él es aquel cuyo sacrificio santifica al pueblo de Israel, y sobre él recaen los castigos de los que se habla por la desobediencia de Israel. Según Kinzer, orar «en Israel» es orar «en Yeshúa». Y, aunque la mayoría del pueblo judío no reconozca el papel intermediario de Yeshúa, Kinzer afirma que sus oraciones son, no obstante, aceptables por medio de la obediencia de este, y su vínculo como aliados con Dios está fundamentado en la filiación de Yeshúa.

Jen Rosner

1. Presentado en el foro Hashivenu de 2008 y aquí introducido por Jennifer M. Rosner. Acerca de este foro, véase nota 1 del capítulo 3. Para consultar el texto original en inglés, véase enlace a la web del foro en bibliografía.

El judaísmo mesiánico y la paradoja de la centralidad-marginalidad

Estas son las palabras iniciales de la Declaración de Principios de Hashivenu:

> Con el ruego *hashivenu* concluye el servicio de la Torá, implorando a Dios que nos retorne a Él. Estamos convencidos de que el Señor lleva a los judíos mesiánicos a conocerle mejor a través de un redescubrimiento moderno de los caminos de nuestros antepasados: la *avodá* (culto litúrgico), la Torá (estudio de los textos sagrados) y los *guemilut jasadim* (actos de bondad).

De acuerdo con esta convicción, el foro Hashivenu sigue el ritmo del ciclo judío de oración diaria y emplea las formas litúrgicas del *Sidur* (libro de oraciones judío). Estos ritmos temporales y estas formas litúrgicas han conformado y han expresado la vida espiritual del pueblo judío a lo largo de los siglos. Al hacerlos nuestros, demostramos que el pueblo judío es nuestro pueblo y que la vida judía es nuestra vida.

Al mismo tiempo, nos diferenciamos de otros judíos por nuestra convicción de que Dios ha resucitado a Yeshúa de entre los muertos y porque le reconocemos a él como nuestro maestro y Mesías. Nos hemos encontrado con el rabí de Nazaret, y ya nada puede volver a ser igual para nosotros, incluidos «los caminos de nuestros antepasados», que «redescubrimos» como seguidores de Yeshúa y, en consecuencia, los comprendemos y experimentamos de un modo nuevo. La Declaración de Principios de Hashivenu transmite este aspecto de nuestra vocación en su segundo párrafo:

> Sin embargo, el judaísmo mesiánico es impulsado por la creencia de que Yeshúa de Nazaret es el Mesías prometido, la plenitud de la Torá. El judaísmo mesiánico maduro no es simplemente judaísmo más Yeshúa, sino un seguimiento de Yeshúa que se realiza integrando las formas tradicionales judías y la práctica del judaísmo actualizada en y a través de Yeshúa.

Desde sus inicios, Hashivenu ha rechazado la fórmula *judaísmo+Yeshúa*. El judaísmo mesiánico implica algo más que una pequeña sutil modificación de la forma de vida y el pensamiento judíos existentes, simplemente añadiendo unos pocos elementos requeridos por la fe en Yeshúa y eliminando algunos elementos incompatibles con esa fe. Por el contrario, el judaísmo que hemos heredado —y que seguimos practicando— está totalmente bañado por la brillante luz de la revelación de Yeshúa. En una interacción circular y dinámica, nuestro judaísmo nos proporciona el marco necesario para interpretar la revelación de Yeshúa, aun cuando resulte a su vez reconfigurado por esa revelación. Es así como nuestro judaísmo y nuestra fe en Yeshúa están orgánica y holísticamente *integrados*.

¿Es esto realmente posible? Casi todos los judíos fuera de nuestras filas dirían que no, y quizás la mayoría de los cristianos estarían de acuerdo con ellos. Esto nos ha traído al propósito de este nuestro foro. Decir que Yeshúa ha sido *marginal* en la vida tradicional judía es un eufemismo irenista, pues, del mismo modo que el cristianismo se ha posicionado históricamente como *no-judaísmo*, el judaísmo se ha definido en gran medida como *no-fe-en-Yeshúa*. En el pasado, esto nos situaba fuera de los márgenes de ambas comunidades.

A pesar de este hecho innegable, hacemos la afirmación radical y escandalosa de que Yeshúa constituye el verdadero centro de la vida judía, al igual que Israel constituye el verdadero centro de la *ekklesia* de Yeshúa.[2] Aquel que no se menciona en el *Sidur* está presente en cada una de sus páginas. Está presente... no solo a través de referencias al *Mashíaj ben David* (Mesías hijo de David), referencias mesiánicas que son escasas. Está presente... no solo a través de oraciones por la redención futura y la era mesiánica, aunque de hecho tales oraciones impregnan la liturgia judía. ¿Cómo está él presente? Está presente como la *plenitud de la Torá*, la encarnación humana del Nombre y la Palabra eternos de Dios. Está allí como la *plenitud de Israel*, el rey ungido que resume en sí mismo la identidad y el destino verdaderos de Israel. Está allí como el Sumo Sacerdote celestial y *Shaliaj Tzibur* (emisario de la congregación), ofreciéndose a Dios como representante litúrgico de Israel. Este es el mensaje que nosotros proclamamos y encarnamos: que aquel que fue marginado permanece de forma velada en el centro.

En este artículo intentaré concretar ese judaísmo mesiánico *integrado*, haciendo una exposición de la unidad central de la liturgia judía diaria: el *shemá* y las bendiciones que lo acompañan. Si tengo éxito, esta exposición podría resultar un ejemplo de cómo, a través de la vida y la práctica judías, nos encontramos con Yeshúa; y de cómo nuestra fe en Yeshúa reconfigura nuestro judaísmo.

Pero primero debemos examinar más de cerca el significado y el fundamento de la oración judía y mesiánica.

---

2. Con el término griego *ekklesia* se hace referencia a la comunidad creyente en Yeshúa. Véase nota 2 de la introducción para una explicación más detallada de esta terminología.

Oración judía, oración mesiánica

¿Qué es la oración judía? Un texto del servicio preliminar al *shajarit* (oraciones matutinas) responde a esta pregunta reflexionando antes sobre la naturaleza problemática de toda oración:

> ¡Señor, dueño de todos los mundos! Al presentar nuestras súplicas no confiamos en nuestros méritos, sino en tu amor ilimitado. ¿Qué somos nosotros? ¿Qué es nuestra vida? ¿Cuál es nuestra piedad? ¿Cuál es nuestra justicia? ¿Cuál es nuestro logro, nuestra fuerza, nuestro poder? ¿Qué podemos decir, Señor Dios nuestro y Dios de nuestros antepasados? Comparados contigo, todos los poderosos son nada, los famosos como inexistentes, el sabio falto de sabiduría, el inteligente carece de razón.[3]

¿Con qué justificación nosotros, seres humanos finitos, frágiles y rebeldes, nos acercamos al infinito y santo creador del universo? La oración parece imposible, a menos que Dios la haga posible. Según el siguiente texto, Dios lo hace estableciendo un vínculo de alianza con un pueblo en particular, un vínculo que el pueblo de la alianza expresa dos veces al día en su recitación del *shemá*:

> Pero nosotros somos tu pueblo, socios en tu alianza, descendientes de tu amado Abrahán, a quien hiciste una promesa en el monte Moriá.
> Somos los herederos de Isaac, su hijo atado sobre el altar.
> Somos tu pueblo primogénito, la congregación de Jacob hijo de Isaac, a quien llamaste Israel y Yeshurún, por tu amor hacia él y tu complacencia en él.
> Por eso es nuestro deber darte gracias y alabarte, glorificar y santificar tu nombre. [...] ¡Cuán bienaventurados somos!, que dos veces al día, por la mañana y por la tarde, tenemos el privilegio de declarar «Escucha, oh Israel: el Señor nuestro Dios, el Señor uno es».

Como Reuven Hammer explica, «según esta oración, es nuestra pertenencia al pueblo de Israel lo que hace posible la oración».[4] La oración judía es ofrecida por el pueblo de Dios en alianza, en respuesta a la invitación y la llamada recibidas por gracia de Dios.

Por eso el *Sidur* es tan esencial para la oración judía. Refleja el encuentro colectivo de los judíos con Dios a lo largo de la historia judía, y

---

3. Todas las citas del *Sidur*, salvo otra indicación, son de la edición de Harlow, *Siddur Sim Shalom*.

4. Hammer, *Entering Jewish Prayer*, 10-11.

proporciona un lenguaje común de oración a los judíos de todo momento y todo lugar. Hace posible que los judíos recen como un pueblo. Hayim Donin lo expresa de esta manera: «Un judío puede elegir sus propias palabras cuando ora a Dios, pero cuando utiliza las palabras del *Sidur*, se hace parte de un pueblo. Se identifica con los judíos de todo el mundo que utilizan las mismas palabras y expresan los mismos pensamientos. Afirma el principio de responsabilidad y preocupación mutuas. Ocupa su lugar en los albores de la historia al vincularse a Abrahán, Isaac y Jacob. Afirma sus derechos a un futuro judío en este mundo y a la redención personal en el mundo venidero».[5] Rezar como judío es rezar *en Israel* como miembro de la comunidad con la que Dios ha establecido un pacto eterno. El *Sidur* hace de la oración *en Israel* una realidad práctica.

Esto nos proporciona el contexto necesario para comprender lo que significa orar *en Yeshúa*. Para explorar la conexión entre la oración *en Israel* y la oración *en Yeshúa*, recurrimos al pensamiento de Will Herberg. Este teólogo judío de mediados del siglo xx comprendió bien el carácter colectivo y de alianza de la oración judía: «La categoría central del pensamiento bíblico es la alianza. [...] Desde el punto de vista bíblico, el hombre tiene, por así decirlo, una posición ante Dios y una relación personal directa con Él, solo en virtud de su pertenencia al pueblo de Dios, la comunidad redimida y redentora».[6] Según Herberg, los Escritos Apostólicos presentan a Yeshúa como 'Israel en un solo hombre', un individuo que resume en sí mismo la identidad colectiva de Israel como pueblo en alianza. Cuando un gentil se une a Yeshúa por la fe, esa persona entra en la alianza de Dios con Israel, y puede acercarse a Dios en la oración como parte del pueblo de la alianza. La oración *en Yeshúa* es, por tanto, una expresión de la oración *en Israel*, y el cristianismo supone la extensión del pacto de Israel a las naciones:

> Tanto en el judaísmo como en el cristianismo, según ya he señalado, no existe una relación con Dios directa y sin mediación alguna; esta relación debe estar mediada de algún modo por el estatus personal en el pacto. En el judaísmo, no obstante, es en virtud de ser miembro del pueblo de Israel por lo que el creyente se acerca a Dios y tiene una posición ante Él; en el cristianismo, es en virtud de ser miembro de Cristo. Esto se pone claramente de manifiesto en cómo se estructura la oración de las dos religiones [...] *Ser judío significa encontrarse con Dios*

---

5. Donin, *To Pray as a Jew*, 7.
6. Herberg, *Faith Enacted as History*, 48.

y recibir su gracia en y a través de Israel; ser cristiano significa
encontrarse con Dios y recibir su gracia en y a través de Cristo.[7]

Ser «miembro de Cristo» no es simplemente una relación individual con el
Mesías, sino la participación en una comunidad que a su vez está unida por
medio de Yeshúa al pueblo original de la alianza.

Aunque Herberg nos ayuda a ver la conexión esencial entre la
oración *en Israel* y la oración *en Yehsúa*, no va lo suficientemente lejos.
Como definitivo 'Israel en un solo hombre', Yeshúa permite a las gentes
de las naciones compartir las riquezas de Israel; pero también viene para
acompañar a Israel y llevarlo a la plenitud de su propia herencia. Herberg
da a entender que orar *en Yeshúa* tiene significado porque es una forma de
orar *en Israel*; nosotros hemos empezado a reconocer que orar *en Israel* es
también una forma de orar *en Yeshúa*.

Yeshúa puede convertirse en 'Israel en un solo hombre' porque ya era
el Amado eterno de Dios en quien Israel fue elegido antes de la fundación
del mundo (Ef 1,4). Dios adopta a Israel como su «hijo primogénito» (Ex
4,22-23) uniéndole al Hijo a quien Dios conoció y amó antes de que nada
fuera creado (Ef 1,5-6). Yeshúa se convierte en el siervo de un pueblo que
tiene su ser por medio de él. Israel no sabía esto antes de su encarnación,
y no lo ha reconocido desde entonces. Pero esa falta de reconocimiento no
puede anular la dependencia, imposible de erradicar, de Israel respecto a
Yeshúa; ni tampoco el compromiso, inquebrantable, de Yeshúa con Israel.

Orar *en Israel* es participar en la relación que Dios estableció con
Abrahán, Isaac y Jacob, Sara, Rebeca, Raquel y Lea: lo que Dios era y es
para ellos, Dios lo es ahora para nosotros sus hijos. Del mismo modo, orar
en Yeshúa es participar de su íntima relación filial con Dios:[8] lo que Dios
era y es para Yeshúa, Dios lo es ahora para nosotros sus discípulos llenos de
su espíritu. La oración *en Yeshúa* es una expresión de la oración *en Israel*,
pues Yeshúa es la simiente elegida de Abrahán, cuya relación con Dios
resume todo lo que Dios quiso para el vínculo de alianza con los patriarcas
y matriarcas. Más aún, la oración *en Israel* depende y deriva en última
instancia de la oración *en Yeshúa*, el Hijo encarnado en quien Israel tiene
su adopción.

Para orar *en Israel*, debemos acoger los ritmos temporales y las formas
litúrgicas concretadas en el *Sidur*. Para orar *en Israel* y *en Yeshúa*, debemos
descubrir cómo estos ritmos y formas revelan algo de la propia relación de
Yeshúa con Dios, de modo que, sintiendo que le pertenecemos, podamos
participar inteligente y apasionadamente en esa relación. Creemos que se

---

7. Íd., 52 (cursivas añadidas).
8. Jeremias, *New Testament Theology*, 180-181; Barth, *Prayer*, 22-23.

trata de un *descubrimiento* y no de una reinterpretación forzada y artificial, pues creemos que Aquel, a quien «los constructores rechazaron»[9] y arrojaron más allá de los márgenes de la vida judía, nunca ha abandonado su lugar oculto en el centro mismo de esta.

El *shemá*, testimonio de Israel en Yeshúa, testimonio de Yeshúa en Israel

Sinaí y martirio

El *shemá* constituye la unidad central de la liturgia diaria. Consta de tres textos bíblicos[10] que se recitan cada mañana y al anochecer en cumplimiento literal de las palabras «cuando te acuestes y cuando te levantes» (Dt 6,7 y 11,19).

En su forma más antigua, el *shemá* comenzaba con la lectura del decálogo.[11] David Hartman deduce acertadamente de esta práctica que con «la recitación del *shemá* se quería revivir el momento del pacto en el Sinaí».[12] La Mishná confirma esta interpretación al referirse a la recitación reglamentaria de Deuteronomio 6,4-9 como la aceptación del «yugo del reino de los cielos».[13] Así, cada mañana y cada tarde el judío vuelve a recrear y hacer suyo el encuentro con Dios en el Sinaí, recibiendo de nuevo la autorrevelación de Dios y reafirmando el compromiso de Israel de vivir en fidelidad al pacto. Al leer las palabras «Amarás al Señor tu Dios con todo tu corazón, con toda tu alma y con todas tus fuerzas», el judío acepta voluntariamente la obligación de dar ese amor.

Pero, ¿cómo se expresa concretamente ese amor? La expresión más extrema de ese amor implica la entrega de la propia vida.[14] La Mishná

---

9. [N. del T.: Sal 118,22; Mt. 21,42; Mc 12,10; Hch 4,11.]

10. Deuteronomio 6,4-9 y 11,13-21, y Números 15,37-41.

11. *M. Tamid* 5,1.

12. Hartman, *A Living Covenant*, 164.

13. *M. Berajot* 2,2. Véase Hammer, *Entering Jewish Prayer*, 131-132.

14. La inusual caligrafía de la forma tradicional de escribir Deuteronomio 6,4 en hebreo apunta a esta interpretación del *shemá*. En los rollos de la Torá, la tercera consonante de la primera palabra *shemá* (la letra *'ayin*) y la tercera consonante de la última palabra *ejad* (la letra *dálet*) están escritas en una letra ampliada, de modo que uno podría juntar mentalmente las dos letras para formar la palabra *'ed* (testigo). La palabra griega para «testigo» es μάρτυς (mártir). Israel da testimonio de Dios viviendo el *shemá* hasta el punto de derramar su sangre.

explica que *con toda tu alma* significa «incluso si Dios te arrebata el alma».[15] Un antiguo *midrash*[16] reitera y desarrolla esta tradición:

> *Y con toda tu alma*. Incluso si Dios te quita el alma, tal como se dice «Por tu causa somos muertos todo el día; somos contados como ovejas para el matadero» (Sal 44,22-23). [...] Simeón ben Azzai dice: «*Con toda tu alma*: ámalo hasta que sea exprimida de ti la última gota de vida». [...] R. Meir dice: «La Escritura dice 'Amarás al Señor, tu Dios [...] con toda tu alma', como hizo Isaac, que se dejó atar sobre el altar, según se ha dicho, y Abrahán extendió su mano y tomó el cuchillo para matar a su hijo» *(Gn 22,10).*[17]

La *Aquedá* (sacrificio de Isaac) representa el cumplimiento último del primer párrafo del *shemá*, y los judíos vuelven a recrearlo cada vez que se enfrentan a la persecución por causa de su fe. El ejemplo más famoso de esta forma de entender el *shemá* es la historia del martirio de rabí Akiva:

> Cuando sacaron a rabí Akiva para su ejecución, era la hora de recitar el *shemá* y, mientras peinaban su carne con peines de hierro, él aceptaba el poder del reino de los cielos sobre él. Sus discípulos le dijeron: «Maestro, ¿hasta este punto?». Él les respondió: «Todos mis días me ha inquietado el versículo "con toda tu alma" —"incluso si Él te quita tu alma"—. Yo decía: ¿Cuándo tendré la oportunidad de cumplirlo? Ahora que tengo la oportunidad, ¿no lo voy a cumplir?». Prolongó la palabra *ejad*[18], hasta que expiró mientras la pronunciaba.[19]

La historia judía ha sellado este vínculo entre el *shemá* y el martirio y ha hecho de Deuteronomio 6,4 no solo una renovación diaria del Sinaí, sino también una confesión previa a la muerte que ofrece una exégesis sobre el significado de la propia vida individual en el pacto: «Cuando se recita el *shemá* como parte del culto de adoración, ninguna persona sensible puede evitar ser consciente de que está diciendo palabras pronunciadas por millones de judíos que fueron asesinados a causa de su fe. Desde Akiva hasta Auschwitz,

---

15. *M. Berajot* 9,5.

16. [N. del T.: «estudio, comentario, de las Escrituras».]

17. *Sifre Devarim* sobre Dt 6,5 (Pisqa 32), traducción de Hammer, *Sifre on Deuteronomy*, 59, 62.

18. [N. del T.: última palabra de la parte inicial del *shemá* —que es el *shemá* (*Escucha, Israel*) propiamente dicho— y en la que se afirma la unidad de Dios, lit. «(el Señor) es uno».]

19. *B. Berajot* 61b, traducción de Simon, *Hebrew-English Edition of the Babylonian Talmud: Berakoth*.

los judíos creyentes han proclamado este versículo al enfrentarse a la certeza de que, por ser judíos, estaban a punto de ser asesinados. También se ha convertido en práctica habitual para cualquier judío recitar estas palabras en el lecho de muerte, partiendo de este mundo con las palabras de la fe judía en sus labios».[20] De esta forma el *shemá* constituye la declaración definitiva del significado de la vida del pueblo judío en su conjunto. Su rezo ritual, diariamente y al final de la vida, testimonia la misma realidad que se supone debe reflejarse en todos los aspectos de la vida individual y comunitaria del pueblo de la alianza: el Señor, como Dios único de Israel, amado más que la misma vida.

Fidelidad de Yeshúa al pacto

Deuteronomio 6,4-9 desempeña un papel destacado en la vida y las enseñanzas de Yeshúa. Él lo considera el primero y el mayor mandamiento, y lo vincula con el mandamiento de amar al prójimo, también en la Torá (Lv 19,18).[21] Esta vinculación no añade nada al *shemá*, sino que lo interpreta: todos los intentos de amar a Dios que comprometen el amor al prójimo resultan fraudulentos.[22]

En Juan, el mandamiento de Dios de amar al prójimo lo aplica Yeshúa al amor mutuo que requiere de sus discípulos, y el «dar la propia vida» lo presenta como la máxima expresión de tal amor.[23] Esto es lo que Yeshúa mismo hace por los suyos en cumplimiento voluntario del mandamiento de su Padre, y así el amor de los discípulos entre sí participa de la entrega sacrificial de su maestro.[24] La obediencia de Yeshúa a su Padre entregando su vida da testimonio de su amor incondicional a Dios: «[...] viene el que gobierna este mundo. Él no tiene poder sobre mí; pero yo hago lo que el Padre me ha mandado, para que el mundo sepa que yo amo al Padre» (Jn 14,30-31). De esta forma, el sufrimiento y la muerte de Yeshúa encarnan perfectamente el amor a Dios y al prójimo que pone como requisito el *shemá*.

20. Hammer, *Entering Jewish Prayer*, 134.

21. Marcos 12,28-34; Mateo 22,34-40; Lucas 10,25-28.

22. «El mandamiento del amor al prójimo es una guía decisiva para comprender el mandamiento del amor a Dios» (Cosgrove, *Elusive Israel*, 44).

23. Juan 13,34; 1 Juan 2,7-11; Juan 15,13. El mandamiento del amor es «nuevo» por su realización escatológica en la muerte y resurrección de Yeshúa, no porque esté fuera o al margen de las responsabilidades del pacto revelado a Israel. Tal como se demuestra en el *shemá* (vinculado a Levítico 19), el mandamiento del amor está en el corazón del pacto de Israel.

24. Juan 10,11.15.17.18; 1 Juan 3,16.

En su martirio sacrificial, Yeshúa materializa la plenitud del compromiso del pacto contraído por Israel en el Sinaí, recapitula la *Aquedá* (el sacrificio de Isaac) a un nivel superior (Dios es ahora el Padre cuyo hijo se entrega a sí mismo al sacrificio) y consuma las auténticas demostraciones de fidelidad a la alianza recreadas a lo largo de toda la historia de Israel. El carácter único y definitivo del martirio por amor que Yeshúa realiza no resta grandeza a los demás testigos de la alianza, sino que les da la fuerza que los capacita para alcanzar el propósito que persiguen. Este es el significado implícito en Hebreos 11-12, donde se ofrece una crónica abreviada de los hombres y mujeres que fueron fieles en la historia judía, descritos en el versículo 12,1 como una «gran nube de testigos» (*mártires*). La crónica es llevada a un punto culminante al presentar a Yeshúa como «el pionero y perfeccionador de nuestra fe», que perfecciona no solo *nuestra* fe, sino también la de los héroes enumerados en Hebreos 11.[25]

Esta visión de Yeshúa como epítome de la fidelidad judía al pacto debería dar forma a nuestro rezo del *shemá* como judíos mesiánicos. Así como la *fe* de los más grandes héroes de Israel no puede lograr su propósito sin Yeshúa, así el llamamiento de la alianza al amor y la obediencia incondicionales solo puede realizarse en y a través de Yeshúa. Para nosotros, la recitación del *shemá* sirve como algo más que la sola renovación y recreación del Sinaí: es un memorial de la obediencia por amor, hasta la muerte, de Yeshúa, que completa el encuentro del pacto en el Sinaí y lo eleva a un nivel superior (Hb 12,18-24). Nuestro rezo del *shemá* implica el reconocimiento agradecido de la fidelidad de Yeshúa a la alianza y el compromiso de participar en su autoofrenda de amor al Padre. También implica la aceptación de que todos los judíos que han vivido vidas fieles pero imperfectas ante Dios, y que han recitado el *shemá* diariamente y en la hora de su muerte, solo pueden alcanzar la consumación de sus aspiraciones mediante la unión con Yeshúa, el 'Israel en un solo hombre'.

Recompensa y castigo

El segundo párrafo del *shemá* (Dt 11,13-21) repite muchas de las ideas y frases características del primer párrafo.[26] ¿Qué materia diferente añade,

---

25. Hebreos 12,2; 11,39-40.

26. «[...] amando al Señor vuestro Dios [...] con todo vuestro corazón y con toda vuestra alma [...]» (Dt 11,13; v. 6,5); «Pondréis estas mis palabras en vuestro corazón y en vuestra alma; las ataréis como señal en vuestra mano y las fijaréis como un emblema en vuestra frente. Enseñadlas a vuestros hijos, hablándoles de ellas cuando estés en casa y cuando estés fuera, cuando te acuestes y cuando te levantes. Escríbelas en las jambas de tu casa y en tus portales [...]» (Dt 11,18-20; v. 6,6-9).

que justifique su inclusión en la confesión de fe y lealtad más sagrada de Israel? Esa aportación peculiar del segundo párrafo se encuentra en los versículos 13-17:

> Si acatáis todos los mandamientos que hoy os doy —amando al Señor vuestro Dios, y sirviéndole con todo vuestro corazón y con toda vuestra alma— entonces él dará la lluvia a vuestra tierra en su tiempo, la lluvia temprana y la lluvia tardía, y recogerás tu grano, tu vino y tu aceite; y dará hierba a tus campos para tu ganado, y comerás hasta saciarte. Tened cuidado de no ser seducidos, para apartaros sirviendo a otros dioses y adorándolos, porque entonces la ira del Señor se encenderá contra vosotros y cerrará los cielos, de forma que no habrá lluvia y la tierra no dará su fruto; entonces, pronto desapareceréis de la buena tierra que el Señor os da. (Dt 11,13-17)

Este texto enseña el principio de la recompensa y el castigo divinos.[27] Si Israel permanece fiel al pacto, el Señor proveerá generosamente para satisfacer sus necesidades comunes. Si Israel renuncia al pacto y adora a otras divinidades, el Señor detendrá la bendición celestial. Según el versículo 17, el castigo final consiste en desaparecer «de la buena tierra que el Señor os da», es decir, el exilio.[28]

En la tradición de los comentarios judíos, también se hace observar una diferencia en la forma de expresar la materia común a los párrafos primero y segundo del *shemá*: los mandamientos de Deuteronomio 6,4-9 emplean verbos y pronombres en segunda persona del singular, mientras que los mismos mandamientos en Deuteronomio 11 se enuncian en plural.[29] Basándose en esta distinción gramatical, Donin concluye: «En el primer párrafo, Moisés se dirige al judío individual. En el segundo párrafo, se dirige a todo el colectivo de Israel».[30]

Las promesas de recompensa y castigo se dirigen aquí, por tanto, a la comunidad en su conjunto. Esto tiene sentido si, como hace Rashi, tomamos Deuteronomio 11,17 como una referencia al exilio. El exilio afecta a la nación en su totalidad. Rashi considera que el orden de los diversos elementos del segundo párrafo del *shemá* refleja una secuencia cronológica, de forma que los mandamientos del primer párrafo, que se repiten en forma plural al final del segundo párrafo, se refieren a la observancia de la Torá *incluso en el exilio*: «Incluso después de que salgáis al exilio, distinguíos

---

27. Donin, *To Pray as a Jew*, 152-154; Hammer, *Entering Jewish Prayer*, 125-127.
28. Véase Rashi sobre Deuteronomio 11,17.
29. Véase Rashi sobre Deuteronomio 11,13.
30. Donin, *To Pray as a Jew*, 151.

por el cumplimiento de los mandamientos; por ejemplo, poneos *tefilín* [filacterias, Dt 11,18] y haced *mezuzás* [Dt 11,20] para que no sean nuevos para vosotros cuando volváis».[31]

La distinción singular-plural entre los párrafos uno y dos del *shemá* nos proporciona una clave para leer el segundo párrafo como judíos mesiánicos. Las formas en singular del primer párrafo expresan nuestra convicción de que solo un judío ha cumplido alguna vez los mandamientos a la perfección, y que todos los demás judíos están llamados a participar de su amor incondicional a Dios. Las formas en plural del segundo párrafo tienen en cuenta nuestra propensión a la rebeldía y anticipan la infidelidad nacional y el castigo. No obstante, el rezo destacado incluso de este segundo párrafo es de Yeshúa más que nuestro; su recitación del segundo párrafo explica la forma concreta que debe tomar su recitación del primer párrafo: él se identifica con Israel en la infidelidad de este al pacto y soporta voluntariamente el castigo que le corresponde a Israel, para que Israel pueda recibir la recompensa que le corresponde a él. Así, su amor incondicional a Dios, que cumple el primer párrafo del *shemá*, debe adoptar la forma concreta del sufrimiento y la muerte en nombre de Israel.[32]

Israel va al exilio, a pesar del martirio expiatorio de Yeshúa. Sin embargo, como reconoció Rashi, el exilio de la tierra no significa que sean también inevitables el exilio del Señor o de la Torá. Después de que Deuteronomio 11,17 mencione el castigo del exilio, los versículos siguientes reiteran, en plural, los mandamientos de Deuteronomio 6,4-9. Podemos estar en el exilio físico, esperando el día de la redención, pero no tenemos por qué permanecer en el exilio espiritual. El Mesías Yeshúa ha cargado con nuestros pecados para liberarnos de su peso, y nos ofrece su espíritu para que participemos en su autoofrenda de amor a Dios Padre. Cuando Israel, corporativamente, haga propia su expiación y entre en su autoofrenda, entonces recibirá la bendición prometida en Deuteronomio 11,21: «para que vuestros días y los días de vuestros hijos sean multiplicados en la tierra que el Señor juró dar a vuestros antepasados, tantos como los días que los cielos estén sobre la tierra».

---

31. Rashi sobre Deuteronomio 11,18. Una *mezuzá* es un trozo de pergamino encapsulado en el que están inscritos Deuteronomio 6,4-9 y 11,13-21. Las *mezuzás* se fijan en los marcos de las puertas de los hogares judíos en cumplimiento del mandato de Deuteronomio 6,9 de escribir estas palabras en «las jambas de tu casa y en tus portales».

32. Este es el significado del bautismo de Yeshúa por Juan. A Juan le extrañó que Yeshúa se bautizara, pues no tenía necesidad de arrepentimiento y perdón (Mt 3,13-15). Sin embargo, Yeshúa se dio cuenta de que su misión le exigía identificarse completamente con Israel y sufrir el juicio que Israel merecía —de forma figurada en su inmersión, literalmente en su muerte expiatoria— (véase Lc 12,50).

En el primer párrafo del *shemá* nos centramos en el incondicional amor de Yeshúa hacia Dios, que da pleno cumplimiento al pacto. En el segundo párrafo nos centramos en el amor de Yeshúa por su pueblo Israel, que lo lleva a sufrir y morir en nuestro nombre. La obediencia de Yeshúa al segundo gran mandamiento demuestra la autenticidad de su obediencia al primer gran mandamiento.

Redención mesiánica

El tercer párrafo del *shemá* procede de Números (Nm 15,37-41) y no del Deuteronomio, por lo que su terminología y lenguaje difieren de los dos primeros párrafos. Sin embargo, tiene mucho en común con los dos textos deuteronómicos anteriores: al igual que ellos, se centra en los mandamientos y en su fiel cumplimiento;[33] al igual que ellos, encarga a Israel honrar los mandamientos mediante símbolos visuales y tangibles;[34] al igual que Deuteronomio 11, advierte de las consecuencias por apartarse del Señor.[35] Estos puntos en común hacen de Números 15 una conclusión apropiada para el *shemá*.

¿Qué contenido diferente aporta este tercer párrafo al *shemá*? La tradición rabínica más antigua encontró su aportación especial en el versículo final: «Yo soy el Señor, vuestro Dios, quien os sacó de la tierra de Egipto, para ser vuestro Dios: yo soy el Señor, vuestro Dios».[36] La Mishná identifica este párrafo con la expresión *yetz'iat Mitzrayim* (el éxodo de Egipto), y afirma la importancia de recordar el éxodo, tanto por la tarde como por la mañana, mediante la recitación del tercer párrafo del *shemá*.[37] Como señala Hammer, «La mención del éxodo de Egipto añade la idea de redención, otra afirmación crítica de la que se puede decir que completa las ideas fundamentales que los sabios querían que repitiéramos dos veces al día: Dios es uno, el único; Él recompensa y castiga; y Él redime».[38] En las palabras de Hammer queda implícito que el recuerdo del éxodo de Egipto pretende inspirar esperanza en la redención futura.

Este versículo final del *shemá* también se hace eco de su importantísimo primer versículo «Escucha, Israel, el Señor es nuestro Dios, solo uno es el

---

33. Números 15,39-40; v. Deuteronomio 6,6; 11,13.

34. *Tzitzit* (flecos) en Números 15, *tefilin* (filacterias) y *mezuzás* (escritos en cajitas fijados en las puertas) en Deuteronomio 6 y 11.

35. Números 15,39b; v. Deuteronomio 11,16-17.

36. Números 15,41.

37. *M. Berajot* 1,5.

38. Hammer, *Entering Jewish Prayer*, 128.

Señor» (Dt 6,4). Los tres párrafos del *shemá* consisten en una explicación ampliada del significado y las implicaciones de este primer versículo. El versículo final deja claro que la identidad del Señor está ligada a su acción redentora en favor de Israel. En efecto, la frase «quien os sacó de la tierra de Egipto» se convierte en una forma ampliada del nombre divino. El Dios que hace un pacto con Israel en el Sinaí, y que requiere de Israel lealtad y amor exclusivos, es el que ha actuado para redimir en el pasado de Israel; y quien promete actuar para redimir, en el futuro escatológico de Israel.

En boca de Yeshúa, el tercer párrafo del *shemá* se convierte en proclamación y promesa de la redención mesiánica. Más concretamente, y más allá de su sufrimiento y su muerte expiatorios, nos apunta hacia su victoriosa resurrección. En el relato de Lucas sobre la transfiguración, se nos hace saber que Moisés y Elías «aparecieron en gloria y hablaban de su partida [ἔξοδον → «éxodo»], que él iba a cumplir en Jerusalén».[39] La resurrección de Yeshúa *cumple* el éxodo de Egipto, recapitulando el viaje de Israel de la esclavitud a la libertad, de la muerte a la vida, y asegurando y efectuando la redención escatológica definitiva de Israel. Si «quien os sacó de la tierra de Egipto» es una forma ampliada del nombre divino en el Sinaí, entonces «quien resucitó a Yeshúa de entre los muertos» es el mismo nombre articulado de nuevo a la luz de la acción redentora de Dios en favor de Yeshúa.[40]

El Señor reclama la lealtad y el amor de Israel a través del éxodo de Egipto. Lo hace de manera aún más grandiosa a través de la resurrección de Yeshúa. Puesto que Dios ha resucitado a Yeshúa de entre los muertos y ha asegurado en él el futuro escatológico de Israel, Dios llama a todos a reconocer a Yeshúa y a afirmar la renovación de la alianza realizada en él.

Así, para nosotros, judíos mesiánicos, los tres párrafos del *shemá* apuntan al núcleo esencial de todo lo que creemos: el amor y la obediencia vicarios de Yeshúa, que renuevan el pacto de Dios con Israel; su sufrimiento y muerte expiatorios, soportando sobre sí el exilio de Israel; y su resurrección de entre los muertos, como señal garante de la futura redención de Israel.

---

39. Lucas 9,31.

40. Romanos 4,24; 8,11. Robert Jenson señala la importancia de estas dos formas de identificar al Dios de Israel y la relación que hay entre una y otra: «A la pregunta "¿Quién es Dios?" el Nuevo Testamento ofrece una nueva respuesta de identificación descriptiva: "Quien resucitó a Jesús de entre los muertos". La identificación por la resurrección ni sustituye ni es simplemente añadida a la identificación de Éxodo; la nueva descripción identificativa *verifica* a su predesora paradigmática. Porque, así como es consecuencia del Antiguo Testamento que la esperanza de Israel en su Dios no se sostiene si no se verifica con la victoria sobre la muerte…, así 'quien rescató a Israel de Egipto' se confirma como identificación de Dios en que continúa como 'aquél que luego rescató al israelita Jesús de los muertos'» (Jenson, *Systematic Theology*, vol. 1, 44).

Asimismo, el *shemá* expresa el núcleo esencial de todo lo que intentamos encarnar en nuestras vidas: el amor a Dios y al prójimo, la obediencia a las *mitzvot* y la solidaridad con Israel, incluso en su infidelidad. Por último, el *shemá* nos ayuda a darnos cuenta de que solo podemos vivir en ese amor, obediencia y solidaridad participando en la vida y la muerte de Yeshúa, el perfecto 'Israel en un solo hombre'.

Las bendiciones que acompañan el *shemá*: alabanzas al Dios de la alianza

¿Quién es el Señor?

Los tres párrafos del *shemá* comienzan y terminan con un reconocimiento del Señor como único Dios de Israel. Y el cuerpo central de los párrafos consiste en la afirmación por parte de Israel de las consecuencias que este reconocimiento tiene en las relaciones y el comportamiento del pueblo. De esta forma el *shemá* hace hincapié en la respuesta de fidelidad al pacto por parte de Israel.

En cambio, las bendiciones que acompañan al *shemá* se centran en la identidad del Dios a quien Israel adora. A la pregunta «¿Quién es el Señor?» responden alabando su soberanía y su compasión. En su respuesta, presentan al Señor como el creador y el redentor, quien con amor ha elegido a Israel para ser su socio en alianza y le ha dado la Torá en señal de ese amor. Señalan también el objetivo escatológico de la acción de Dios al crear el mundo y establecer un pacto con Israel. Estas bendiciones proporcionan así un contexto cósmico, histórico y escatológico para la respuesta de amor de Israel a Dios, en el *shemá*.[41]

El Señor, creador del mundo

La primera bendición antes del *shemá* de la mañana responde a la pregunta «¿Quién es el Señor?» presentando al Dios de Israel como el creador de todas las cosas. Aquel a quien Israel adora no es una deidad tribal

---

41. El *shemá* se recita dos veces al día, una por la mañana y otra por la tarde. En ambas ocasiones, las bendiciones preceden y siguen a la recitación. Aunque la redacción y la duración de estas bendiciones varían de un servicio a otro, los temas siguen siendo los mismos. Dado que las bendiciones matutinas son más largas y más elaboradas, y el servicio matutino en su conjunto desempeña un papel más destacado en el ritmo litúrgico de la oración diaria judía, mis comentarios sobre las bendiciones que acompañan al *shemá* se centrarán en la forma que adoptan estas bendiciones en el servicio de la mañana.

restringida a una tierra o un pueblo en particular, sino *Adón Olam*, «el señor (amo, dueño) del universo».

Dado que esta bendición acompaña al rezo matutino del *shemá*, pone por ello el énfasis en la creación divina de las luminarias celestiales (es decir, el sol y las estrellas). Cada mañana el sol disipa la oscuridad de la noche, y experimentamos el mundo como si hubiera sido creado de nuevo. Según esta bendición, nuestra experiencia refleja lo que en la realidad está sucediendo: en su bondad, Dios renueva cada día la obra de la creación (*uvtuvó mejadesh bejol yom tamid ma'asé vereshit*). Así pues, el papel y la obra de Dios como creador no se limitan deísticamente a los acontecimientos temporales iniciales que dieron origen al universo, sino que incluyen el continuo cuidado amoroso de Dios por el mundo natural.

Los judíos de la era premoderna solían asociar las luminarias —a veces denominadas *el ejército* (*tzevá*) *del cielo* en las Escrituras— con poderes angélicos.[42] Esta asociación explica la inserción de la *kedushá* angélica en la primera bendición antes del *shemá*. Inspirándose en las teofanías proféticas clásicas de Isaías 6 y Ezequiel 1, la *kedushá* representa el culto de los ángeles a Dios, que tiene lugar en las alturas celestiales. La inserción de la *kedushá* en una bendición que celebra a Dios como creador significa la respuesta de alabanza que la creación debe a Aquel que es la fuente de su ser.

La *kedushá* también prepara el escenario para la recitación del *shemá*. Las palabras con las que se describe la triple santificación del nombre divino por los ángeles —«todos aceptan sobre sí el yugo del reino de los cielos» (*vejulam mekablim alehem ol maljut shamáyim*)—, emplean el mismo lenguaje que los textos rabínicos para caracterizar el rezo del *shemá* por Israel. Así, la reafirmación del pacto por parte de Israel en el *shemá* se corresponde con la adoración del creador por los ángeles. El servicio terrenal de Israel refleja el servicio celestial de los ángeles. Además, así como las huestes del cielo asumen el papel sacerdotal de representar la adoración de toda la creación, la respuesta de Israel al Señor implica algo más que su propia relación con el creador: Israel es un pueblo sacerdotal, y su autoofrenda al Señor representa al mundo entero.

De forma similar, el párrafo final señala hacia la bendición que sigue al *shemá*. En esa bendición leeremos sobre la liberación en el mar de los Juncos y la posterior alabanza de Israel a Dios en el canto de Moisés: «¿Quién es como tú, oh Señor, entre los dioses?, ¿quién como tú, majestuoso en santidad, imponente en esplendor (*nora tehilot*), haciendo prodigios

---

42. Génesis 2,1; Deuteronomio 4,19; 17,3; Isaías 40,26. Véase Mullen, «Hosts, Host of Heaven», 301-304.

(*oseh feleh*)?».[43] Aquí, en el párrafo final de la primera bendición, el Señor es llamado «imponente en esplendor» (*nora tehilot*), «Señor de prodigios» (*Adón haniflaot*). En el mar, Israel reconoce por primera vez la soberanía del Señor y entra en el servicio sacerdotal que comparte con la hueste de los ángeles. En el mar, Israel recibe también un anticipo de la visión de Dios que solo será dada plenamente en el *éscaton*, y su respuesta anticipa igualmente ese día en el que el Nombre de Dios será santificado en la tierra como lo es en el cielo.

Como todas las bendiciones del *shemá*, la primera bendición concluye con una plegaria por la redención. Siguiendo con la imagen de la luz, pedimos a Dios que haga «que una nueva luz ilumine Sion» y que podamos «todos compartir pronto una parte de su resplandor» (*or jadash al Tziyon tair venizqué julanu meherá leoró*). Esperamos ese día en que la creación será definitivamente renovada y Sion ocupará su lugar en el centro. Las preocupaciones universales de esta primera bendición están, pues, inseparablemente ligadas a la relación particular del Señor con el pueblo de Israel. La creación solo alcanzará su meta cuando Israel logre su destino según le ha sido asignado.

La creación por medio de Yeshúa

Como hemos visto, el *shemá* expresa la respuesta de Israel al Señor. Cuando los judíos mesiánicos lo recitamos en Yeshúa, nuestro pensamiento se centra en que él ha dado cumplimiento a esa respuesta con su autoofrenda a Dios, y participamos en su autoofrenda gracias al don de su espíritu.

Las bendiciones que acompañan al *shemá* alaban a Dios por los actos divinos que hacen posible y necesaria esa respuesta. Cuando recitamos estas bendiciones en Yeshúa, recordamos que, antes de su papel como representante nuestro ante Dios, él ya es el representante de Dios para nosotros. El Mesías es el agente por medio del cual Dios lleva a cabo todas sus obras.

Dios crea todas las cosas a través de la Palabra y la Sabiduría divinas que se encarnaron en Yeshúa.[44] La primera bendición antes del *shemá* comienza celebrando los actos de creación de Dios con las palabras de Salmos 104,24: «Oh Señor, ¡cuán innumerables son tus obras! Con sabiduría las has hecho todas (*kulam bejojmá asita*); la tierra está llena de tus criaturas». De acuerdo con las enseñanzas de los apóstoles, vemos el *jojmá* de este salmo como la Sabiduría divina que se hizo carne en Yeshúa.

43. Éxodo 15,11.

44. Juan 1,1-3; 1 Corintios 8,6; Colosenses 1,15-16; Hebreos 1,1-4.

Incluso cuando no se alude abiertamente a su papel en la obra creadora de Dios, nosotros lo reconocemos y bendecimos al Señor por la mediación universal del Mesías.[45]

En concordancia con la tradición mística judía, los judíos mesiánicos también vemos el Nombre de Dios como una realidad distinta, inseparablemente una con Dios, pero que también posee su propia identidad diferenciada.[46] Las numerosas referencias al Nombre de Dios en esta bendición, y en la oración judía en su conjunto, nos señalan de nuevo al Mesías Yeshúa como la eterna autoexpresión del Dios inefable.

El Mesías es también «la imagen del Dios invisible» —tanto antes como después de su encarnación—.[47] Según Juan, la forma humana entronizada que vio Isaías era Yeshúa.[48] Esto puede explicar el significado de Juan 1,18: «Nadie ha visto jamás a Dios; es Dios Hijo único, que está junto al corazón del Padre, quien le ha dado a conocer». Este versículo viene a continuación de una referencia a la entrega de la Torá por medio de Moisés, implicando que el Dios con quien Moisés se encontró en forma visible era Dios Hijo único.[49]

Así, la triple santificación de Dios que se encuentra en la *kedushá* (e incluida en la primera bendición del *shemá*) contiene para nosotros el reconocimiento por los ángeles de la santidad y la gloria del Hijo. Él es el mediador de la obra creadora de Dios y asimismo el mediador de la autorrevelación de Dios al mundo.

La imagen que se forma con la primera bendición del *shemá* es la de la luz: la luz del primer día de la creación, traída por la palabra a la existencia antes que el sol, la luna y las estrellas; la luz del cuarto día, identificada con las luminarias (*me'orot*); la luz del último día, que brillará sobre una Sion redimida. Según los Escritos Apostólicos, Yeshúa es la luz verdadera, fuente de toda otra luz, la luz de la vida.[50] Alabar a Dios por la luz es alabar a Dios por Yeshúa.

---

45. Estas palabras, *mediación universal*, significan que Dios no hace nada sin la mediación del Hijo y del Espíritu.

46. Danielou, *The Theology of Jewish Christianity*, 147-163; Longenecker, *The Christology of Early Jewish Christianity*, 41-46; Fossum, *The Name of God and the Angel of the Lord*, 76-191, 239-256.

47. Colosenses 1,15; v. 2 Corintios 4,4.

48. Juan 12,41.

49. «Cristo es mayor que Moisés, pues aquel a quién Moisés vio es mayor que Moisés; en el cuarto Evangelio, la gloria de la que fueron testigos los profetas israelitas fue la del propio Jesús» (Keener, *The Gospel of John: A Commentary*, vol. 1, 419). Pablo insinúa algo similar en 2 Corintios 3,12-4,6.

50. Juan 1,4-9; 8,12; 2 Corintios 4,6.

Entender y rezar el *Sidur* de esta forma no es arbitrario ni *eisegético*[51]. Es hacer los rezos litúrgicos judíos tradicionales del mismo modo que los primeros judíos mesiánicos rezaban los Salmos y leían la Torá y los Profetas. Encontramos a Yeshúa en todas partes de la tradición porque él está allí. Lo sabemos, no simplemente por una lectura que analice histórica y gramaticalmente esos rezos en sí, sino a través del conocimiento implícito en la vida resucitada de Yeshúa y el don de su espíritu.

El Señor, Dios de Israel

¿Quién es el Señor? Las últimas líneas de la primera bendición nos ofrecen indicios de una verdad que se convierte en el punto principal de la segunda bendición antes del *shemá* matutino (conocida por sus palabras iniciales, *Ahavá rabá*[52]): el Señor no es solo el creador del universo, santificado por los ángeles en el cielo, sino también Aquel que ama y elige al pueblo de Israel.

Como indican sus líneas iniciales y finales, *Ahavá rabá* pone el énfasis en el amor y la compasión de Dios. Aunque Dios ama a toda su creación, la segunda bendición del *shemá* se centra en el amor particular de Dios por la descendencia de Abrahán, Isaac y Jacob, Sara, Rebeca, Raquel y Lea, estableciendo de este modo un contexto para el primer párrafo del *shemá* y su llamamiento a Israel para amar de todo corazón, incondicionalmente, al Señor. Aquel a quien Israel ama es Aquel que amó primero a Israel.

¿Cómo ha amado el Señor a Israel? El Señor ha escogido al pueblo de Israel de entre las naciones del mundo; ha establecido con él una alianza; y le ha dado, como expresión de ese pacto, una forma de vida que refleja el carácter del divino socio en ese pacto. En resumen, Dios ha dado a Israel el don de la Torá, un regalo de amor que depende y es inseparable de los dones de la elección y la alianza.

Aunque en su alabanza la segunda bendición que acompaña al *shemá* reconoce al Dios que ama a Israel «con gran y extraordinaria misericordia» (*jemlá guedolá viterá*), se aparta del patrón de las otras dos bendiciones en el énfasis que da a su súplica. Por encima de todo, esta bendición implica una petición para que nosotros, el pueblo de Israel, recibamos en nuestro interior iluminación y fuerza divinas para poder vivir de verdad el *shemá*:

---

51. [N. del T.: en contraste con *exégesis*, se entiende por *eiségesis* la interpretación de un texto deduciendo en él, o de él, ideas personales del lector, no literalmente allí expresadas, sino subjetivas y acaso informadas por sus propios ideales, emociones, cultura u otras circunstancias.]

52. [N. del T.: trad., «Con gran amor».]

«Ilumina nuestros ojos con la luz de Tu Torá, haz que nuestro corazón se apegue a Tus *mitzvot* y que nuestro corazón sea uno para amar y temer Tu Nombre».[53] Al prepararnos para reconocer la *unidad* del Señor y comprometer nuestras vidas a amarlo por completo, primero le pedimos al Señor que «nuestro corazón sea uno», para que no estemos divididos en nuestras lealtades básicas, sino que nos ofrezcamos con amor sincero como un sacrificio vivo.

Al hacer esta petición, Israel reconoce que es incapaz de cumplir la Torá sin el poder interior de Dios. No puede amar a Dios a menos que Dios, por su amor, se lo permita hacer. Mediante esta oración confesamos que el mayor don del amor de Dios a Israel es la capacidad de amar a Dios en agradecimiento.[54]

Como las otras bendiciones que acompañan al *shemá*, *Ahavá rabá* incluye una oración por la redención. Se centra en la reunificación de Israel en su tierra. Sin embargo, según esta oración, la reunificación no es un fin en sí misma, sino que tiene por objeto habilitar a Israel para que pueda cumplir su vocación, a la que está destinado: «Tú nos has escogido de entre todas las naciones y lenguas, y nos has traído junto a Tu gran Nombre en la verdad, para reconocerte a Ti y Tu unidad y unicidad en el amor».[55] Así pues, también esta plegaria por la redención nos dirige a la recitación del *shemá* por Israel, presentado aquí en términos escatológicos como la consumación de una creación renovada.

Yeshúa, primer Amado de Dios

Para la mayoría, nuestra forma de entrar en esta segunda bendición debería ser obvia: consideramos a Yeshúa la Torá viviente, el intérprete supremo de la Torá escrita y aquel de quien esta da testimonio perpetuo; además, es él quien nos ha dado su propio espíritu para que, a través de él y en él, podamos observar las *mitzvot* y cumplir fielmente la alianza. La segunda bendición del *shemá* nos brinda la oportunidad de orar para que podamos estar unidos a Yeshúa por su espíritu, para que su cumplimiento del *shemá* se convierta en el nuestro.

53. Traducción propia del autor, Mark Kinzer [N. del T.: del hebreo al inglés; y de este al español, por el traductor].

54. Un mensaje parecido se encuentra en 1 Crónicas 29,14.

55. Traducción propia del autor, Mark Kinzer [N. del T.: del hebreo al inglés; y de este al español, por el traductor].

Menos obvia, pero igual de importante, es la conexión entre la elección de Israel y la del Mesías Yeshúa. En muchos sentidos, Efesios 1,3-6 presenta una versión mesiánica de *Ahavá rabá*:

> Bendito sea el Dios y Padre de nuestro Señor Yeshúa el Mesías, que nos ha bendecido en el Mesías con toda bendición espiritual en los lugares celestiales, según nos escogió en el Mesías antes de la fundación del mundo, para ser santos y sin mancha delante de él en amor. Él nos destinó para adopción como hijos suyos por medio de Yeshúa el Mesías, [...] para la alabanza de su gloriosa gracia, que nos otorgó gratuitamente en el Amado.[56] (Ef. 1,3-6)

Tenemos aquí una fórmula de bendición que habla de la elección de Dios por amor, como en las palabras finales de *Ahavá rabá*.[57] Si el *nosotros* de estos versículos es «Israel» o «nosotros los judíos», como parece ser por los versículos que siguen (Ef 1,11-13), el paralelismo se hace exacto: Dios elige a Israel por amor, para vivir una vida *santa y sin mancha* (es decir, conforme a la Torá).

Sin embargo, las palabras añadidas proporcionan la clave hermenéutica mesiánica esencial: Aquel que elige a Israel es «el Dios y Padre de nuestro Señor Yeshúa el Mesías», y la elección se realiza «en el Mesías». En otras palabras, Dios primero elige al Mesías Yeshúa en amor, y luego trae a Israel a esa elección (tal como más tarde traerá a las naciones para compartir la elección de Israel). El amor que el Padre tiene por el Hijo («el Amado», Ef 1,6) se extiende a Israel, cuya alianza les confiere la condición de hijos adoptivos.

Rezamos según la forma tradicional de *Ahavá rab*á en sintonía con otros judíos de todo el mundo y de siglos pasados, pero lo hacemos a la luz de Efesios 1. En esta bendición reconocemos al Mesías Yeshúa no solo como meta de la historia judía, sino también como su origen oculto y su centro para siempre.

El Señor, redentor de Israel

¿Quién es el Señor? De las dos primeras bendiciones del *shemá* aprendemos que el Señor es el creador de todas las cosas, que establece por amor una relación de alianza con el pueblo de Israel y que lo capacita para vivir de una manera que sea digna de Aquel que lo ha elegido. El Señor es el

---

56. [N. del T.: texto traducido de la versión NRS (New Revised Standard) de la Biblia, pero sustituidos los nombres *Jesús* y *Cristo* por *Yeshúa* y *Mesías*.]

57. «El que eligió a su pueblo Israel con amor» (*habojer be'amó Yisrael beahavá*).

soberano de la Tierra que invita a Israel a reconocer con amor su soberanía y a servir como señal real de esa soberanía entre las naciones del mundo. Israel hace esto rezando, y viviendo el *shemá*.

El tercer párrafo del *shemá* concluye identificando al Señor como Aquel que «os sacó de la tierra de Egipto». La bendición que sigue al *shemá* recoge estas palabras y las convierte en un rasgo esencial de la identidad del Dios de Israel. La soberanía del Señor en la vida de Israel implica no solo autoridad para gobernar sobre Israel, sino también el compromiso de actuar redentoramente en nombre de Israel.

A lo largo de esta extensa bendición, una palabra recibe especial énfasis: *emet* (verdad).

> Tus enseñanzas son *verdad*eras e imperecederas [...] Es *verdad* que el Dios eterno es nuestro Rey, que la Roca de Jacob es nuestro escudo protector [...] Para nuestros antepasados, para nosotros, para nuestros hijos, para toda generación del pueblo de Israel, para todas las edades, desde el primero hasta el último, Sus enseñanzas son *verdad*eras, eternas. Es *verdad* que Tú eres el Señor, nuestro Dios, como fuiste el Dios de nuestros antepasados [...] Tú eres, en *verdad*, Señor de tu pueblo, su defensor y su poderoso Rey.[58]

La «enseñanza» (*davar*) cuya verdad se confiesa es la que se encuentra en el primer verso del *shemá*: el Señor es el único soberano del mundo y de Israel. Los tres párrafos del *shemá* se centran en las obligaciones pactadas que esta soberanía impone a Israel. La bendición final que acompaña al *shemá* destaca el hecho de que esta soberanía también impone obligaciones pactadas al Señor. La *verdad* de Dios significa la fidelidad de Dios al pacto.

Así como el *shemá* revive el momento decisivo del compromiso con el Señor en la Alianza del Sinaí, así también la bendición que sigue al *shemá* recuerda el momento decisivo en que el Señor manifiesta su fidelidad al pacto con Israel: el éxodo de Egipto y, en particular, su momento culminante, el paso a través del mar. Además, de la misma forma que la creación y la elección para el pacto son actos divinos que Dios renueva cada día, así el éxodo se repite una y otra vez en la vida nacional de Israel y en la vida de cada judío individualmente. Y lo que es más importante, así como la creación y la elección para el pacto alcanzan su consumación al final de los tiempos (tal como lo implican las peticiones de redención insertadas en la primera y segunda bendiciones del *shemá* de la mañana), así también los actos de liberación de Dios en Egipto y a lo largo de la historia apuntan

---

58. [N. del T.: fragmentos de *Verdadera e imperecedera* (*Emet veyatziv*), bendición que sigue inmediatamente al *shemá* en la oración de la mañana.]

hacia la intervención definitiva de Dios en el *éscaton*. Por eso, la celebración del amor redentor de Dios por Israel en la tercera bendición culmina con una plegaria por la redención aún por venir: «Roca de Israel, levántate en defensa de Israel; cumple tu promesa de liberar a Judá y a Israel».

Más allá de servir como una vívida ilustración del éxodo de Egipto mencionado en las palabras finales del tercer párrafo del *shemá*, el paso de Israel a través del mar también se hace eco de la *kedushá* angélica y anticipa el reconocimiento de la soberanía de Dios pactado por Israel en el Sinaí y renovado diariamente en el *shemá*.

> Con un canto nuevo los redimidos alabaron Tu Nombre a la orilla del mar, todos al unísono dieron gracias, reconocieron [Tu] soberanía (*yájad kulam hodú vehimliju*), y dijeron: «El Señor reinará por toda la eternidad».[59]

En nuestra exposición anterior de la primera bendición, señalamos el uso del lenguaje de esta tercera bendición para establecer una correspondencia implícita entre el papel de los ángeles en lo alto y el de Israel en la tierra. Aquí la tercera bendición devuelve el cumplido y alude al lenguaje empleado en la primera bendición:

> Entonces todos ellos aceptan el yugo de la soberanía celestial (*kulam mekablim alehem ol maljut shamáyim*) [...] Todos ellos a una proclaman Su santidad (*kedushá kulam ke'ejad onim*).[60]

Aquí, el reconocimiento unificado de la soberanía divina por parte de Israel en el mar apunta (más allá de la *kedushá* angélica, la teofanía del Sinaí y la recitación diaria del *shemá* por parte de Israel) hacia el cumplimiento escatológico de la soberanía divina en la redención final. Al igual que *Ahavá rabá*, esta bendición al Dios Redentor visualiza el objetivo de la redención como un mundo en el que la soberanía exclusiva del Señor es abrazada con amor por todos.

La autorrevelación del Señor alcanza su consumación con la demostración final a Israel de la divina fidelidad al pacto. La redención escatológica manifiesta así definitivamente la identidad de Dios, de la misma forma que el éxodo de Egipto manifestara públicamente por primera vez el Nombre divino. El Señor llega a ser conocido por todos como Aquel que se hacía presente en las tres bendiciones del *shemá* de la mañana. Como resultado, la soberanía del Señor es reconocida por todos, en cumplimiento de la misma *shemá*.

---

59. Scherman (trad.), *The Complete ArtScroll Siddur*.
60. Íd.

Redención por medio de Yeshúa

Los judíos mesiánicos creemos que Dios libera a Israel y a toda la creación por medio de la obra del Mesías Yeshúa. El Dios que levantó a Yeshúa de la tumba es el que dará vida a Israel y liberará al mundo de la esclavitud del poder de la muerte.

Rezamos la tercera bendición del *shemá* de la mañana a la luz de Apocalipsis 15,2-3: «Y vi lo que parecía ser un mar de cristal mezclado con fuego, y a los que habían vencido a la bestia y a su imagen y al número de su nombre de pie junto al mar de cristal con arpas de Dios en sus manos. Y cantan el canto de Moisés, siervo de Dios, y el canto del Cordero». El libro del Apocalipsis emplea repetidamente imágenes del éxodo para describir la gran liberación al final de la era. Aquí, los victoriosos seguidores del Cordero están de pie «junto al mar de cristal», igual que Israel estuvo junto al mar de los Juncos; y cantan un canto que es simultáneamente el canto de Moisés (Éxodo 15) y el canto del Cordero. No cantan dos canciones, sino una: es el canto de Moisés, cantado ahora con el reconocimiento explícito de que Dios redime a Israel de Egipto-Babilonia mediante la muerte y resurrección de Yeshúa.

El libro del Apocalipsis presenta a Yeshúa como el león de la tribu de Judá que establece su reinado mesiánico tras haberse convertido en el cordero sacrificado. Él obtiene el derecho a abrir el rollo del plan redentor de Dios ofreciendo su vida como sacrificio.[61] Él es «*el fiel testigo-mártir* [μάρτυς]»[62] *cuyo cumplimiento de los tres párrafos del* shemá *sirve de base al cumplimiento por parte de Dios de las tres bendiciones del* shemá. Él es también Aquel que capacita a sus seguidores para que puedan participar en su autoofrenda, de modo que el *testimonio-martirio* de ellos, unido al suyo, traiga la liberación definitiva y el juicio final al mundo:

> Cuando abrió el quinto sello, vi bajo el altar las almas de los que habían sido sacrificados por la palabra de Dios y por el testimonio [μαρτυρία, de donde también *martirio*] que habían dado; y clamaron a gran voz: «Señor soberano, santo y verdadero, ¿hasta cuándo no vas a juzgar y vengar nuestra sangre sobre los habitantes de la tierra?». Se les dio a cada uno una túnica blanca y se les dijo que descansaran un poco más, hasta que se completara el número, tanto de sus consiervos como de sus hermanos y hermanas, que pronto habían de ser muertos, como ellos mismos lo habían sido. (Ap 6,9-11)

61. Apocalipsis 5,1-14.
62. Apocalipsis 1,5.

Pero ellos lo han vencido por medio de la sangre del Cordero y por la palabra de su testimonio [martirio], pues no se aferraron a la vida ni siquiera ante la muerte. (Ap 12,11)

Así, los tres párrafos del *shemá* son tanto la meta de la redención final como el medio por el cual se logra. Dios libera a su pueblo y al mundo para que todos puedan reconocer con amor la exclusiva soberanía divina; y Dios también lleva a cabo esa liberación a través del testimonio perfecto del pacto dado por el Mesías Yeshúa, el 'Israel en un solo hombre'. Además, el testimonio liberador del Mesías encuentra un eco necesario en el testimonio de sus siervos, quienes completan «lo que falta de las aflicciones del Mesías[63]» (Col 1,24).

La tercera bendición del *shemá* a la vez recuerda la obra redentora de Dios en el pasado y ora por su consumación al final de los tiempos. Para nosotros, esta doble orientación implica alabar a Dios por haber enviado a Yeshúa y haberlo resucitado de entre los muertos, mientras que al mismo tiempo oramos por la liberación final, que es la meta última y el fruto de su autoofrenda redentora. Esta oración conduce naturalmente a la *amidá* (la oración central de la liturgia judía), pero ese es un tema para otra discusión.

Conclusión

El *shemá* y sus bendiciones, entendidos a la luz del Mesías Yeshúa, nos proporcionan un marco narrativo resumido de las buenas nuevas. Las dos primeras bendiciones describen la obra de la creación de Dios, la elección pactada de Israel por parte de Dios y el don de la Torá, todo ello logrado con la mediación del Hijo divino; los tres párrafos del *shemá* describen la obra de Yeshúa cumpliendo la Torá en su vida, muerte y resurrección; y la bendición final describe la futura redención, por parte de Dios, de Israel y del mundo como resultado del cumplimiento del *shemá* por Yeshúa y de la participación continua en ese cumplimiento de aquellos que le pertenecen.

Yeshúa es, por lo tanto, el cumplimiento de la alianza, tanto por parte de Dios, como por parte de Israel. Las bendiciones del *shemá* ponen el énfasis en lo primero, el *shemá* mismo en lo último.

Al mismo tiempo, además de una narrativa, el *shemá* y sus bendiciones nos proporcionan también un guión destinado a dar forma a nuestra participación en una representación dramática.[64] ¡Somos parte de

---

63. [N. del T.: «de Cristo» en NRSV.]

64. Sobre la relevancia de la metáfora del «drama» para nuestra comprensión de las Escrituras, la tradición, la teología y la práctica, véase Vanhoozer, *The Drama of Doctrine*.

la historia! Como tal, somos llamados a identificarnos con Yeshúa en su cumplimiento vicario del pacto en nombre de Israel, y a participar en él. Lo hacemos de manera ritual cuando recitamos el *shemá* cada día, y de forma holística cuando vivimos el significado del *shemá* en toda nuestra conducta diaria.

El poder redentor del *shemá* en Yeshúa solo se realizará cuando la plenitud de Israel y la plenitud de las naciones se hayan identificado con su cumplimiento vicario de la alianza y hayan entrado en él. Por tanto, nuestro papel en el drama es esencial, aunque radicalmente dependiente del papel desempeñado por nuestro Mesías.

Esta forma de entender el *shemá* lo convierte a la vez en el texto de nuestra respuesta a Dios acerca del pacto y, simultáneamente, en centro de las maravillosas obras de Dios que celebramos en las bendiciones que lo acompañan. Cuando Yeshúa cumple el pacto de parte de Israel, él está *al mismo tiempo* cumpliendo el pacto por parte de Dios.

Cuando rezamos el *shemá* y las bendiciones que lo acompañan, estamos orando *en Israel*. Según la interpretación mesiánica de esta oración ofrecida aquí, cualquier rezo sincero del *shemá* y sus bendiciones constituye también una oración *en Yeshúa*. A medida que aprendemos a entrar en esta oración consciente, explícitamente, con mesiánica *kavaná* (intención de corazón, sentimiento sincero) inspirada por el Espíritu del Mesías, damos testimonio de la verdad acerca de la misteriosa centralidad de Yeshúa en la vida judía, y acerca de la misteriosa centralidad de la vida judía en los propósitos de Dios para la historia y para el mundo.

Parte III

LA FE EN YESHÚA DESDE UNA PERSPECTIVA JUDÍA

Capítulo 5

EMPEZANDO POR EL FINAL: EL LUGAR DE LA ESCATOLOGÍA EN LA NARRACIÓN CANÓNICA DEL JUDAÍSMO MESIÁNICO[1]

El cristianismo y el judaísmo han desarrollado cada uno sus diferentes *narraciones canónicas* o marcos teológicos mediante los cuales entender la Biblia y la obra de Dios en el mundo. Aunque la narración canónica trata de ordenar las historias y los acontecimientos del canon bíblico, también establece una trayectoria a través de la cual las Escrituras conectan con nuestra experiencia y señalan hacia el mundo por venir. En un intento de desarrollar una narración canónica judía mesiánica coherente y auténtica, Kinzer hace una valoración de los distintos modos en que, tanto el judaísmo como el cristianismo, han tendido a exagerar o a subestimar la continuidad entre el mundo tal como lo experimentamos y la realidad del *éscaton*. Kinzer postula una continuidad significativa entre las narraciones canónicas del judaísmo y el cristianismo, mostrando cómo la encarnación, vida, muerte y resurrección de Yeshúa significan una extensión de la *kedushá* (santidad) que caracteriza a Israel como pueblo. De la misma forma que el Shabat en el judaísmo ofrece un anticipo proléptico del mundo venidero, la reunión por Yeshúa de una *ekklesia* (comunidad de creyentes) multinacional, que comparte la

---

1. Presentado en el Hashivenu Forum en 2002 y aquí introducido por Jennifer M. Rosner. Acerca de este foro, véase nota 1 del capítulo 3. Para consultar el texto original en inglés, véase enlace a la web del foro en bibliografía.

vocación de Israel, apunta hacia la santificación de todo el mundo por parte de Dios. En lugar de suplantar el llamamiento de Israel a representar a Dios en el mundo, Yeshúa (más la comunidad que él funda) lleva a cabo el siguiente capítulo en el movimiento de la creación hacia la consumación y la redención final.

JEN ROSNER

Una narración canónica, como la define R. Kendall Soulen, es «un instrumento interpretativo» —una herramienta hermenéutica— que ordena la compleja línea argumental de la Biblia para presentarla como «una unidad teológica y narrativa».[2] Si bien la Biblia describe a personas y acontecimientos situados en un pasado distante, su narración trasciende ese pasado, pues incluye material profético y apocalíptico, e incluso sus relatos de acontecimientos históricos se narran con el propósito de arrojar luz sobre el futuro. Por ello, nuestra narración canónica debe ocuparse tanto del futuro como del pasado.

El título y el tema de este ensayo podrían llevar a uno a esperar una discusión sobre escenarios del fin de los tiempos, controversias milenaristas o la inminencia de la venida del Mesías. Sin embargo, no es tal mi propósito aquí. En vez de eso, indagaré cómo la visión escatológica de la Biblia conforma toda la narración bíblica y es a la vez conformada por ella. ¿De qué manera la descripción de la creación del mundo está informada por convicciones relativas a su consumación final? ¿Cómo se relacionan la elección de Israel y la Alianza del Sinaí y sus instituciones con el cumplimiento del fin al que la creación está destinada? ¿De qué forma son la encarnación del Hombre primordial, su muerte y su resurrección un anticipo del *éscaton*? ¿Cómo el don del *Ruaj* (espíritu), el exilio de la *Shejiná* (presencia divina) y las historias entrelazadas de la Iglesia cristiana y el pueblo judío apuntan a esa ruptura final que simultáneamente renovará, transformará y trascenderá la historia?

Esta última pregunta pone de manifiesto un aspecto de la narración canónica que fácilmente podríamos pasar por alto: no estamos simplemente intentando comprender la historia que se cuenta en la Biblia, sino que también intentamos situar la historia de los últimos dos mil años en el marco de aquella historia. Así pues, la narración canónica es una herramienta hermenéutica tanto para leer la Biblia, como para interpretar la historia a la luz de la narración bíblica o, mejor, para entenderla como parte integrante de esa narración.

---

2. Soulen, *The God of Israel and Christian Theology*, 13.

Abordamos estas preguntas con una perspectiva única: somos judíos, arraigados en tierra judía, esa tierra que es la experiencia de Israel de una vida continua en la alianza a lo largo de los siglos y las materializaciones literarias, litúrgicas e institucionales de dicha experiencia; y al mismo tiempo somos mesiánicos, alumnos y seguidores leales de Yeshúa el Mesías, que hemos aceptado los Escritos Apostólicos como testimonio auténtico de su misión y su mensaje. Creemos que Yeshúa inició una nueva fase decisiva en la resolución del plan divino, y que las naciones del mundo han sido atraídas a la órbita de Israel, cuyo núcleo central es la Alianza. Nuestra interpretación de la narración canónica debe a la vez reflejar y reforzar nuestra identidad como judíos mesiánicos.

Tres horizontes escatológicos

David Novak emplea el término *horizonte escatológico* para caracterizar el modo en que una teología concibe la relación entre este mundo (*Olam Hazé*) y el mundo que está por venir (*Olam Habá*).[3] Dicho término y el concepto que expresa proporcionan una herramienta útil para analizar el papel de la escatología en las diversas lecturas de la narración canónica. Una teología opera con un horizonte escatológico *bajo* cuando minimiza la diferencia entre la vida en este mundo (al menos en lo que atañe a sus fieles) y la vida en el mundo venidero. Por el contrario, una teología con un horizonte escatológico *alto* acentúa la disyunción radical entre estos dos órdenes de la existencia.

Utilizando la terminología de Novak, argumentaré que tres versiones de la narración canónica nos proporcionan ejemplos negativos para nosotros, cuando tratamos de desarrollar nuestro propio punto de vista judío mesiánico sobre el papel de la escatología en la historia de la relación del Señor con el mundo y con los seres humanos:

1. *Horizonte escatológico excesivamente bajo* (versión judía). Este punto de vista lo encontramos en una forma tradicional y en una moderna. La forma tradicional ve la era mesiánica como un imperio davídico restaurado que trae la paz al mundo, pero no altera su estructura ontológica fundamental. La forma moderna se basa en una visión utópica del progreso humano y aspira a un mundo de paz y justicia, pero sin ninguna intervención divina dramática o extraordinaria.

2. *Horizonte escatológico excesivamente bajo* (versión cristiana). El bajo horizonte escatológico cristiano difiere notablemente del de la visión

---

3. Novak, «Beyond Supersessionism», 58, 60.

judía, pues exagera la transformación de la estructura ontológica del mundo, considerando que ya se ha producido en la *ekklesia* mediante la muerte y resurrección del Mesías, y de este modo minimiza la distancia entre el mundo presente y el mundo por venir (*Olam Habá* y *Olam Hazé*). Más que modelar el mundo venidero a imagen de este mundo, tiende a espiritualizar ese mundo futuro, y a espiritualizar e idealizar igualmente la vida en el Mesías en el mundo presente.

3. *Horizonte escatológico excesivamente alto* (versión judía). Este punto de vista maximiza la distancia entre la vida judía bajo la Torá en esta era y la vida en el mundo venidero, a la vez enfatizando el carácter transformado del mundo futuro y negando también la naturaleza escatológica de la vida judía en este mundo. Irónicamente, esta forma de ver la vida judía es compartida por los cristianos que tienen un horizonte escatológico excesivamente bajo en relación con su propia vida en la era actual. Mientras minimizan la diferencia entre la vida cristiana en este mundo y la vida de los redimidos en el mundo venidero, ¡maximizan esta distinción para la vida judía!

Examinaré cada uno de estos puntos de vista en orden inverso y los pondré en contraste con la forma en que una comprensión judía mesiánica de la narración canónica debería establecer su horizonte escatológico.

Judaísmo y escatología proléptica

Las intensas rivalidades y polémicas entre judíos y cristianos a lo largo de los siglos han tenido muchas consecuencias lamentables. Entre las consecuencias menos reconocidas están las distorsiones a las que han llegado tanto el judaísmo rabínico como el cristianismo, intentando distanciarse el uno del otro. Del lado judío, Michael Wyschogrod señala que «la tentación aquí es hacer que el contraste [entre judaísmo y cristianismo] sea lo más acusado posible, distorsionando así, en ocasiones, el judaísmo».[4] Muchos pensadores judíos han sucumbido a esta tentación al tratar la escatología y la existencia judía en este mundo. Arthur Cohen es un ejemplo de ello: «El judío es el hombre 'entre' —*entre* el tiempo y la eternidad, *entre* la tristeza del mundo y la alegría de la redención—. Ni cree que en este tiempo y esta historia se haya tenido una experiencia anticipada del Reino de Dios, ni sabe cuándo Dios designa que ese tiempo y esa historia sean redimidos».[5]

---

4. Wyschogrod, *The Body of Faith*, xxxv.
5. Cohen, «The Natural and the Supernatural Jew», 198.

Negar que la vida judía ofrezca alguna «experiencia anticipada del Reino de Dios» es plantear un horizonte escatológico tan elevado, que ni siquiera se puede vislumbrar el cielo. ¿Es esto fiel a la Torá o a la tradición rabínica? Nancy Fuchs-Kreimer repara en la poca consistencia de tal perspectiva: «En el judaísmo, hemos puesto el énfasis en la naturaleza comunitaria de la redención y la cualidad del *aún no* de su futuridad. A mi juicio, muchos judíos han infravalorado la idea de que, al menos una muestra anticipada de la redención, exista ya aquí. Esa idea aparece en la noción del Shabat como anticipo del tiempo mesiánico, pero muchos judíos no le dan suficiente importancia a este concepto y dedican más tiempo a hablar del pasado y del futuro que del presente».[6] La misma Torá presenta la vida judía en esta era como una anticipación o prolepsis de la vida en la era por venir. Lo hace —como señala Fuchs-Kreimer— a través de la institución del Shabat; pero lo hace, y esto es lo más fundamental, a través de la realidad que subyace al Shabat y que está íntimamente asociada a la vida de Israel: la *kedushá* (la santidad).

El relato de la creación de Génesis 1,1-2,3 nos dice seis veces que Dios, al contemplar lo que había hecho, «vio que era bueno» (vv. 4, 10, 12, 18, 21, 25). Después de completar la obra en seis días —ateniéndonos al simbolismo numérico de la narración— Dios mira el conjunto, y lo encuentra «*muy bueno*» (Gn 1,31). Así pues, el mundo era bueno en todas sus partes, y muy bueno en su totalidad. Y, sin embargo, el clímax de la narración no se produce en el sexto día, sino en el séptimo: al cesar su obra, «Dios bendijo el séptimo día y lo santificó» (Gn 2,3). El mundo, limpio de todo mal, era muy bueno, pero aún no era santo: era *kjol* (profano, secular).

La santificación divina del séptimo día no altera por sí misma el carácter profano del mundo. Dios no ordena a Adán y Eva que guarden el Shabat, ni el libro del Génesis nos muestra a nadie que lo haga. El Shabat en Génesis 2,1-3 no es una institución, sino una esperanza, una promesa, una señal en garantía del destino señalado para este mundo, creado «muy bueno». Así pues el séptimo día representa una consumación del orden creado, que trasciende la conquista del mal, y la restauración de un mundo completamente bueno. Representa un mundo santo, es decir, lleno de la presencia de Dios, como el santuario interior del desierto o el templo de Jerusalén. Vemos así que la santidad, la *kedushá*, desde su aparición inicial en el texto bíblico, es en sí misma un concepto escatológico, pues hace referencia a una realidad escatológica.[7]

6. Fuchs-Kreimer, «Redemption: What I Have Learned from Christians», 283.

7. Esta es, claramente, la visión del relato sacerdotal de la creación en Génesis 1,1-2,4, en el que la categoría de *kedushá* es fundamental. El relato de la creación de Génesis 2 comparte una visión similar, pero la expresa con imágenes y conceptos

El Shabat no se convierte en una institución humana hasta después de que Israel haya salido de Egipto. La *kedushá* asociada al Shabat está igualmente asociada al pueblo de Israel y a la Alianza del Sinaí. Solo con el establecimiento de Israel como pueblo santo (Ex 19,6) la *kedushá*, ese destino escatológico de la creación consumada, desciende a la tierra y se convierte en marcador que señala el camino hacia la realización final del mundo.[8] Así pues, ya en Génesis 1-2 tenemos alusiones al papel de Israel en el plan de Dios. Incluso antes de que Adán y Eva coman del árbol de la ciencia del bien y del mal y sean expulsados del jardín, Israel tiene un lugar de honor en el propósito divino, el papel de llevar al mundo de la bondad a la santidad, de la infancia a la madurez, del esplendor potencial a la gloria hecha real.

La *kedushá* como realidad escatológica se observa también en la institución del *Mishkán* (el tabernáculo en el desierto) y el *Bet Mikdash* (el templo de Jerusalén). De la misma forma que el Shabat consuma la creación en seis días, el relato que describe la construcción del *Mishkán* sigue el modelo de Génesis 1, implicando que la *obra* de Israel, dirigida por el mandato divino, completa la obra de Dios en la creación.[9] Incluso podría decirse que el Shabat es «un templo en el tiempo».[10] Y, aunque la frase no sea tan inmediatamente inteligible, sería aún más apropiado decir que el templo es un «Shabat en el espacio».[11] Tanto el día santo como el lugar santo son signos de la alianza entre el Señor e Israel (Ex 31,13.16-17;

---

diferentes: aquí el árbol de la vida cumple una función paralela a la del Shabat, representa la consumación del destino de Adán y Eva, pero no aún su posesión. Desde este punto de vista, el habitual vínculo rabínico entre el árbol de la vida y la Torá (basado en Proverbios 3,18) adquiere un nuevo significado: el Shabat, como *mitzvá* (mandamiento) central de la Torá de Israel, simboliza la santidad escatológica proléptica inherente a toda la Torá.

8. Sarna, *Genesis*, 14; Soulen, *The God of Israel*, 118. Sin duda es significativo que las diversas formas de la raíz hebrea *kuf-dálet-shin* no aparezcan en ningún otro lugar del libro del Génesis. No se vuelven a ver hasta la revelación del Señor a Moisés en la zarza ardiente (Ex 3,5) y luego con los primeros mandamientos dados a Israel —en Egipto (Ex 12,16; 13,2) y en el Sinaí (Ex 19,6.10.14.23).

9. Levenson, *Sinai and Zion*, 142-145.

10. «El judaísmo nos enseña a apegarnos a la *santidad en el tiempo*, a apegarnos a los acontecimientos sagrados, a aprender a consagrar los santuarios que surgen de la magnífica corriente de un año. Los Shabats son nuestras grandes catedrales; y nuestro sanctasanctórum es un santuario que ni los romanos ni los alemanes pudieron quemar; un santuario que ni siquiera la apostasía puede borrar fácilmente: el Día de la Expiación [...]. El ritual judío se puede caracterizar como el arte de las formas significativas en el tiempo, como una *arquitectura del tiempo* [...]. El séptimo día es como un palacio en el tiempo, con un reino para todos» (Heschel, *The Sabbath*, 8, 21).

11. Heschel defiende la superioridad del Shabat sobre el templo (íd., 79-83).

Nm 10,33; Dt 10,18). Ambos son también señales escatológicas: muestran que el mundo aún no ha alcanzado su meta de una *kedushá* ilimitada, ya que solo un día, un lugar y un pueblo han sido apartados como santos; pero también muestran que la santidad ha plantado su tienda en este mundo, ofreciendo ahora una muestra anticipada de la vida del mundo que está por venir.

El carácter escatológico de la *kedushá* se aprecia con mayor claridad en Zacarías 14 y Apocalipsis 21. Los últimos capítulos de Zacarías contienen profecías que advierten del desesperado conflicto de Jerusalén con las naciones al final de la era. La batalla termina cuando el Señor mismo aparece, «y todos los santos con él» (Za 14,5). La venida del Señor no solo trae la liberación de Israel, sino también una transformación del orden creado con la que se elimina la distinción entre el día y la noche —que proviene del primer día de la creación en Génesis 1— y «continuamente será de día» (Za 14,7). Más significativo aún es que la presencia del Señor aporta una nueva santidad (*kedushá*) a la ciudad, una santidad que envuelve completamente todo lo profano y vuelve obsoleta la distinción entre sagrado y profano: los cascabeles de los caballos de la ciudad son tan santos como la corona del sumo sacerdote, y todas las ollas y sartenes de Jerusalén y de todo Judá se vuelven tan santas como los cuencos que hay delante del altar (Za 14,20-21). Esto demuestra el carácter escatológico de la *kedushá*, e implica que el mundo que ha de venir es ese «día que todo él será Shabat».[12]

Los capítulos finales del Apocalipsis transmiten el mismo mensaje. Como en Zacarías, las tinieblas son absorbidas por la luz (Ap 22,5) y lo profano por lo santo. La nueva Jerusalén es la ciudad santa (Ap 21,2) en la que reside la presencia divina (Ap 21,3) y en la que no puede entrar nada impuro (Ap 21,27). Las doce piedras, que representan a las doce tribus de Israel y que adornaban el pectoral del sumo sacerdote, adornan ahora los cimientos del muro de la ciudad (Ap 21,19; v. Ex 28,15-21). Al igual que el lugar santísimo, la ciudad es un cubo perfecto (Ap 21,16); esto explica por qué no hay templo en la ciudad (Ap 21,22), pues la ciudad en su conjunto se ha convertido en el santuario interior de la presencia divina. Como el Shabat, que establece una distinción entre tiempo santo y tiempo profano, el templo implica una distinción entre niveles de santidad, y entre santo y profano. Pero en la nueva Jerusalén solo hay Shabat, solo hay lugar santísimo. Una vez más, el carácter escatológico de la *kedushá* se hace evidente.

12. «En el mundo renovado que es la meta de la esperanza escatológica, la diferencia entre Dios y criaturas permanecerá, pero entre lo santo y lo profano será completamente abolida (Za 14,20-21)» (Pannenberg, *Systematic Theology*, vol. 1, 400). [N. del T.: con estas palabras, «el día que todo él será Shabat» (*yom shekuló Shabat*), se conoce en el Talmud la era mesiánica (*M. Tamid* 7,4), como se verá unos párrafos más adelante.]

Cuando el Tanaj presenta a Israel como una nación santa en medio de un mundo profano, está señalando que la vida de Israel en este mundo es una muestra de prueba, un anticipo, de la vida del mundo venidero. El *Olam Habá* no implica una invasión divina sin precedentes desde el exterior, pues ya se han producido invasiones menores para hacernos conscientes de lo que nos espera. Esta verdad bíblica es captada por la tradición rabínica y desplegada de diversas maneras. Pero, por encima de todas, la tradición rabínica reconoce el carácter escatológico del Shabat.[13]

La Mishná nos ofrece este *midrash* sobre el encabezado del salmo 92: «Los cantos que entonaban los levitas en el templo eran: [...] el Shabat [cantaban] *Salmo, canto para el día del Shabat*, un salmo, un canto para el tiempo que ha de venir, para el día que todo él será Shabat y descanso en la vida eterna».[14] De acuerdo con este *midrash*, en la bendición de los alimentos el sábado (el *Shabat birkat hamazon*) rezamos para que podamos heredar «el día que todo él será Shabat y descanso en la vida eterna». Así, la Mishná (y la tradición litúrgica que se basa en ella) reconoce que el Shabat definitivo es de naturaleza escatológica. Esto implica que nuestra experiencia del Shabat en este mundo anticipa la vida del mundo por venir. Tal deducción es explícitamente respaldada en el siguiente *midrash*:

> R. Hanina b. Isaac dijo: «Hay tres fenómenos incompletos (*novelet*): la experiencia incompleta de la muerte es dormir; una forma incompleta de profecía es el sueño; la forma incompleta del otro mundo es el Shabat (*novelet ha'olam habá Shabat*)». (*Génesis Rabá* 17,5)

La palabra *novelet* hace referencia principalmente a la fruta inmadura que cae de un árbol. Sin embargo, puede también referirse a un miembro menor de una categoría general cualquiera. Jacob Neusner ofrece una traducción ampliada, dando a la palabra el significado de «realización parcial de una experiencia completa».[15] Cuando Israel observa el Shabat en este mundo, saborea de forma parcial y preliminar los poderes de la era venidera. Esto es cierto porque «el Shabat posee una santidad como la del mundo futuro» (*Mejiltá* sobre Ex 31,13).

La tradición rabínica considera que la tierra de Israel es también un signo anticipatorio del mundo venidero. Así, la Mishná interpreta la profecía de que Israel «heredará la tierra» de Isaías (Is 60,21), en el sentido de que «Israel tendrá parte en la vida del mundo futuro» (*M. Sanedrín* 10,1).

---

13. Heschel, *The Sabbath*, 73-76; Greenberg, *The Jewish Way*, 129; Hammer, *Entering Jewish Prayer*, 212-218.

14. *M. Tamid* 7,4.

15. Neusner, *Genesis Rabbah*, vol. 1, 184.

Abraham Joshua Heschel pone mucho énfasis en declarar el carácter escatológico proléptico de la tierra: «Existe una asociación única entre el pueblo y la tierra de Israel [...] El judío en cuyo corazón muere el amor a Sion está condenado a perder su fe en el Dios de Abrahán, que le dio la tierra como garantía de la redención de todos los hombres».[16] En un lenguaje similar, el libro de oraciones del movimiento conservador llama al Estado de Israel *reshit tzemijat geulateinu* («las primicias del brote [la promesa] de nuestra redención»[17]). El lenguaje adoptado por Heschel (en inglés *earnest*, «fianza, depósito, señal en garantía») y el *Siddur Sim Shalom* («primicias»), en referencia a la tierra, se asemeja al empleado por Pablo para referirse al *Ruaj Hakodesh* (Espíritu Santo).[18] Tal como Pablo considera el don del *ruaj* un anticipo de la herencia futura, de un modo similar ve el don de la tierra la tradición judía en su conjunto.

La liturgia diaria también permite a los judíos tener una experiencia anticipatoria del mundo futuro. Lo hace con los *pesukei dezimrá*, la colección de himnos bíblicos que se recitan cada mañana antes del *shemá* y sus bendiciones. La pieza central de esta colección la forma Salmos 145-150. Estos salmos fueron compuestos tras el regreso del exilio en Babilonia. En la tradición posterior, sin embargo, se considera que tienen que ver con la alabanza extática del mundo venidero. El siguiente *midrash* sobre Salmos 145,1b («[...] bendeciré tu nombre por los siglos de los siglos») ilustra este modo de interpretación: «Un día no será como lo es hoy, cuando, si Él hace maravillas para Israel, ellos cantan Su alabanza, pero si no lo hace, ellos no cantan Su alabanza. En el tiempo que ha de venir Israel no dejará de cantar nunca, sino que incesantemente cantará alabanzas y bendiciones, como está dicho: *"Y bendeciré tu nombre por los siglos de los siglos"* (Sal 145,1). No tendremos otra vocación que la de bendecirte con bendiciones nuevas».[19] De manera similar, Salmos 146,7c, «El Señor soltará las ataduras»[20], recibe una lectura escatológica: «¿Qué se entiende por *ataduras* en "soltará las ataduras"? —Los lazos de la muerte y los lazos del mundo de las tinieblas».[21] El último versículo del Salmo 146 y el primer versículo del Salmo 147 se relacionan en el siguiente *midrash* escatológico:

16. Heschel, *God in Search of Man*, 425.

17. *Siddur Sim Shalom*, 416. [N. del T.: esta es traducción propia del hebreo al inglés hecha por el autor Mark Kinzer, y del inglés al español por el traductor.] El mismo *Siddur Sim Shalom* la traduce «con su promesa de redención» (417). Esta frase surgió en el sionismo religioso israelí.

18. Véanse 2 Corintios 1,22; 5,5; Efesios 1,14; Romanos 8,23.

19. Braude (traductor), *The Midrash on Psalms*, vol. 2, 362.

20. [N. del T.: «El Señor libera a los cautivos», en NRSV.]

21. Braude (traductor), The Midrash on Psalms, vol. 2, 367.

Cuando el Santo —¡bendito sea!— reine, todo cantará alabanzas a Él [...] «*El Señor, tu Dios ¡oh Sion!, reinará para siempre, por todas las generaciones. ¡Alabad al Señor! Alabad al Señor, porque es bueno cantar alabanzas a nuestro Dios; pues es agradable, y apropiada, la alabanza*» (Sal 146,10-147,1). Es decir, cuando el Santo —¡bendito Él!— sea Rey, será apropiado alabarle. ¿Por qué? Porque todo pertenecerá al reino del Santo —¡bendito sea!—. Entonces todos cantarán, todos gritarán alabanzas, todos harán elogios de Él, porque todos lo verán reinar.[22]

En consonancia con la forma en que la tradición *midráshica* persistentemente ha entendido estos salmos, Heinrich Guggenheimer puede afirmar que su recitación antes de las oraciones matutinas reglamentarias «pretende ser una preparación para la vida en el mundo futuro».[23] Esta opinión está avalada por los textos que concluyen el *pesukei dezimrá* (Ex 15; Sal 22,29; Ab 1,21; Za 14,9), pues todos ellos tienen un claro significado escatológico. Y recibe mayor confirmación con las *berajot* (bendiciones) de apertura y cierre, que se refieren al Señor como «la vida de los mundos» (*jay haolamim*) —vida de este mundo y vida del mundo futuro—. Así, del mismo modo que el Shabat proporciona una muestra semanal de la era que está por venir, también cada mañana el judío observante se adentra de forma preliminar y preparatoria en la alabanza extática que se ofrecerá en *aquel* día que será completamente *Shabat*.

En la Torá misma, Shabat y Mikdash (templo) sirven como expresiones conjuntas de la *kedushá* escatológica dada a Israel en esta era. La destrucción del templo de Jerusalén en el año 70 d. de C. y el posterior exilio de Jerusalén plantearon serios interrogantes a la tradición rabínica. ¿Había perdido Israel su *kedushá*? Sin templo, sin sumo sacerdote ni sacrificios, y viviendo en las tierras impuras de los *goyim* (naciones), ¿cómo podía Israel mantener su santidad? La respuesta que dieron los rabinos es sorprendente: no se limitaron a afirmar que Israel mantiene su santidad a pesar de la pérdida del sistema del templo y la tierra, sino que fueron más allá asegurando que la santidad de Israel nunca dependió totalmente de estos factores; y, retomando temas que los fariseos habían destacado cuando el templo aún estaba en pie y basándose en ciertas líneas argumentales de la enseñanza bíblica, el movimiento rabínico reconstruyó el sentido de la santidad de Israel siguiendo líneas más universales.

Tras la destrucción del Templo, la Mishná se pregunta si Israel sigue siendo santo y cómo. La respuesta válida es de suyo

22. Íd., 372.

23. Guggenheimer, *The Scholar's Haggadah*, 316.

evidente: Israel es, en efecto, santo, y en la medida en que los medios de santificación persisten más allá de la destrucción del lugar santo —como de hecho perduran— la tarea del Israel santo es continuar llevando esa vida de santificación que se había centrado en el Templo. ¿Dónde reside ahora la santidad? Sobre todo, en la vida del pueblo, Israel. La Mishná puede hablar de la santidad del Templo, pero la premisa es que el pueblo —ese reino de sacerdotes y pueblo santo del Levítico— constituye el centro y el locus de lo sagrado.[24]

La secta de los fariseos y la profesión de los escribas —junto con los sacerdotes supervivientes que se unieron a ellos— formularon un judaísmo que ocupara el lugar del judaísmo del Templo y su culto. Surgió como un judaísmo en el que cada uno de los elementos del judaísmo del Templo y del culto encontraría una contrapartida: 1) en lugar del Templo, el pueblo santo, en el que la santidad perduraba incluso fuera del culto, como habían enseñado los fariseos; 2) en lugar del sacerdocio, el sabio, el hombre santo cualificado por el aprendizaje, como habían enseñado los escribas; 3) en lugar de los sacrificios del altar, el modo de vida santo expresado a través del cumplimiento de deberes religiosos (*mitzvot*, «mandamientos»), actos de bondad y gracia más allá de los que están ordenados (*maasim tovim*, «buenas acciones»), y, sobre todo, a través del estudio de la Torá.[25]

Cada judío tiene obligaciones sacerdotales, cada comida comparte la santidad de un banquete sacrificial, en cada lugar el Señor da a conocer su presencia. Al remodelar así la vida judía para el *galut* (exilio), los rabinos extendieron el sentido de la santidad de Israel a ámbitos antes considerados profanos. Mediante vías análogas a las adoptadas por los seguidores de Yeshúa, el judaísmo rabínico aprovechó la oportunidad que le brindaba el exilio y avanzó hacia el ideal de santidad escatológica que se encuentra en Zacarías 14, en lugar de resignarse a aceptar un estado de impureza irreparable.

La extensión de la *kedushá* a nuevos ámbitos se llevó aún más lejos en el movimiento jasídico. En palabras de Martin Buber, «Lo sagrado trata de incluir en sí mismo todo aspecto de la vida. La Ley diferencia entre lo sagrado y lo profano, pero la Ley desea abrir el camino hacia la eliminación mesiánica de esa diferenciación, hacia la total santificación. La piedad jasídica ya no reconoce nada como simple e irremediablemente profano: lo

---

24. Neusner, *A Short History of Judaism*, 57.
25. Íd., 53.

profano es para el jasidismo solo una designación de lo aún no santificado, de lo que debe ser santificado. Todo lo físico, todos los impulsos, ansias y deseos, todo lo relativo a las criaturas, es material para la santificación».[26] Martin Buber reconoce que la propia Torá distingue claramente entre santo y profano, pero también ve en el interior de la Torá un impulso *mesiánico* (es decir escatológico, como se ha evidenciado antes en Zacarías 14) hacia la eliminación progresiva de esa distinción. Esto prepara el camino para la nueva enseñanza jasídica sobre el compromiso mundano.

> El modo de vida jasídico [...] puso el énfasis en la idea de *avodá begashmiyut*, la adoración divina mediante el uso de cosas materiales. Esto implicaba una aceptación positiva de las cosas de este mundo como medios para un mayor servicio a Dios [...] En la doctrina jasídica esencial, Dios debe ser adorado no solo con el estudio de la Torá, con la oración y con la observancia de los preceptos, sino también, y particularmente, mediante la participación en actividades mundanas teniendo a Dios en mente [...] Cuando el *jasid* atiende sus necesidades materiales para Dios, está llevando a cabo actos de adoración divina.[27]

En la visión jasídica del mundo, Israel participa en el drama divino que conduce a la redención viviendo en el mundo profano de forma que este sea elevado al nivel de la santidad. La *kedushá* es una realidad escatológica, e Israel participa de esa realidad anticipadamente, al tiempo que extiende esa realidad como parte del proceso de preparación para la redención final.

Teniendo en cuenta lo anterior, debe reconsiderarse el lugar de la escatología proléptica dentro de la Torá y dentro del pensamiento judío tradicional. Cuando contamos la historia de Israel, el horizonte escatológico no debe situarse tan alto que perdamos de vista la importancia de la *kedushá*. Israel espera su redención, pero también experimenta ahora una muestra anticipada de aquello que espera.[28]

---

26. Buber, «The Two Foci of the Jewish Soul», 126-127.

27. Jacobs, «The Uplifting of Sparks in Later Jewish Mysticism», 115-116.

28. Franz Rosenzweig es uno de los pensadores que no ha pasado por alto la importancia de la anticipación escatológica en el judaísmo. Stéphane Mosès llama a esa anticipación «uno de los conceptos centrales del sistema expuesto [N. del T.: por Rosenzweig] en *The Star of Redemption*. La anticipación es la experiencia por medio de la cual el hombre vive el futuro en el mismo presente, sin negar la realidad del futuro. [...] Para el pueblo judío [...] la anticipación de la Redención será, pues, la experiencia central de su vida religiosa» (Mosès, *System and Revelation*, 175).

Escatología proléptica judía y la misión de Yeshúa

Una vez oída la nota de anticipación escatológica en la Torá y en el judaísmo rabínico, los judíos mesiánicos no pueden evitar la pregunta: ¿cómo se relaciona esta escatología proléptica con la introducida por el nacimiento, muerte y resurrección de Yeshúa? La forma en que respondamos a esta pregunta determinará las líneas básicas de nuestra narración canónica judía mesiánica. La estrategia habitual de la teología cristiana ha sido ignorar el carácter escatológico de la *kedushá* de Israel y acentuar la discontinuidad entre la existencia del pacto de Israel antes de la venida de Yeshúa y la novedad escatológica que trae Yeshúa. El Mesías es así exaltado, pero rebajando a Moisés y a Israel. Ya he argumentado cómo esa estrategia violenta el texto bíblico y el modo tradicional judío de entenderlo. En nuestro intento de dar forma a una narración canónica judía mesiánica debemos seguir una línea diferente.

La encarnación

El punto de partida es la identidad de Yeshúa como encarnación individual del pueblo de Israel. Este tema fue enunciado claramente por el teólogo judío Will Herberg, quien señaló que Yeshúa «aparece en el pensamiento primitivo cristiano como, literalmente, un Israel encarnado o un 'Israel en un solo hombre', el hombre remanente».[29] Más recientemente, N. T. Wright ha afirmado que esta noción es esencial para la comprensión del papel de Yeshúa en los Escritos Apostólicos.[30] Tanto David Stern como Daniel Juster han reconocido que Yeshúa «encarna» (Stern) y «representa» (Juster) a Israel.[31] Sin embargo, las implicaciones plenas del papel representativo de Yeshúa todavía no han sido incorporadas a una narración canónica judía mesiánica coherente.

Una característica esencial de la identidad de Israel en la alianza es la de ser un pueblo santo (Ex 19,6). Como hemos visto, la santidad de Israel tiene un carácter escatológico y está también relacionada con la presencia divina (el *Kavod* o *Shejiná*) que habita con y en Israel. Tras la ratificación de la alianza (Ex 24), Moisés asciende al monte Sinaí para recibir instrucciones

29. Herberg, «Judaism and Christianity: Their Unity and Difference», 244. Por supuesto, para Herberg Yeshúa functiona como un 'Israel en un solo hombre' por el bien de las naciones, no por el bien del mismo Israel.

30. Wright, *The Climax of the Covenant*, 18-40; *The New Testament and the People of God*, 402, 407, 416-417; *What Saint Paul Really Said*, 106. Wright adopta justo la posición más opuesta a la de Herberg: para él, Yeshúa *sustituye* de hecho a Israel.

31. Stern, *Messianic Jewish Manifesto*, 105, 107; Juster, *Jewish Roots*, 47-48.

sobre la construcción del *Mishkán*, el santuario móvil del Señor en el desierto. La razón de esta institución se afirma desde el principio: «Y harán un santuario para mí, y habitaré en medio de ellos» (Ex 25,8). Aquel que es Santo busca un pueblo en medio del cual habitar, y el *Mishkán* sirve como signo e instrumento localizados de su presencia. Lejos de ser simplemente una bendición más, el don de la presencia divina constituye un elemento central de la vocación y la identidad de Israel: «Pues, ¿cómo se sabrá que Tu pueblo ha obtenido Tu favor a menos que Tú vengas con nosotros, y así nos distingamos, Tu pueblo y yo, de todos los pueblos sobre la faz de la tierra?» (Ex 33,16 NJPS[32]).

Aunque el *Mishkán* y el templo de Jerusalén representan el hogar terrenal de la presencia divina, esa presencia no está limitada a estas construcciones. El profeta Ezequiel ve el *Kavod* (entronizado en una estructura similar a un carro, que simboliza su movilidad) salir del templo y aparecer entre los exiliados en Babilonia (Ez 1,10). La convicción de Ezequiel de que la presencia divina se exilió con el pueblo disperso de Judá tras la destrucción del primer templo reaparece en la literatura rabínica como la convicción de que la *Shejiná* sigue morando con los judíos exiliados después de la destrucción del segundo templo.

La experiencia que tiene Israel de la presencia permanente del Señor anticipa la consumación del mundo, cuando «la tierra se llenará del conocimiento de Dios como las aguas cubren el mar» (Is 11,9). Esa experiencia anticipatoria se eleva a un nivel superior con la venida de Yeshúa, el 'Israel en un solo hombre', en quien la Palabra divina se hace carne. Los Escritos Apostólicos comienzan su relato narrando el nacimiento de Yeshúa, que es Emanuel, «Dios con nosotros» (Mt 1,23), y concluyen describiendo la Nueva Jerusalén como «la morada de Dios» (Ap 21,3). Aunque la encarnación de la *Memra* (Palabra) es un acontecimiento nuevo y único, no obstante debe verse, en continuidad con lo que le precede, como una forma concentrada e intensificada de la presencia divina que acompaña a Israel a lo largo de su travesía histórica. Así, contrariamente a la común narración canónica cristiana, la divinidad de Yeshúa puede considerarse, no una ruptura y disyunción radical en la historia, sino la continuación y elevación de un proceso iniciado mucho antes. Como veremos más adelante, la encarnación, tal como la construcción del *Mishkán*, también debe verse en términos de escatología proléptica, pues apunta hacia una realidad que aún no está completamente a nuestro alcance.

---

32. [N. del T.: siglas de New Jewish Publication Society, nueva traducción del Tanaj al inglés publicada por dicha entidad en 2017, de la que el autor ha extraído en este caso la cita.]

El carácter de la vida de Yeshúa

La *kedushá* encarnada en Yeshúa está en continuidad con la santidad del tabernáculo del desierto (*Mishkán*) y del templo de Jerusalén (*Bet Mikdash*), pero también hay algo nuevo en su *kedushá*. El carácter de su vida y misión muestra una santidad profética, dinámica y extrovertida, que conducirá finalmente a la santificación de todo el orden creado (como se vislumbra en Zacarías 14 y Apocalipsis 21). La santidad del *Mishkán* del Sinaí y del templo de Jerusalén requería vallas, límites y guardias, para que lo sagrado no pudiera ser profanado por el contacto con lo impuro o lo insuficientemente sagrado. Tal contacto llevaba a la destrucción de quienes lo provocaban. Así, Nadav y Abiú son consumidos por ofrecer «fuego extraño» (Lv 10,1-3), Coré y sus compañeros levitas son aniquilados por arrogarse prerrogativas que pertenecían únicamente a los *cohanim* (Nm 16,1-11.16-22.35), y Uza muere cuando intenta evitar que el arca se caiga (2 Sm 6,6-7). Y cuando los filisteos capturan el arca y la llevan como trofeo a Asdod y Gat, las ciudades son azotadas por enfermedades (1 Sm 5).

Por lo tanto, la *kedushá* del Señor, presente en Israel a través del sistema sacerdotal, es una amenaza para un mundo impuro. Al mismo tiempo, una persona u objeto santo que entra en contacto con la impureza es de esa forma profanado, y no puede acercarse al Dios santo y al santuario hasta que se purifique. Así, la impureza también es una amenaza para la santidad de Israel. En cualquier caso, la frontera entre lo santo y lo impuro debe preservarse y protegerse a toda costa.

Como se ha señalado antes, muchos judíos de la época de Yeshúa entendían que la santidad se extendía más allá del sacerdocio, el templo y sus sacrificios, como patrimonio de cada judío en todo lugar (al menos en la tierra de Israel). Los fariseos parecen haber mantenido este punto de vista. La *yajad* (comunidad) de los Rollos del Mar Muerto se veía a sí misma como el templo, el lugar de la verdadera *kedushá*, y así todos los que compartían la vida de la comunidad tenían acceso a la asamblea de los ángeles. Es, por tanto, apropiado llamar a los fariseos y a dicha comunidad *movimientos por la santidad*.[33] Pero en estos movimientos persiste con fuerza la preocupación tradicional por separar lo santo de lo impuro; y de hecho, en ellos esa preocupación aumenta considerablemente.

Con Yeshúa, algo nuevo aparece en escena y se hace sobre todo evidente en lo que Dale Allison llama los *nuevos canales*, a través de los cuales Yeshúa «transmitía lo sagrado [...] las curaciones y las comidas».[34]

---

33. McKnight, *A New Vision for Israel*, 46-48.

34. Allison, *Jesus of Nazareth—Millenarian Prophet*, 63.

Los relatos de las curaciones de Yeshúa a menudo hacen destacar su contacto poco convencional con el ámbito de la impureza. Jacob Milgrom señala solo tres fuentes de impureza según la Torá: los cadáveres, las enfermedades de la piel y las secreciones genitales.[35] Y de Yeshúa se cuenta que tiene contacto con las tres.

En cuanto a las secreciones genitales, los tres evangelios sinópticos cuentan la historia de la mujer con hemorragia que toca a Yeshúa y se cura (Mc 5,25-34; Lc 8,43-48; Mt 9,20-22). Davies y Allison comentan que «es posible que la mujer se acerque "por detrás" precisamente porque está impura y por eso debe intentar tocar a Jesús sin que nadie lo observe [...] En lugar de que la impureza pase de la mujer a Jesús, el poder sanador fluye de Jesús a la mujer».[36] Dunn sostiene con razón que se espera que el lector responda: «¡¡Y ella *toca* a Jesús!? ¡¡Y él no pone ninguna objeción!?».[37]

Acerca de las enfermedades de la piel, de nuevo los tres evangelios sinópticos relatan la curación del leproso (Mc 1,40-45; Lc 5,12-16; Mt 8,1-4). Como señala Dunn, «Dada la importancia de las enfermedades de la piel en la legislación acerca de la pureza (Lv 13-14), es significativo lo de Jesús *tocando* al leproso, pues esto no pasaría desapercibido para nadie familiarizado con la Torá».[38] Davies y Allison reconocen de nuevo la inversión del flujo que normalmente se espera, tanto de la impureza como del poder santo: «Cuando Jesús toca al hombre, la lepra no se propaga al sanador, sino que el poder sanador sale y vence la enfermedad».[39]

Por lo que respecta a la impureza de los cadáveres, tenemos dos relatos de Yeshúa resucitando a muertos mediante un contacto que se habría considerado contaminante (la hija de Jairo en Mc 1,40-45, Lc 5,12-16 y Mt 8,1-4; y el hijo de la viuda de Naín en Lc 7,11-17). Como observa Milgrom, la santidad se asocia con la vida y la impureza con la muerte.[40] En estos casos, Yeshúa se impone a la muerte con la vida, a la impureza con la santidad. Igual de sorprendente es la historia de la curación del endemoniado geraseno (Mc 5,1-20; Lc 8,26-39; Mt 8,28-34). El relato está lleno de imágenes asociadas con la impureza: espíritus impuros, animales impuros (los cerdos pastando), tierra impura (la Decápolis, habitada

---

35. Milgrom, *Leviticus 1-16*, 46.

36. Davies y Allison, *The Gospel According to Saint Matthew*, vol. 2, 129-130.

37. Dunn, *The Partings of the Ways*, 43.

38. Íd., 42.

39. Davies y Allison, *The Gospel According to Saint Matthew*, vol 2, 13.

40. «Hay un denominador común en las tres fuentes de impureza antes mencionadas: la muerte» (Milgrom, *Leviticus*, 46).

principalmente por gentiles) y tumbas impuras.[41] En lugar de huir de esta impureza, Yeshúa lucha con ella y la vence. Es por ello emblemático del programa de Yeshúa, tal como es recogido en los evangelios, que la primera curación de la que se informa en Marcos implique a un espíritu *impuro* que se dirige a Yeshúa como «el Santo de Dios» (Mc 1,23-26): el Santo marcha a hacer la guerra al reino de la impureza.

El otro *nuevo canal* a través del cual Yeshúa media en la transmisión de lo sagrado es la comida comunitaria. Davies y Allison observan que Yeshúa, «siguiendo una costumbre establecida, a menudo hablaba del reino de Dios como si fuera un gran banquete (Mt 8,11; 22,1-14; 25,1-13; 26,29). Pero, dada su "escatología realizada", las comidas festivas en las que participó fueron con toda probabilidad interpretadas, por él mismo y por otros, como experiencias prolépticas del reino (v. Mt 9,15)».[42] Así como las obras de curación de Yeshúa eran signos de la presencia proléptica del *Olam Habá* y su *kedushá*, también lo eran sus comidas con sus seguidores. Así, es especialmente significativo que comiera con judíos de mala reputación, «recaudadores de impuestos y pecadores», que sin duda eran considerados impuros por los devotos de otros *movimientos por la santidad*, como los fariseos (por ejemplo, Mc 2,13-17; Lc 5,27-32; Mt 9,9-13). Scott McKnight ve la relevancia de este hecho para comprender el punto de vista de Yeshúa sobre la santidad:

> La oposición que Jesús provocó con sus prácticas al sentarse a la mesa debe sin duda entenderse en este contexto; provocó a los fariseos y a otros movimientos por la santidad porque él tenía una visión diferente de la nación, porque entendía la santidad con categorías diferentes y porque tenía una percepción diferente de cómo el Dios de Israel estaba actuando ahora en medio de su pueblo. Podría decirse que estos otros movimientos por la santidad tenían un diferente *ordo salutis*, en el que el arrepentimiento lleva a la santidad, lo cual hace posible la comunión. Jesús afirmó, más bien, que la comunión lleva tanto al arrepentimiento como a la santidad.[43]

La forma de entender Yeshúa el asunto de las comidas es paralela a su práctica de la curación. El contacto de Yeshúa con los impuros no lo contamina a él,

---

41. Lachs, *A Rabbinic Commentary on the New Testament*, 163; Dunn, *The Parting of the Ways*, 43.

42. Davies y Allison, *The Gospel According to Saint Matthew*, vol. 2, 101; véase también Dunn, «Jesus, Table-Fellowship, and Qumran», 263.

43. McKnight, *A New Vision for Israel*, 48-49.

sino que, al contrario, él transmite pureza, santidad y vida a los impuros que le rodean.

La vida y la misión de Yeshúa despliegan así un nuevo tipo de *kedushá*, una santidad profética e invasiva que no necesita protección, sino que trata de contactar para santificar lo profano. En este sentido, la forma de entender la santidad de Yeshúa tiene mucho en común con la del jasidismo. Como ya hemos señalado, Buber explica que, en la piedad jasídica, lo profano no es más que aquello que aún tiene que ser santificado. Yeshúa es mediador de la presencia divina a modo de *Mishkán* carnal, pero no está rodeado de una serie de barreras concéntricas diseñadas para restringir el acceso a solo unos pocos privilegiados. Por el contrario, él anticipa y prepara el camino para el santuario de la nueva Jerusalén, en que la ciudad y el lugar santísimo son una misma cosa.[44]

Muerte y resurrección de Yeshúa

Del mismo modo en que los Escritos Apostólicos describen la encarnación divina con la imaginería sacerdotal del tabernáculo y el templo, así también representan la muerte de Yeshúa con la imaginería sacerdotal del sacrificio expiatorio. Y, del mismo modo que el significado del tabernáculo solo puede entenderse en relación con la identidad de Israel en la alianza como pueblo santo, así también el significado del sistema de sacrificios establecido en la Torá solo puede entenderse en relación con el llamamiento colectivo de Israel al *kiddush Hashem*, la «santificación del Nombre» divino. Según Génesis 22, el sistema de sacrificios de la Torá se basa en la *Aquedá*, el ejemplo de Abrahán estando dispuesto a ofrecer a su hijo Isaac como holocausto. Esto es evidente por la referencia al «monte del Señor» en el versículo 14 y por la identificación de Moriá que hace el cronista como el monte del templo de Jerusalén (2 Cr 3,1).[45] Así, la Torá enseña que el sacrificio en el templo está destinado a ser una expresión del

---

44. Esto no implica la abolición de todas las líneas de diferenciación establecidas por la Torá sobre impureza y santidad. Pero sí implica que dichas distinciones tienen que ver con el papel o función asignados (por ejemplo, entre Israel y las naciones, o entre el séptimo día y los seis días de trabajo) y no funcionan ya como marcas del nivel de proximidad a lo divino.

45. Levenson, *The Death and Resurrection of the Beloved Son*, 114-123. La tradición rabínica reconoció esta relación entre la *Aquedá* y los sacrificios, como se ve en el servicio preliminar de la mañana en el que la *Aquedá* es leída justo antes de una serie de textos acerca del sacrificio, y como se ve también por la importancia de la *Aquedá* durante los diez días de arrepentimiento que culminan en el Día de la Expiación (Yom Kipur).

compromiso incondicional y el amor abnegado tipificados por Abrahán e
Isaac cuando ascienden a Moriá.

En la tradición judía posbíblica, la *Aquedá* adquiere un nuevo
significado: se convierte en modelo del martirio.[46] Esto se observa por
primera vez en los textos que tratan de los mártires del período macabeo
(*4 Macabeos* 16,20). Posteriormente, la *Aquedá* se asocia con los mártires
que sufrieron la persecución romana (como se ve en *Génesis Rabá* 56,3,
que compara el hecho de que Isaac llevara la leña para el sacrificio con el
de quien lleva el madero de su propia ejecución). Los mártires de Israel
que sufren por la santificación del Nombre (*kiddush Hashem*) muestran
el mismo compromiso con Dios y el mismo amor abnegado que Abrahán
e Isaac. De este modo, la *Aquedá* vincula el martirio con los sacrificios
del templo, haciendo posible entender que el martirio también tiene una
eficacia expiatoria (4 Macabeos 17,21-22).

Wyschogrod ha argumentado que el sufrimiento de Israel, ejemplificado
en la *Aquedá*, ha sido siempre el verdadero sacrificio previsto por la Torá:
«¿No es posible que los rabinos entendieran que la destrucción del templo y
el cese de sus sacrificios, en lugar de señalar el final de los sacrificios como
tales, devolvían al pueblo de Israel su papel de sacrificio cuya sangre habría
de ser derramada en la diáspora, una vez suspendido el servicio sagrado
en Jerusalén? Si no hay necesidad de sacramento en el judaísmo, es porque
el pueblo de Israel, en cuya carne la presencia de Dios se hace sentir en
el mundo, se convierte en el sacramento».[47] En concordancia con esto, la
liturgia tradicional de Yom Kipur (Día de la Expiación) incluye, no solo un
recuento de los sacrificios del templo que se ofrecían ese día, sino también
un martirologio. Esto encaja con la lectura de Isaías 53 que aplica ese texto
al sufrimiento del pueblo judío.

Si Yeshúa es el perfecto Israel 'en un solo hombre', entonces su muerte
como mártir bajo los romanos resume todo el sufrimiento justo de Israel
a lo largo de los siglos, proporciona la máxima expresión del compromiso
con Dios y del amor abnegado mostrados antes en la *Aquedá*, y efectúa
una expiación definitiva.[48] Puesto que Yeshúa representa y encarna a Israel,
Isaías 53 se cumple en él *y* en el pueblo en su conjunto.[49] Una versión
judía mesiánica de la narración canónica verá la muerte de Yeshúa en

46. Íd., 187-199; Spiegel, *The Last Trial.*

47. Wyschogrod, *The Body of Faith*, 25.

48. Los enfoques de este tema por Davies (*Paul and Rabbinic Judaism*, 259-284) y
por Schoeps (*Paul*, 128-149) son también valiosos.

49. «La controversia sobre si Isaías 53 se refiere a Israel o a un Mesías entonces aún
no nacido desaparece cuando se recuerda que el Mesías de Israel encarna a su pueblo»
(Stern, *Messianic Jewish Manifesto*, 107).

continuidad, no solo con el sistema del templo de Israel, sino también en continuidad con toda la vida en curso de Israel en este mundo. Ocurre con la muerte expiatoria de Yeshúa lo mismo que con la encarnación: en lugar de ponerle fin, ni de comenzar algo completamente nuevo en ella, el Mesías personifica, engrandeciéndola, lo mejor de la historia de Israel.

Pero, ¿qué tiene que ver el martirio con la escatología? Para responder a esta pregunta, lo mejor es avanzar pasando a hablar también de la resurrección de Yeshúa. Así como el martirio se convirtió por primera vez en un tema importante en la vida judía como resultado de las persecuciones durante el período macabeo, del mismo modo la resurrección surgió también como un motivo importante en el mismo período, y precisamente en relación con los mártires. El capítulo 7 del libro segundo de los Macabeos, que describe la ejecución de siete hermanos judíos, ofrece tanto un primer martirologio como una de las primeras declaraciones explícitas de esperanza en la resurrección de los muertos. Daniel 12,1-3, el texto del Tanaj que de forma más explícita trata de la resurrección, también aborda (al menos como marco de referencia inicial) la situación de los mártires macabeos. Daniel y los Escritos Apostólicos profetizan que la persecución y el martirio caracterizarán los acontecimientos que conducirán al fin de los tiempos y, de hecho, prepararán el camino para la renovación de todas las cosas, una renovación que incluye la resurrección de todos los justos.

N. T. Wright capta bien esas conexiones en el siguiente párrafo:

> ¿Por qué surgió la creencia en la resurrección y cómo encajaba en la cosmovisión general judía y en el sistema de creencias que hemos esbozado en los capítulos anteriores? Una y otra vez hemos visto que esta creencia está ligada a la lucha por mantener la obediencia a las leyes ancestrales de Israel frente a la persecución. La resurrección es la recompensa divina para los mártires; es lo que sucederá después de la gran tribulación. Pero no se trata simplemente de una recompensa especial para quienes han padecido sufrimientos especiales. Más bien, la expectativa escatológica de la mayoría de los judíos de esta época era la renovación, no el abandono, del orden espacio-temporal actual en su conjunto, y de ellos mismos dentro de él. Como el fundamento de esto [la renovación] eran la justicia y la misericordia del dios creador, el dios de Israel, resultaba inconcebible que quienes habían muerto en la lucha por hacer realidad el nuevo mundo quedaran al margen de la bendición cuando esta finalmente se expandiera sobre la nación, y de esta al mundo.[50]

---

50. Wright, *People of God*, 331-332.

Wright continúa señalando que la esperanza de resurrección era principalmente una esperanza de renovación y restauración nacional:

> La antigua metáfora de los cadáveres volviendo a la vida había sido, al menos desde Ezequiel, una de las formas más vívidas de denotar el regreso del exilio y de connotar la renovación de la alianza y de toda la creación. En el contexto de la persecución y la lucha por la Torá de los períodos sirio y romano, esta metáfora adquirió por sí misma nueva vida. Si el dios de Israel *resucitara* (metafóricamente) a su pueblo trayéndolos de vuelta de su continuo exilio, también *resucitaría* (literalmente), en ese contexto, a aquellos del pueblo que hubieran muerto con la esperanza de esa vindicación de la nación y del pacto. La *resurrección*, aunque centraba su atención en la nueva encarnación de los individuos afectados, conservaba su significado original de «la restauración de Israel por su dios en alianza».[51]

Este trasfondo hace posible entender la muerte y resurrección de Yeshúa como el 'Israel en un solo hombre' escatológico. Así como Yeshúa muere como el definitivo mártir judío, involucrado en el conflicto escatológico que resultará de la renovación de la alianza y de toda la creación, así también él resucita de entre los muertos como prenda en garantía de la resurrección nacional de Israel y primicias de todos los que duermen. Esta perspectiva de la resurrección de Yeshúa R. Kendall Soulen la formula así: «Jesús, el primogénito de entre los muertos, es también primicia de la vindicación escatológica del cuerpo de Israel por parte de Dios. A la luz de la resurrección corporal de Jesús, es cierto no solo que Dios intervendrá a favor de todo el cuerpo de Israel al final de la historia de la alianza, sino también que por este mismo acto Dios consumará el mundo».[52]

Si la encarnación de la *Memra* (Palabra) en Yeshúa intensifica y eleva una realidad escatológica ya anticipada en la vida de Israel, y si en su muerte Yeshúa personifica y resume a todos los mártires de Israel a través de los tiempos preparando el camino para el *Olam Habá*..., en su resurrección establece una realidad escatológica proléptica sin precedentes en la historia de Israel. Pero, como aclara Soulen, esa realidad escatológica y proléptica solo puede entenderse en relación con el futuro al que Israel está destinado, y del cual es promesa.

Como la resurrección, la fundación de la *ekklesia* —una comunidad dual formada por un componente corporativo judío y una extensión

---

51. Íd., 332; véase también: Paul M. van Buren, *According to the Scriptures*, 27-28.
52. Soulen, *The God of Israel*, 166.

multinacional de Israel asociada— representa una realidad sin precedentes en la historia de Israel. Como la resurrección, este nuevo elemento en el esquema divino constituye también una realidad escatológica proléptica —anticipa la renovación final de la creación, cuando Israel y las naciones se unan en una relación de bendición mutua entre quienes siguen siendo diferentes—. Una vez más, Soulen lo expresa bien:

> La resurrección anticipa el desenlace escatológico de la historia del pacto y revela su carácter esencial como vindicación divina del cuerpo de Israel, para bendición de Israel, de las naciones y de toda la creación. Pero la resurrección no tiene solo este definitivo punto de referencia escatológico. La resurrección también inaugura algo nuevo dentro de la historia abierta de la obra de Dios como Consumador de la creación [...] lo nuevo es la iglesia, la hermandad de judíos y gentiles en comunión orando en nombre de Jesús por la venida del reino del Dios de Israel.[53]

Así, ciertos aspectos de la identidad y la misión de Yeshúa (su encarnación y su muerte expiatoria) están en continuidad con la historia pasada de Israel, mientras que otros (su resurrección y la fundación de la *ekklesia* dual) son señales garantes del futuro prometido a Israel.

La tradición judía

La narración canónica judía mesiánica debe situar a la persona y la obra de Yeshúa en el contexto de la realidad escatológica proléptica de la vida de Israel según la Torá y la tradición judía. Pero, ¿cuál es el estatus de esa misma tradición dentro de nuestra narración? ¿Qué ocurre con el pueblo judío en su conjunto tras la muerte y resurrección de Yeshúa y la fundación de la *ekklesia*? ¿Qué debemos hacer con las extensiones rabínicas de la *kedushá* señaladas anteriormente? Muchos en el movimiento del judaísmo mesiánico han rechazado estas últimas como intentos humanos de remodelar el judaísmo en ausencia del templo. ¿Es esta nuestra única opción?

No es este el lugar para evaluar el conjunto de la tradición rabínica desde una perspectiva judía mesiánica. Pero me gustaría ofrecer una breve propuesta sobre cómo podríamos afirmar el valor de esa tradición e incorporarla dentro de la narración canónica judía mesiánica. Ya he señalado cómo algunas de las extensiones rabínicas de la *kedushá* se

asemejan a ciertas tendencias que se observan también en la tradición de
Yeshúa y la vida de la *ekklesia*: si en los Escritos Apostólicos la *ekklesia*
aparece como pueblo santo en medio del cual reside Aquel que es Santo y
que antes residió en el tabernáculo y en el templo, así también la tradición
rabínica ve a Israel como pueblo santo en medio del cual descansa la *Shejiná*;
si en la tradición de Yeshúa se trata a cada miembro de la comunidad como
a un sacerdote, lo mismo hace la tradición rabínica (aunque se mantienen
algunas prerrogativas sacerdotales diferenciadoras); si en la tradición de
Yeshúa la oración, la *tzedaká* (caridad) y las buenas acciones se consideran
equivalentes a los sacrificios del templo, lo mismo hace la tradición rabínica;
si la forma de ver la *kedushá* por Yeshúa era expansiva e invasiva, implicando
el contacto con los impuros para transmitirles su propia santidad, el
movimiento jasídico ha asumido como misión suya la transformación de
lo profano en santo. La principal diferencia en estos asuntos entre los dos
movimientos es el fundamento que sustenta la evolución: la tradición de
Yeshúa considera que la extensión de la *kedushá* deriva de la persona y la obra
de Yeshúa —su identidad como la Palabra encarnada, su muerte expiatoria,
su resurrección y su don del Espíritu—; la tradición rabínica emplea una
exégesis creativa para afirmar que lo que parece ser una evolución no es
realmente una evolución en absoluto.

Si consideramos el curso de la vida del pueblo judío como una
bendición providencial para el mundo, si creemos que Israel mantiene
una santidad nacional que le diferencia —a pesar de su negativa a aceptar
a Yeshúa como el Mesías (Rm 11,16)— y si creemos que incluso hay un
misterioso propósito divino detrás de ese rechazo (Rm 11,25-36), entonces
deberíamos buscar una explicación que sea lo más favorable posible a estas
trayectorias paralelas que acabamos de exponer. Propongo que veamos
a Yeshúa actuando no solo en la *ekklesia*, sino también entre los mismos
rabinos que rechazan sus afirmaciones: el poder de la muerte y resurrección
de Yeshúa se extiende más allá de los límites de la *ekklesia*.

David Stern sugiere algo así en su *Messianic Jewish Manifesto*
(manifiesto judío mesiánico): «Este concepto, que el Mesías encarna al
pueblo judío, no debería parecer extraño a los creyentes, que aprenden
precisamente eso acerca de Yeshúa y la Iglesia [...] Pero la Iglesia no ha
captado con claridad que el Santo de Israel, Yeshúa, está en unión no solo
con la Iglesia, sino también con el pueblo judío».[54] Basándose en la noción
de Yeshúa como 'Israel en un solo hombre', Stern llega a esta conclusión,
radical pero sensata. Por más que lo intente, Israel no puede escapar de
su Mesías. Querido o no querido, percibido o desapercibido, reconocido

---

54. Stern, *Messianic Jewish Manifesto*, 108.

o no reconocido, él gobierna sobre su pueblo. Por lo tanto, no debería sorprendernos encontrar signos de su presencia y su actividad dentro del pueblo y de la tradición de Israel.

Elevar el horizonte escatológico cristiano

Hemos visto que tanto pensadores judíos como cristianos a menudo han subestimado la nota de anticipación escatológica que resuena en la Torá y en la tradición rabínica, y han exagerado la discontinuidad entre la época inaugurada por la venida de Yeshúa y la vida judía bajo la Torá. Por ello, la narración canónica judía mesiánica necesita rebajar el horizonte escatológico, para admitir el anticipo de la redención y de la consumación que se dan en la vida en santidad (*kedushá*) de Israel.

Por otro lado, la narración canónica cristiana tradicional tiene otro problema: al tiempo que subestima la continuidad entre la venida de Yeshúa y la vida judía, exagera la continuidad entre la vida en el Mesías en esta era y la vida en el Mesías en la era venidera. De hecho, a menudo acentúa tanto el poder redentor de la encarnación, muerte y resurrección de Yeshúa, y la abundancia de la vida en el Espíritu y en la Iglesia, que la redención futura desaparece completamente del cuadro o sobrevive meramente como final sin clímax de una historia ya completada.

Las críticas judías al cristianismo a menudo han sacado partido de este defecto. Leo Baeck hace una crítica de este tipo, aunque equivocadamente la dirige no solo a la teología cristiana posterior, sino también al apóstol Pablo:

> La fe romántica en la salvación además nos aporta justo lo contrario de la antigua idea mesiánica que fue también la idea de Jesús: la idea de los días que han de venir, la idea del reino prometido [...] la idea mesiánica a partir de la cual se había desarrollado el cristianismo y de la cual ha recibido su nombre, fue ahora retrocediendo cada vez más, hasta ser un día históricamente eliminada. El lugar del reino de Dios en la tierra, el antiguo ideal bíblico, fue ocupado por el reino de la Iglesia, la romántica *civitas Dei*.[55]

> En sus rasgos esenciales, esta expectativa mesiánica había sido eliminada por Pablo. Como para él la venida del Mesías y la redención eran algo ya cumplido, una posesión real del presente, la idea de la gran esperanza futura había perdido, consecuentemente, su significación.[56]

55. Baeck, «Romantic Religion», 86-87.
56. Baeck, «Judaism in the Church», 105.

A veces, la crítica al cristianismo es secundaria y sirve principalmente de contrapunto para aclarar el punto de vista judío sobre la redención final, como en las siguientes citas de Wyschogrod y Novak:

> El cristianismo tiene ante sí una historia de salvación completada. La Creación hasta la resurrección constituye un todo de promesa y cumplimiento accesible a la vista y, por tanto, al pensamiento. La historia de Israel está incompleta. Está repleta de grandes cimas y profundas decepciones, pero está, sobre todo, incompleta. La redención, implícita en la misma primera promesa a Abrahán, sigue en suspenso. El Éxodo, el Sinaí, el Templo son todas cimas y anticipos de lo que aguarda a Israel y a la humanidad en su cumplimiento. Pero ese cumplimiento aún no se ha producido y, por tanto, nos encontramos ante una historia inconclusa cuyo desenlace conocemos por nuestra confianza en la fuente de la promesa. Sin embargo, por grande que sea nuestra confianza, no debemos confundir promesa con cumplimiento, especialmente para el hombre, que vive en el tiempo y para quien el futuro está envuelto en tinieblas.[57]

> Y al no ver el futuro redimido como algún tipo de proyección de un estado de cosas presente, Israel no puede pretender estar más redimido que nadie. Esta falta de redención, ya sea judía o universal, es un punto que los judíos siempre han destacado cuando los seguidores de otras religiones e ideologías han hecho afirmaciones triunfalistas contra nosotros, afirmando que el mundo ya está redimido. Pero lo que Dios hará finalmente con el mundo es tan misterioso como lo que Dios ha estado haciendo con Israel en el pasado y en el presente. Frente al horizonte oculto del futuro final redimido, todo pasado y presente es, en última instancia, provisional. Dios aún no ha cumplido sus objetivos en la historia.[58]

En ocasiones, algún autor judío simplemente contrasta la orientación judía a una redención futura aún esperada, con la orientación cristiana a una redención pasada ya realizada, sin alabar ni atacar explícitamente ni a una ni a otra, como en los siguientes párrafos de Franz Rosenzweig:

> El pueblo [judío] [...] vive en su propia redención. Ha anticipado la eternidad. El futuro es la fuerza motriz en su circuito anual. Su rotación se origina, por así decirlo, no por un impulso sino por

---

57. Wyschogrod, *The Body of Faith*, 69. Wyschogrod reconoce así la escatología proléptica en la vida de Israel en este mundo, aunque al mismo tiempo resalta la altura del horizonte escatológico.

58. Novak, *The Election of Israel*, 255.

un tirón. El presente pasa, no porque el pasado lo impulse, sino porque el futuro lo arrebata hacia él. De algún modo, incluso las festividades de la creación y de la revelación fluyen hacia la redención. Lo que da fuerza al año para comenzar de nuevo y unir su círculo, que no tiene principio ni fin, en la cadena del tiempo, es esto: que el sentimiento de que la redención aún no se ha alcanzado irrumpe de nuevo, y de ahí que el pensamiento en la eternidad, que parecía contenido en la copa del momento, ascienda hasta rebosar su borde.[59]

No hay una fiesta de la redención como tal en el cristianismo. En la conciencia cristiana, todo se concentra en torno al principio y para el principio, y la distinción clara que para nosotros existe entre revelación y redención queda oscurecida. La redención ya ha tenido lugar en la estancia terrenal de Cristo, como mínimo en su crucifixión, y hablando con propiedad, ya en su nacimiento [...] Entre nosotros, las ideas de creación y revelación contienen una compulsión a fundirse en la idea de redención, por la cual, en última instancia, todo lo anterior ha ocurrido. En el cristianismo, en correspondencia con lo anterior, la idea de redención queda engullida atrás en la creación, en la revelación; cuantas veces irrumpe como algo independiente, las mismas veces vuelve a perder su independencia. La retrospectiva a la cruz y al pesebre, la evocación de los acontecimientos de Belén y el Gólgota en el corazón de uno mismo, se vuelven más importantes que la perspectiva de futuro del Señor. El advenimiento del reino se convierte en asunto de la historia secular y eclesiástica. Pero no ocupa un lugar en el corazón de la cristiandad [...].[60]

Tanto si la crítica es explícita como implícita, es evidente que los autores judíos ven la subordinación de la redención final a la obra terminada del Mesías como un aspecto problemático de la narración canónica cristiana.

En su obra *The God of Israel and Christian Theology* (El Dios de Israel y la teología cristiana), Soulen coincide con estas valoraciones judías de la narración canónica cristiana. Él intenta elaborar una nueva narración canónica que supere el supersesionismo y facilite un diálogo constructivo con el judaísmo contemporáneo, y para ello tiene que enfrentarse al bajo horizonte escatológico tradicional en el cristianismo. En una reseña del libro de Soulen, Novak considera que el núcleo del proyecto de Soulen es este:

59. Rosenzweig, *The Star of Redemption*, 328.
60. Íd., 368.

Tal vez el principal obstáculo para una relación teológica mejor y más fructífera con el judaísmo y el pueblo judío haya sido la tendencia de muchos teólogos cristianos a considerar el acontecimiento de Cristo como el fin de la historia. Desde este punto de vista, los judíos, como todo el resto del mundo que no ha aceptado a Jesús como el Cristo, siguen luchando dentro de la historia. Los cristianos, por el contrario, ya están más allá de la historia y sus vicisitudes, y viven en un tiempo escatológico = [...] = Esto, más que cualquier otra cosa al parecer, ha llevado a lo que se convierte en la bestia negra del libro de Soulen: el *supersesionismo*.[61]

¿Cómo remodela Soulen la narración canónica? Lo hace reconfigurando la primera y la segunda venida de Yeshúa, de modo que la primera queda subordinada a la segunda, y no al revés. En lugar de ver la venida final del reino como una manifestación pública de lo que en principio ya se había realizado en la muerte y resurrección de Yeshúa, presenta su muerte y resurrección como una anticipación o prolepsis de lo que ocurrirá definitivamente solo en el fin: «Si Jesús es la representación proléptica de la fidelidad escatológica de Dios a la obra de la consumación, entonces Jesús es por este mismo hecho la personificación carnal de la fidelidad de Dios, en el fin de los tiempos, a Israel y al futuro de Israel como un lugar de insuperable bendición para Israel, para las naciones y para toda la creación. Por su naturaleza, entonces, la resurrección de Jesús de entre los muertos anticipa un acontecimiento futuro cuyo carácter de fidelidad victoriosa ya no puede ponerse en duda».[62]

Así pues, la buena nueva no es meramente una proclamación de lo que ya ha ocurrido, sino también, y muy destacadamente, un anuncio de cómo la muerte y la resurrección de Yeshúa conducirán al reino del Dios de Israel que ha de venir: «El Evangelio es la buena noticia sobre el reino del Dios de Israel que ha de venir, que proclama en la vida, muerte y resurrección de Jesús la garantía victoriosa de la fidelidad de Dios a la obra de la consumación, esto es, a la plenitud de la bendición mutua como resultado de la economía de Dios con Israel, las naciones y toda la creación».[63] Soulen coge la narración canónica cristiana tradicional, centrada en la encarnación, y la reordena para que se acerque más a la narración judía tradicional, orientada a la redención final. «La corrección necesaria [...] es una franca reorientación del centro hermenéutico de las Escrituras de la encarnación

---

61. Novak, «Beyond Supersessionism», 57.

62. Soulen, *The God of Israel*, 166.

63. Íd., 157.

al reino de Dios, en la que el reino de Dios se entiende como el resultado escatológico de la historia humana al final de los tiempos».[64]

Novak percibe la naturaleza de la revisión de la narración canónica cristiana hecha por Soulen y está de acuerdo en que es crucial para su objetivo de superar el supersesionismo:

> Soulen parece estar constituyendo lo que yo llamaría *el horizonte escatológico más alto posible*. Esto se pone de manifiesto cuando dice: «La Iglesia no es una comunidad que lleve directamente al reino de Dios [...] Un hiato separa a la Iglesia del reino escatológico de Dios» [...] Está claro que, cuando los teólogos cristianos constituyen un horizonte escatológico *más bajo*, lo cual generalmente ha significado ver el *éscaton* como la *extensión* del reinado terrenal de la Iglesia, ha sido más susceptible a los tipos de supersesionismo a los que tanto se opone Soulen [...] Por el contrario, cuando los cristianos se consideran dentro de la historia, pero no sus amos, se parecen más a los judíos.[65]

Si bien la narración revisada de Soulen requiere alguna modificación (por ejemplo, parece presentar la muerte y resurrección de Yeshúa principalmente como una prenda garante del reinado final de Dios, más que como un medio para hacer que ocurra), su obra señala el camino que debemos seguir.

Otro teólogo que trata de elevar el horizonte escatológico de la narración canónica cristiana es Wolfhart Pannenberg. Al igual que Jürgen Moltmann, Pannenberg reestructura la teología cristiana de modo que el futuro escatológico adquiere un protagonismo especial.[66] Pannenberg hace hincapié en el carácter proléptico de la obra de Yeshúa y, al tratar de la *ekklesia* en relación con el reino de Dios, emplea expresiones como «representación provisional», «representación anticipada», «anticipación aleccionadora», «señal provisional» y «señal preliminar».

> La presencia del reino de Dios y de su hermandad de salvación escatológica en la Iglesia es sacramental. [...] Pero la forma final

---

64. Íd., 138.

65. Novak, «Beyond Supersessionism», 58, 60.

66. En este contexto, también sería digno de estudio Jürgen Moltmann. En *Prospects for Post-Holocaust Theology*, pp. 103-160, Haynes ofrece un excelente resumen de cómo los escritos de Moltmann contribuyen al desarrollo de una teología cristiana postsupersesionista. Señala Haynes que «la comprensión por Moltmann de la naturaleza inacabada de la reconciliación [...] tiene implicaciones para las relaciones entre la Iglesia e Israel [...]. La cristología escatológica de Moltmann reabre la reconciliación, que está completada en la teología de Barth, incorporando un elemento de *aún no* ausente en Barth» (112-113).

de esa participación y de esa comunidad es aún invisible en este mundo transitorio y solo se alcanza a través de la fe, la esperanza y el amor. Es por ello propio de la naturaleza de la Iglesia apuntar, más allá de todo lo que es provisional e imperfecto en su propia forma, hacia el futuro de la comunión del reino de Dios. De este reino la Iglesia es solo una representación provisional, y una que, en la vida de sus miembros, a menudo está oculta y distorsionada hasta lo irreconocible.[67]

Pannenberg se esfuerza a la vez por destacar la naturaleza escatológica proléptica de la *ekklesia* (y de Israel) y también por protegerse de cualquier tendencia a difuminar o borrar la distinción entre la *ekklesia* y el reino por venir. En su opinión, esta tendencia supuso una peligrosa tentación para la Iglesia primitiva: «Desde el principio, la Iglesia cristiana tuvo que luchar contra la tentación de equiparar su propia comunidad exclusivamente con la de los elegidos de los últimos tiempos y, por tanto, de verse a sí misma como una forma inicial del reino de Dios. Cuando esto sucede, se pierde fácilmente el sentido de la naturaleza provisional de su propia forma de vida, y con ello una referencia, más allá de su propia particularidad, a la universalidad de la raza, que es el objetivo del propósito salvador de Dios».[68]

Pannenberg afirma que la primera prueba del sentido de la propia identidad de la Iglesia en relación con el *éscaton* surgió en sus relaciones con el pueblo judío.

En sus relaciones con el pueblo judío, la Iglesia tuvo que decidir por primera vez si consideraría su propio lugar en la historia de Dios con el género humano como una señal provisional de una consumación aún esperada, o si se consideraría a sí misma el lugar de la propia consumación escatológica, inicialmente realizada al menos. La decisión fue a favor de la segunda alternativa y se expresó con la pretensión de la Iglesia de ser exclusivamente idéntica al «nuevo» pueblo de Dios escatológico. Las peligrosas y destructivas consecuencias de esta elección marcan la historia posterior del cristianismo. Toman la forma de la intolerancia dogmática, dan por resultado un falso sentido de final escatológico que no alcanza a ver la naturaleza provisional de la Iglesia, y llevan a una serie interminable de divisiones derivadas de esa exclusividad dogmática. = [...] = Es importante darse cuenta de que este doloroso y falso desarrollo

---

67. Pannenberg, *Systematic Theology*, vol. 3, 464.
68. Íd.

comenzó con un error primario en la relación de la Iglesia con el pueblo judío.[69]

El pensamiento de Pannenberg tiene mucho en común con el de Soulen. Sin embargo, tienen puntos de partida diferentes. Soulen comienza con el problema del supersesionismo, y esto lo lleva a un nuevo énfasis en la escatología. Pannenberg parte de un nuevo énfasis en la escatología y, al analizar las implicaciones de esta reestructuración de la teología cristiana, ve su importancia para la relación entre la *ekklesia* y el pueblo judío. Independientemente del punto de partida, coinciden en que la narración canónica cristiana debe rediseñarse de modo que se preste especial atención a la consumación final.

El replanteamiento escatológico de la eclesiología hecho por Pannenberg lo lleva también a reflexionar sobre la naturaleza misma de la nueva alianza:

> Jeremías (Jr 31,31-32) e Isaías (Is 59,21) prometen la nueva alianza, no a otro pueblo sino Israel, como la renovación escatológica y el cumplimiento de su relación de alianza con su Dios. Cuando, en la última cena que celebró con sus discípulos la noche de su arresto, Jesús relacionó la promesa de la nueva alianza con la comunión en la mesa con sus discípulos sellada con su autoofrenda, no estaba rompiendo el vínculo de esta promesa hecha al pueblo de Israel. Por el contrario, estaba mostrando que la comunión con él es, para todo el pueblo judío, el futuro de la salvación que irrumpe ya en la comunidad del grupo de discípulos. La posterior inclusión de los no judíos en la comunidad cristiana, sobre el fundamento de la confesión de Jesús sellada con el bautismo, no cambia nada de esto. = [...] = La Iglesia cristiana no es exclusivamente idéntica al pueblo escatológico de Dios. Es solo una forma provisional de este pueblo y una señal preliminar de su futura consumación, que abarcará no solo a miembros de la Iglesia, sino también al pueblo judío y a los «justos» de todas las naciones que afluyen de todas las culturas al banquete del reino de Dios.[70]

El tratamiento que hace Pannenberg de la nueva alianza revela lo significativa que puede ser su orientación escatológica para una relectura mesiánica judía de la narración canónica. La nueva alianza es en sí misma una realidad escatológica, notoriamente prometida a todo Israel, pero que ahora «irrumpe» sacramentalmente entre «el grupo de discípulos».

69. Íd., 476.
70. Íd., 477.

La teología cristiana tradicional rebajó el horizonte escatológico al sobrevalorar la naturaleza acabada de la obra de Yeshúa y exagerar las potencialidades escatológicas inherentes a la Iglesia. Al mismo tiempo, tendió a individualizar y espiritualizar el *éscaton*, de forma tal que se hizo prácticamente indistinguible del destino del alma después de la muerte. De este modo, la Iglesia cristiana vio mermada la visión de su verdadera esperanza: la de ser resucitada como comunidad y habitar una creación renovada. A medida que las últimas cosas se individualizaron y se espiritualizaron, el horizonte escatológico se redujo de nuevo, ahora no a través de la exaltación desmesurada del potencial escatológico de la vida en esta era, sino rebajando la naturaleza de la esperanza futura. En este esquema, si uno se aparta de las preocupaciones terrenales y cultiva la vida del alma en este mundo, ya participa de la vida del mundo venidero.

Al tratar de desarrollar una narrativa canónica judía mesiánica, deberíamos seguir la pista a Soulen y Pannenberg. Sin restar importancia a la encarnación, muerte y resurrección de Yeshúa, tendríamos que elevar nuestro horizonte escatológico para que la vida en este tiempo, si bien anticipe la vida del mundo que está por venir, nunca sea confundida con ella.

Elevar el horizonte escatológico judío

El pensamiento judío tiene su propia versión problemática de un horizonte escatológico excesivamente bajo. Surge esta cuando se rebajan las expectativas de la era mesiánica. Novak ha analizado los dos tipos de puntos de vista escatológicos comunes en la tradición judía. A la primera postura la llama «escatología extensiva» y a la segunda «escatología apocalíptica». Novak las describe y luego explica por qué se inclina por la segunda.

> En la primera postura, la extensiva, el futuro es una extensión *del* presente en la alianza *a* su futuro cumplido [...] El futuro de la alianza consiste en que las condiciones políticas —ahora ausentes— para la plena autoridad normativa del pacto, la Torá, se hagan finalmente presentes. En lo más inmediato, Israel por fin habitará con seguridad en su tierra. En cuanto al resto del mundo, estarán subordinados a Israel o llegarán a formar parte del pueblo mediante su conversión a Israel y su Torá. = [...] = En la segunda postura, la apocalíptica, el futuro es mucho más radical. Se trata de una interrupción trascendente *en* el presente *desde* algún otro lugar. Como tal, alterará radicalmente la relación entre Israel y Dios, incluida la que ha sido codificada

en la Torá ya revelada. Se supone que el futuro traerá un cambio ontológico, mucho más radical que la simple mejoría —o incluso que una enorme mejoría— de las condiciones políticas de los judíos. = [...] = En cuanto a los textos bíblicos, la posición apocalíptica, con diferencia, se apoya más en ellos. Desde el punto de vista teológico, resulta convincente porque ayuda a mitigar el error que Israel suele asumir de su experiencia en la alianza, esto es, que posee en sí mismo el poder de llevar la alianza desde el presente hasta su culminación futura. Y desde el punto de vista filosófico, nos permite apreciar la fragilidad finita del presente mediante la afirmación del futuro que lo trasciende.

La redención final y futura cambiará radicalmente la relación de Israel con Dios y con el mundo, especialmente con las naciones del mundo. La futura redención de Israel tendrá efectos literalmente cósmicos. Será una invasión del futuro hacia el presente, no una transición del presente al futuro. Esta doctrina es la antítesis misma de cualquier ideal —antiguo, medieval o moderno— de *progreso*.[71]

La escatología extensiva deja el horizonte escatológico demasiado bajo, en relación con la vida judía en este mundo. Wyschogrod opina lo mismo: «La diferencia entre el mundo tal como lo conocemos y el mundo previsto por los profetas es demasiado grande para que una evolución más o menos normal pueda explicar la transición del primero al segundo. La dimensión apocalíptica del mesianismo destaca la extraordinaria magnitud de la transformación por venir, que es vista como un cataclismo, pues nada ordinario puede poner fin al mundo cansado y roto de la historia, tal como lo hemos conocido».[72] Ya consista en la esperanza de una monarquía davídica restaurada en la tierra de Israel, dentro de un orden cósmico por lo demás inalterado, o ya se trate de una esperanza judía humanista más universal, de un orden mundial justo y pacífico, la escatología extensiva rebaja excesivamente el horizonte escatológico.

Conclusión

Hasta aquí hemos argumentado a favor de: el redescubrimiento de la escatología proléptica en la vida judía; una atención renovada a la continuidad entre la *kedushá* de Israel y la encarnación, muerte y resurrección de Yeshúa como acontecimientos escatológicos prolépticos; y

71. Novak, *The Election of Israel*, 153-154, 157.
72. Wyschogrod, *The Body of Faith*, 255-256.

una mayor conciencia de la naturaleza preliminar y provisional de la vida en el Mesías en esta era, en relación con la plenitud escatológica de la vida en el mundo futuro. Llegados a este punto, será útil resumir el lugar que, a la luz de estas afirmaciones, ocupa la escatología en la narración canónica judía mesiánica y sacar algunas conclusiones finales de la naturaleza de esa narración.

La escatología forma parte de la historia desde su mismo principio. El mundo ha sido creado bueno, pero aún no santo. Tiene un destino señalado que trasciende su constitución original. Por eso, la escatología es consumación, antes que redención.[73] La irrupción del mal hace de la redención un componente necesario en la consumación de todas las cosas. El mundo está herido y necesita ser curado, está roto y necesita ser reparado. Pero la consumación final implica algo más que la restauración de un estado prístino.

El pacto con Abrahán, Isaac y Jacob y su plasmación en el Sinaí inicia el paso del sexto al séptimo día, de lo profano a lo santo, de la imperfección de este mundo a la plenitud del mundo por venir. Por medio de Israel, el mundo da sus primeros pasos, preliminares, hacia su consumación. La presencia divina planta su tienda dentro de este pueblo, y los sacrificios ordenados en el pacto permiten a Israel asumir su papel como pueblo de *kohanim* (sacerdotes) del mundo, ofreciéndose a sí mismo a Dios en su adoración, para que el mundo pueda ser sostenido, redimido y renovado.

En Yeshúa, la tienda de la presencia divina toma una forma nueva: como el verdadero israelita, intachable y santo, Yeshúa resume todo lo que Israel debía ser. Él se convierte en el templo, el sacerdote y el sacrificio perfectos, ofreciéndose a sí mismo a Dios en nombre de Israel, de las naciones y de toda la creación. Yeshúa muere, no solo como sacrificio, sino también como el mártir perfecto de Israel, quien, como Isaac en la *Aquedá*, encarna en sí mismo a todos los mártires de Israel, y cuya sangre es derramada tanto para expiar los pecados como para preparar el camino a la venida del *Olam Habá*. Ese nuevo mundo es anticipado y prolépticamente realizado en la resurrección del mártir perfecto de Israel; y el don del Espíritu (*Ruaj*) y la fundación de una *ekklesia* dual que extiende la herencia de Israel entre las naciones representan asimismo anticipaciones de ese renovado mundo futuro que ha de venir.

Esa *ekklesia* dual sufre un profundo trastorno al principio de su historia, cuando una de las dos partes que la componen se pierde o al menos queda oculta a la vista y el pueblo judío en conjunto traza su propio curso a

---

73. Según Génesis 1, antes de que existiera el mal en el mundo y por ello fuera necesaria la redención, el mundo estaba incompleto y por lo tanto no había alcanzado su consumación, a la cual está destinado.

través de la historia, pareciendo ignorar a Aquel que encarna perfectamente su destino. Esta disrupción lleva al fracturado mundo presente de lleno a la realización preliminar del mundo por venir, y sirve como recordatorio continuo de la naturaleza provisional de esa realización. Sin embargo, la *ekklesia* nunca pierde completamente su naturaleza dual, pues siempre incluye a judíos y siempre está encabezada por un judío resucitado.[74] De manera similar, el pueblo judío nunca consigue zafarse de la sujeción de su hermano resucitado, pues —como José en el trato con sus hermanos— nunca está lejos, mientras lleva a cabo el propósito divino en medio de ellos.

Guiado por su consejo —y envuelto este en las profundidades ontológicas de su ser colectivo— el pueblo judío no se aparta de su vocación tras la destrucción del templo, sino que se apresura a expresar el poder de la *kedushá* escatológica en todos los aspectos de su vida, incluso en el exilio. Al final, Dios dará a conocer a Yeshúa a sus hermanos y a toda la creación, no solo como templo, sacerdote y sacrificio, sino también como Rey mesiánico, el gobernante escatológico de Israel y de las naciones. En ese momento quedará realizada la nueva alianza en su forma final y definitiva.

Aceptar una versión de la narración canónica como esta tendrá ciertas consecuencias para nuestras vidas como judíos mesiánicos. En primer lugar, pondrá de relieve la importancia de la santidad (*kedushá*) como categoría escatológica. Cuando observamos los mandamientos (*mitzvot*) en general, y ciertos mandamientos explícitamente asociados con la santidad en particular (como el Shabat y las leyes dietéticas judías [*kashrut*]), no solo nos estamos identificando con nuestro pueblo y con su historia; también estamos entrando en una dimensión de la existencia en la que el mundo que está por venir (*Olam Habá*) se experimenta colectivamente como una realidad proléptica. Cuando distinguimos el día sagrado de los días profanos, y cuando separamos los alimentos puros de los impuros, tratando nuestras comidas diarias como banquetes sacrificiales sagrados, a la vez afirmamos la vocación de Israel de ser un pueblo santo y también nos posicionamos como señal preliminar del mundo futuro dentro de este orden actual (*Olam Hazé*). Además, damos testimonio de la encarnación, muerte y resurrección del Mesías Yeshúa, quien ha llevado esa santidad a un nuevo nivel mediante el don del Espíritu de Santidad, que es impartido a judíos y a gentiles por igual en base a su propia fidelidad.

---

74. «Es extremadamente dudoso que haya habido alguna vez un tiempo en que entre los miembros vivos de la iglesia no hubiera judíos. Pero, aunque así fuera, la presencia viva del Señor de la iglesia, el judío Jesúcristo, asegura que la iglesia siga siendo esencialmente una comunión de judíos y gentiles compartiendo la misma mesa» (Soulen, *The God of Israel*, 173).

En segundo lugar, cuando expresamos nuestro amor y sentimiento de unidad con miembros de la multinacional expresión de la *ekklesia* dual, estamos igualmente participando en la santidad (*kedushá*) proléptica del mundo venidero. Como señala Soulen, esta *ekklesia* dual sirve como signo preliminar de la paz (*shalom*) del *Olam Habá*, cuando Israel y las naciones se beneficien de la economía de bendición mutua entre quienes son y permanecen diferentes.

En tercer lugar, esta forma de la narración canónica también pone de relieve que el mundo por venir conlleva la realización perfecta de todo lo que en este mundo es bueno y la superación de todo el mal que frustra dicha realización. Esto no ocurrirá a través de un proceso evolutivo, sino mediante una futura invasión de poder divino y santidad, como en la elección de Israel y en la resurrección de Yeshúa; solo que esta invasión del más allá llevará al mundo a su meta final. Así pues, una viva conciencia escatológica no está en conflicto con la apreciación sensible de cuanto es bueno y bello en este mundo. Tampoco está en conflicto con los esfuerzos enérgicos por frustrar el mal y realizar el bien en medio de la era actual; de hecho, esa conciencia exige precisamente tales esfuerzos, pues la invasión del más allá ya ha comenzado con la elección de Israel y la venida de Yeshúa. Nuestros sinceros intentos de reparar el mundo pueden traer al mundo actual (*Olam Hazé*) un encuentro anticipado con el poder redentor del que está por llegar (*Olam Habá*).

En cuarto lugar, la experiencia proléptica de las realidades escatológicas se produce de diversas maneras. Solo hemos hablado brevemente de los *charismata* (dones espirituales), pero de los Escritos Apostólicos se desprende claramente que deben considerarse como un anticipo de los poderes de la era venidera (Hb 6,5; Mt 11,26; 12,28), especialmente en cuanto que son medios transmisores de curación para enfermos, de entereza para los quebrantados y santidad para profanos e impuros. El bautismo (*tevilá*) en el Mesías y la eucaristía (*zikarón*) también significan y transmiten realidades escatológicas de forma proléptica. Como ya se ha señalado, el Shabat y la pureza de los alimentos (*kashrut*) tienen un significado escatológico, al igual que otras fiestas judías tradicionales (como la Pascua, Sucot, y las dos grandes festividades de Rosh Hashaná y Yom Kipur[75]) y ritos (como la acción de gracias después de las comidas y la ceremonia nupcial[76]). Debemos tener cuidado y no restringir la experiencia

75. [N. del T.: Sucot (fiesta de las Cabañas o Tabernáculos), Rosh Hashaná (Año Nuevo Judío) y Yom Kipur (Día de la Expiación).]

76. Sobre las dimensiones escatológicas de la acción de gracias después de las comidas y de la ceremonia nupcial, véase Neusner, *An Introduction to Judaism*, 3-8, 22-30.

escatológica proléptica a aquellas áreas que nos resulten más cómodas, sino más bien tratar de estar abiertos a toda la variedad de los dones que hemos recibido.

Por último, estas realidades (nuestra alegría por la santidad escatológica de la vida judía tradicional, nuestras convicciones sobre el poder escatológico de la resurrección de Yeshúa y nuestra experiencia de la renovación escatológica impartida por el Espíritu de Santidad) no deben oscurecer nuestra conciencia de la cualidad proléptica de todas ellas. De Él que ha dado tanto, todavía cabe esperar mucho. El don sirve como prenda garante, que nos orienta hacia lo que está más allá. Como afirma Rosenzweig, «el presente pasa, no porque el pasado lo impulse, sino porque el futuro lo arrebata hacia sí».[77]

La narración canónica es la historia inacabada de la creación, la reconciliación, la redención y la consumación del mundo a través de Israel y su Mesías. Es *la* historia por antonomasia, que abarca todas nuestras historias individuales y les da un sentido y un propósito. Esa historia única sigue inacabada, pero el papel que desempeñamos nos da a probar una muestra preliminar y provisional de lo que está por venir, e incluso nos confiere el privilegio de participar en su realización final. Por ello, estamos convencidos de que esta súplica del Kadish, mucho más que un deseo utópico, es una invocación inspirada, cuya respuesta está asegurada por la resurrección del Mesías oculto de Israel:

> Enaltecido y santificado sea Su gran Nombre
> en todo el mundo que Él creó
> según Su voluntad.
> Establezca Él su reino en vuestras vidas y en vuestros días,
> y en la vida de toda la casa de Israel,
> rápido y pronto; y decid:
> Amén.

---

77. Rosenzweig, *The Star of Redemption*, 328.

Capítulo 6

DESTINOS FINALES: REQUISITOS PARA RECIBIR UNA HERENCIA ESCATOLÓGICA[1]

Kinzer se adentra en el tema de la *salvación* individual, analizando los textos bíblicos en busca de orientación y desafiando algunos de los puntos de vista y el vocabulario más comunes y predominantes. Examinando las tradiciones de Pedro y Santiago, de Pablo y de Juan, Kinzer encuentra varios aspectos que las diferencian en cuanto a lo que uno debe hacer para *salvarse*. En primer lugar, los Escritos Apostólicos (Nuevo Testamento) son inequívocos cuando advierten contra la presunción acerca de quiénes son los de adentro y quiénes los de afuera en lo que se refiere al reino de Dios. En segundo lugar, la salvación tiene mucho más que ver con la fe como vida de obediencia, que con la fe como afirmación de una verdad propositiva. En tercer lugar, especialmente según la tradición joánica, la vida eterna empieza ahora; es una realidad en la que vivimos, no un estado en el que entramos tras la muerte. Por último, cada persona es responsable

1. Presentado en el Borough Park Symposium en 2007 y publicado en la revista *Kesher* (número 22, primavera/verano 2008, pp. 87-119); aquí introducido por Jennifer M. Rosner. El simposio de Borough Park se reunió por primera vez en octubre de 2007 en la ciudad de Nueva York con esta declaración de objetivos: «El propósito del simposio es proporcionar un foro para que los miembros de la comunidad judía mesiánica en general puedan expresar sus creencias con la expectativa de ser oídos respetuosamente, pero sin la expectativa de que se vaya a lograr un acuerdo sobre estas creencias. El simposio está diseñado para proporcionar una plataforma interna en la que los líderes puedan entenderse mejor entre sí, y entender así las diversas posiciones mantenidas dentro del movimiento mesiánico». El simposio de Borough Park volvió a reunirse en Nueva York en abril de 2010.

de la luz que ha visto y de la verdad que le ha sido revelada. Kinzer define la salvación como una vida de obediencia a la Torá según la interpretó definitivamente Yeshúa, y el juicio final como la evaluación justa y misericordiosa que Dios hace de las acciones de cada persona teniendo en cuenta sus circunstancias y limitaciones.

JEN ROSNER

En *¿Qué significa 'salvarse'?*, el profesor John Stackhouse del Regent College señala un malentendido sobre la salvación que en su opinión se ha hecho endémico en el mundo evangélico:

> En su atenta, pero incisiva, respuesta a los ensayos incluidos en el libro, el profesor de Oxford John Webster se pregunta si son los evangélicos norteamericanos quienes particularmente necesitan que se les recuerde que la Biblia presenta la salvación como ofrecimiento de algo más que llevar almas al cielo. Mi experiencia como profesor de soteriología durante varios años en el Regent College —una escuela internacional de postgrado de estudios cristianos cuyos estudiantes proceden de treinta y cinco países de todos los continentes excepto la Antártida— me lleva a pensar que los evangélicos de todas partes también necesitan ampliar sus horizontes. Una y otra vez, los estudiantes han delatado una forma de entender la salvación que equivalía a una especie de individualismo espiritual poco mejor que el gnosticismo. =... = De hecho, podría ser importante empezar simplemente enseñando que la salvación no consiste en que «los cristianos vayan al cielo». La salvación consiste en que Dios redima toda la tierra. [...] La salvación consiste en dirigirse, no al cielo, sino a la Nueva Jerusalén: una ciudad jardín en la tierra, no la morada misma de Dios y, desde luego, no un montón de nubes rosas en el cielo [...] Y la salvación no consiste solo en lo que está por venir, sino también lo que podemos disfrutar y fomentar aquí y ahora.[2]

Según Stackhouse y sus colaboradores, con demasiada frecuencia los evangélicos ven la salvación en términos negativos (*de qué* somos salvados), y como algo de tipo legal, individualista, privado, pietista, y espiritualizado. Por el contrario, los autores sostienen que la salvación debería verse

---

2. Stackhouse (editor), *What Does It Mean To Be Saved?*, 9-10.

principalmente como algo positivo, transformador, comunitario, relacional, cósmico y corpóreo.[3]

Aunque la salvación sea mucho más que «almas que van al cielo», no podemos separar la soteriología de la escatología, ni tampoco deberíamos minimizar la importancia de identificar los criterios por los cuales los individuos se cualifican para la entrega final del don escatológico. Formulemos nuestra pregunta de manera que se evite la ambigüedad o la confusión soteriológica: ¿qué cualificación deben poseer individualmente los seres humanos para heredar la vida en el mundo que ha de venir? Tras esta pregunta general, subyace otra más específica: ¿tenemos motivos para esperar que algunos, que no reconozcan explícitamente a Yeshúa antes de la muerte, estarán entre los que hereden la vida en el mundo venidero?[4] Dentro del movimiento judío mesiánico la preocupación principal es aún más específica: ¿tenemos motivos para esperar que habrá entre los redimidos en el mundo venidero personas judías que no hayan reconocido explícitamente a Yeshúa en esta vida?

Yo llamo a esta *la cuestión de los destinos finales*. En mi opinión, la buena nueva proclamada y vivida por los apóstoles tiene que ver principalmente con el destino final (en singular) —la consumación escatológica de la historia de la alianza y del orden creado en el Mesías Yeshúa por el Espíritu de Dios—. Sin embargo, ese destino singular es múltiple y diverso, y abarca los destinos de individuos únicos. Son estos destinos escatológicos los que ocuparán mi atención en este trabajo.

Una respuesta rigurosa y convincente a esta cuestión de los destinos finales incluiría al menos cuatro elementos: 1) un estudio de la enseñanza bíblica explícita sobre el tema, que se centraría en los Escritos Apostólicos (pues recompensa y juicio en el mundo futuro no es un tema importante en el Tanaj); 2) una consideración de asuntos teológicos más amplios que tengan que ver con la cuestión;[5] 3) un examen de las implicaciones

---

3. La mayoría de los judíos mesiánicos considerarían también que la salvación tiene que ver, preeminentemente, con las naciones, y en particular con la nación de Israel.

4. La distinción entre fe implícita y explícita procede de la Edad Media. Acerca de su uso por Tomás de Aquino, véase Levering, *Christ's Fulfillment of Torah and Temple*, 23-24, 92-93.

5. Los asuntos teológicos relevantes incluyen el significado y la importancia de los atributos de misericordia y justicia de Dios y la relación entre ellos; la divinidad de Yeshúa y su papel mediador en la creación, la revelación y la redención; la validez de la doctrina tradicional del *pecado original* y sus implicaciones para una respuesta humana libre a la iniciativa misericordiosa de Dios; las implicaciones de los casos paradigmáticos de mortalidad infantil y de personas con graves limitaciones mentales; la naturaleza de la alianza duradera de Israel y el vínculo eclesiológico entre el pueblo

prácticas de las respuestas disponibles;[6] 4) un resumen de las diversas respuestas a la cuestión ofrecidas a lo largo de los siglos, y la acogida que recibieron en la comunidad de fe.[7]

Aquí solo me ocuparé del primero de estos elementos: el estudio de lo que los Escritos Apostólicos nos dicen sobre los destinos finales. E incluso al tratar este punto tendré que limitarme a estas dos primeras subcuestiones: ¿qué requisitos deben reunir los seres humanos para heredar la vida en el mundo futuro? y ¿tenemos motivos para esperar que algunos, que no hayan reconocido explícitamente a Yeshúa antes de la muerte, estarán entre los que hereden la vida en el mundo venidero? Nuestras respuestas a estas subpreguntas tendrán implicaciones para la tercera subcuestión (esto es, el caso de los judíos que carecen de la fe explícita en Yeshúa), si bien no examinaremos esto como un tema en sí mismo.

Dentro de los Escritos Apostólicos, encuentro tres formas distintas de abordar este tema, que corresponden, aproximadamente, a tres esferas de influencia y actividad apostólica: 1) la tradición apostólica de Pedro y Santiago (tal como se refleja especialmente en los evangelios sinópticos y en las cartas generales); 2) la tradición apostólica de Pablo (tal como se muestra en las cartas que llevan su nombre); y 3) la tradición apostólica de Juan (tal como se manifiesta en el evangelio y en las cartas de Juan).[8] Comenzaré con la tradición de Pedro y Santiago, y luego proseguiré con las tradiciones de Pablo y de Juan.[9]

---

judío y la Iglesia cristiana.

6. Las implicaciones prácticas incluyen las formas en que la adopción de las diversas respuestas afecta a lo siguiente: a la motivación para la divulgación; al poder y el atractivo de nuestra presentación de las buenas nuevas; a nuestras relaciones con los que están fuera de la comunidad de fe en Yeshúa (especialmente nuestros hermanos judíos); a nuestras actitudes hacia el pueblo judío a través de la historia y la tradición religiosa judía; a la formación de un carácter personal que reproduzca la imagen de Yeshúa.

7. Para un excelente trabajo que cubre buena parte de este terreno, escrito por un teólogo evangélico con un trasfondo misionero, véase Tiessen, *Who Can Be Saved?*

8. Algunos textos (Hechos, Hebreos y Apocalipsis) muestran una superposición de tradiciones. En el tema que nos ocupa, el Apocalipsis comparte el punto de vista de la tradición de Pedro y Santiago. Hechos y Hebreos son también muy cercanos a esta tradición, aunque también tienen elementos en común con la tradición de Pablo.

9. La atención que presto en este estudio a las *tradiciones* bíblicas tiene un doble propósito: 1) facilitar la percepción de las semejanzas familiares entre las diversas corrientes de enseñanza de los Escritos Apostólicos, para permitir un tratamiento exegético que tenga en cuenta las similitudes y las diferencias de lenguaje, de conceptos y de enfoque; y 2) subrayar el hecho de que los libros cuyos autores no son apóstoles (por ejemplo, Marcos, Lucas) se basan en testimonios apostólicos autorizados. Desde luego, no pretendo atribuir autoridad a *tradiciones* al margen del texto y el contexto canónicos en el que se plasman y son transmitidos. Tampoco pretendo hacer grandes

La tradición de Pedro y Santiago

La tradición que deriva de Pedro y Santiago nos dice mucho sobre el tema de los destinos finales —la recompensa y el castigo de los individuos en el mundo venidero—. Sin embargo, suele quedar eclipsada por las tradiciones de Pablo y Juan, y solo se lee a la luz de las terminologías y énfasis característicos de estas últimas. Esto constituye un descuido lamentable, y nosotros, judíos mesiánicos (a quienes principalmente se dirige esta tradición), somos especialmente idóneos para superarlo. Cuando se estudia en sus propios términos y se le hace justicia tomándola en serio, la tradición de Pedro y Santiago pone en tela de juicio muchas suposiciones populares y plantea importantes preguntas.

Uno de los temas principales, en la forma en que esta tradición enfoca los destinos finales, es la advertencia contra la presunción, la errónea confianza en que *nosotros* seremos recompensados al final, mientras que *otros* (que no tienen nuestra cualificación) serán castigados. Las amenazadoras palabras de Juan el Bautista, con las que comienza la historia de la misión de Yeshúa, son típicas:

> Juan decía a las multitudes que salían para ser bautizadas por él: «¡Generación de víboras! ¿Quién os advirtió que huyerais de la ira venidera? Dad frutos dignos de arrepentimiento. No empecéis a deciros a vosotros mismos: "Tenemos a Abrahán por antepasado"; porque os digo que Dios puede suscitar hijos a Abrahán de estas piedras. Y además el hacha ya está puesta en la raíz de los árboles; todo árbol, por tanto, que no da buen fruto, es cortado y echado al fuego». (Lc 3,7-9; v. Mt 3,7-10)[10]

Ser descendencia de Abrahán —tener una genealogía judía— no proporcionará la entrada automática al banquete final. De forma similar, la ascendencia gentil tampoco garantizará una exclusión automática: «Os digo que muchos vendrán de oriente y occidente y comerán con Abrahán, Isaac y Jacob en el reino de los cielos, mientras que los herederos del reino serán

---

afirmaciones sobre la composición de cada uno de los libros. Mi propósito es, en gran medida, heurístico.

10. Según declarado al principio de este libro, todas las citas bíblicas proceden de la New Revised Standard Version (NRSV) aquí traducidas al español y, en algunos casos, especialmente en este capítulo, con algunas pequeñas modificaciones por parte del autor Mark Kinzer. [N. del T.: esas modificaciones son simples adaptaciones de ciertos términos al contexto judío del momento y también a la terminología de un lector judío mesiánico actual, como *rabí* (en vez de *maestro*), *mitzvot* (por *mandamientos*), *Yeshúa* (por *Jesús*) o *Torá* (en lugar de *Ley*).]

echados a las tinieblas de afuera, donde habrá llanto y rechinar de dientes»
(Mt 8,11-12).

En la versión de Mateo de este dicho, es evidente que los que «vendrán
de oriente y occidente» son gentiles, ya que las palabras se pronuncian en
respuesta a la fidelidad de un centurión gentil (Mt 8,5-10). En consecuencia,
los «herederos del reino» son judíos. Como la advertencia de Juan el
Bautista, esta enseñanza sirve de admonición contra la presunción basada
en la identidad judía.[11] Por supuesto, no implica que *todos* los «herederos
del reino» serán excluidos, sino que contrasta el destino final de muchos
gentiles con el de muchos judíos, para cuestionar la acomodada seguridad y
el exclusivismo del pueblo de la alianza.

La advertencia de Yeshúa contra la presunción va más allá de las
pretensiones por ser judío. Hace la misma advertencia a sus propios
discípulos, y deja claro que su confesión de fe en él como Señor, su
asociación pública con él, e incluso sus obras poderosas realizadas en su
nombre serán insuficientes para asegurar su destino final: «No todo el que
me dice "Señor, Señor" entrará en el reino de los cielos, sino solo el que
hace la voluntad de mi Padre que está en los cielos. En aquel día muchos
me dirán: "Señor, Señor, ¿no profetizamos en tu nombre, y en tu nombre
expulsamos demonios, e hicimos muchas obras poderosas en tu nombre?".
Entonces yo les diré: "Nunca os conocí; apartaos de mí, hacedores de
maldad"» (Mt 7,21-23). Este es un texto extremadamente significativo. No
se dirige a los oyentes ocasionales de Yeshúa, sino a los que hablan y actúan
públicamente en su nombre, ¡y que lo hacen de manera efectiva! Se dirige
a los líderes del movimiento en torno a Yeshúa, ¡a nosotros! Al igual que
los «herederos del reino» en general, debemos guardarnos de la presunción
de que nuestra participación en la comunidad de la (renovada) alianza y
nuestro aparentemente fructífero liderazgo garanticen nuestro destino
final.[12]

De la misma forma que los pasajes esperanzadores sobre el destino
final de los gentiles aparecen justo al lado de severas represiones a la

---

11. El relato paralelo en Lucas tiene un contexto diferente, que conduce a un
significado también diferente. En él la advertencia se dirige a los que oyeron y vieron a
Yeshúa personalmente, aquellos entre los que vivió y trabajó: «Entonces comenzaréis
a decir: "Comimos y bebimos en tu presencia, y tú enseñaste en nuestras calles"» (Lc
13,26). Los «echados fuera» de la presencia de los patriarcas no son «los herederos del
reino», como en Mateo, sino «vosotros mismos» (es decir, los que conocían a Yeshúa;
Lc 11,28). En este contexto, los que «vendrán del oriente y del occidente, y del norte y
del sur» no son necesariamente gentiles, sino los que están fuera de la tierra de Israel,
que no podían haber conocido personalmente a Yeshúa.

12. Este es un tema común en la tradición de Pedro y Santiago. Véanse, por ejemplo,
2 P 2,21; Hb 2,1-3, 10,26-31, 12,25-26.

presuntuosidad judía, así también la tradición de Pedro y Santiago incluye pasajes esperanzadores sobre los no seguidores de Yeshúa, que contrastan con la advertencia anterior a sus discípulos. De especial importancia es la parábola de las ovejas y las cabras (Mt 25,31-46). Como señalan Davies y Allison, el evangelio de Mateo resalta la importancia de esta «pintura con palabras del Juicio Final» situándola en la conclusión del quinto y último discurso de Yeshúa.[13] Es, por tanto, el punto culminante de la misión pública de Yeshúa. Al principio del cuadro se describe la escena: «Cuando el Hijo del hombre venga en su gloria, y todos los ángeles con él, entonces él se sentará en el trono de su gloria. Todas las naciones serán reunidas delante de él, y él separará a unos de otros, como un pastor separa las ovejas de las cabras, y pondrá las ovejas a su derecha y las cabras a su izquierda» (Mt 25,31-33). Cualesquiera que sean «todas las naciones», sin duda incluyen multitudes que no formaban parte de la comunidad creyente en Yeshúa durante sus vidas. Esto viene confirmado por el hecho de que no reconocen a Yeshúa como aquel a quien ayudaron (Mt 25,37) o dejaron de ayudar (Mt 25,44). Aun así, muchos de ellos heredan la vida del mundo venidero.

La «pintura con palabras» de ovejas y cabras tiene que ver con las personas que en vida no han conocido conscientemente a Yeshúa. En otro dicho, Yeshúa incluso deja abierta la posibilidad de un final feliz para aquellos que se han opuesto a él: «Por eso os digo que a la gente se le perdonará todo pecado y blasfemia, pero la blasfemia contra el Espíritu no será perdonada. Quien diga una palabra contra el Hijo del Hombre será perdonado, pero a quien hable contra el Espíritu Santo no se le perdonará, ni en este siglo ni en el venidero» (Mt 12,31-32; v. Lc 12,10).[14] Algunos fariseos habían afirmado que Yeshúa expulsaba a los demonios por medio de un poder demoníaco (es decir, magia). Yeshúa considera que eso es hablar «contra el Espíritu Santo», es decir, atribuir acciones que son manifiestamente buenas (y por tanto obra de Dios) a una fuente maligna. Es llamar mal al bien; y, según Yeshúa, esto constituye un elemental rechazo de Dios. Por el contrario, el mero hecho de hablar en contra de Yeshúa es una ofensa menos grave: puede ser perdonada, es decir, algunos de los que lo hacen pueden heredar la vida del mundo por venir.[15]

---

13. Davies y Allison, *The Gospel According to Saint Matthew*, vol. 3, 418.

14. Algunos exégetas dan a entender que este texto puede referirse solo al período de la misión terrenal de Yeshúa, cuando actuaba «de incógnito» (France, *The Gospel According to Matthew*, 210). Sin embargo, ¿habría conservado la comunidad tal dicho si no tuviera aplicación en sus vidas? Tal explicación reduccionista deriva más de una posición doctrinal preconcebida que pretende evitar la firmeza del texto, que de una exégesis teológica seria.

15. Basándose en este texto, Athol Dickson plantea las siguientes preguntas sobre

Si ser judío o públicamente un seguidor de Yeshúa no es suficiente para heredar la vida del mundo venidero; y si ser gentil o estar fuera de la comunidad creyente en Yeshúa no excluye de esa vida, entonces ¿cuáles son los requisitos para un destino final feliz? La enseñanza de la tradición de Pedro y Santiago muestra una notable coherencia a la hora de responder a esta pregunta, y las palabras de Yeshúa en Mateo 7,21 son emblemáticas de esa respuesta: «No todo el que me dice "Señor, Señor" entrará en el reino de los cielos, sino solo el que hace la voluntad de mi Padre que está en los cielos». Lo que cuenta son las acciones (es decir, palabras y obras) que se ajustan a la voluntad divina. A veces, esta tradición hace especial hincapié en el componente de la acción:

> Pues el Hijo del Hombre ha de venir con sus ángeles en la gloria de su Padre, y entonces pagará a cada uno *según se haya hecho*. (Mt 16,27)

> Os digo que en el día del juicio tendréis que dar cuenta de cada palabra descuidada que pronunciéis; pues por vuestras palabras seréis justificados, y por vuestras palabras seréis condenados. (Mt 12,36-37)

> Si invocáis como Padre a aquel que juzga imparcialmente a cada uno *según sus obras*, vivid en temor reverente durante el tiempo de vuestro destierro. (1 P 1,17)

> Y vi a los muertos, grandes y pequeños, de pie ante el trono, y se abrieron los libros. También se abrió otro libro, el libro de la vida. Y los muertos fueron juzgados *según sus obras*, tal como están registradas en los libros. Y el mar entregó los muertos que había en él, la muerte y el Hades entregaron los muertos que había en ellos, y todos fueron juzgados *según lo que habían hecho*. (Ap 20,12-13)

A veces, la tradición pone el énfasis en que las obras que se requieren son aquellas que se ajustan a la voluntad de Dios expresada en los mandamientos (*mitzvot*) de la Torá, es decir, las acciones justas:

---

el destino final de aquellos del pueblo judío que no creen en Yeshúa: «¿Es posible que las personas de esta era, a las que se les enseñó desde su nacimiento a hablar "contra el Hijo del Hombre" sean perdonadas por hacer exactamente lo que se les ha enseñado a hacer? [...] ¿Considerará un Dios misericordioso su situación, mirará dentro de sus corazones para ver si le aman de verdad, y perdonará sus palabras dichas "contra el Hijo del Hombre"?» (Dickson, *The Gospel according to Moses*, 253). C. S. Lewis concluyó, a partir de este texto, que «el rechazo honesto de Cristo, por equivocado que sea, será perdonado y sanado» (Lewis, *God in the Dock*, 111).

Entonces se le acercó uno y le dijo: «Maestro, ¿qué acción buena debo hacer para tener vida eterna?». Y él le dijo: "¿Por qué me preguntas sobre lo que es bueno? Solo hay uno que es bueno. *Si deseas entrar en la vida, guarda los mandamientos".* (Mt 19,16-17)

Pues os digo que, si vuestra justicia no es mayor que la de los escribas y fariseos, no entraréis en el reino de los cielos. (Mt 5,20)

Los mandamientos más importantes que conducen a la vida son los que nos llaman a amar a Dios y al prójimo:

En ese momento, uno versado en la ley se levantó para poner a prueba a Yeshúa. «Rabí –le dijo–, ¿qué debo hacer para heredar la vida eterna?». Él le dijo: «¿Qué está escrito en la Torá? ¿Qué lees allí?». Él respondió: «Amarás al Señor tu Dios con todo tu corazón, y con toda tu alma, y con todas tus fuerzas y con toda tu mente; y a tu prójimo como a ti mismo». Y él le dijo: «Has dado la respuesta correcta; *haz esto, y vivirás».* (Lc 10,25-28)

Bienaventurado aquel que resiste la tentación. Ese ha superado la prueba y recibirá *la corona de la vida que el Señor ha prometido a los que lo aman.* (St 1,12)

¿No ha elegido Dios a los pobres del mundo para que sean ricos en la fe y herederos del *reino que él ha prometido a los que lo aman?* (St 2,5)

Hacéis bien, si realmente cumplís *la Torá del reino* según la escritura «*Amar*ás a tu prójimo como a ti mismo». [...] Así hablad y así actuad, como quienes han de ser juzgados por *la Torá de la libertad.* (St 2,8.12)

El amor que cumple la Torá no es un sentimiento, sino una acción realizada en el contexto de una relación con Dios y con otros seres humanos.

Podemos especificar más el carácter del amor al prójimo ordenado por Yeshúa y que sirve como criterio clave para la herencia de la vida. Al hacerlo, llegamos al corazón de la enseñanza de Pedro y Santiago sobre los destinos finales. Por lo dicho hasta ahora, se podría pensar que la tradición de Pedro y Santiago presenta un ideal inalcanzable de perfeccionismo que no tiene en cuenta la pecaminosidad del ser humano y nuestra constante necesidad de la misericordia divina. En realidad, estos textos muestran una viva conciencia de nuestra dependencia de la misericordia de Dios, expresada concretamente en el perdón de los pecados. Pero el modo en que nos valemos de esta misericordia es mostrando misericordia nosotros mismos:

> Bienaventurados los misericordiosos, porque ellos recibirán misericordia. (Mt 5,7)

> Y perdónanos nuestras deudas, como también nosotros hemos perdonado a nuestros deudores [...] Porque si perdonáis a los demás sus transgresiones, también os perdonará a vosotros vuestro Padre celestial; pero si no perdonáis a los demás, tampoco vuestro Padre os perdonará vuestras transgresiones. (Mt 6,12.14-15)

> No juzguéis, para que no seáis juzgados. Porque, con el juicio que hagáis, seréis vosotros juzgados, y la medida que déis, será la que recibáis. (Mt 7,1-2)

> Porque el juicio será sin misericordia para el que no haya tenido misericordia; la misericordia triunfa sobre el juicio. (St 2,13)[16]

Yeshúa también transmite esta enseñanza capital a través de la parábola del siervo que no perdona (Mt 18,23-35). Un rey perdona una enorme deuda que le debe uno de sus ministros, pero ese mismo ministro no perdona una pequeña deuda que le debe uno de sus siervos. La parábola concluye de esta manera:

> Entonces su señor lo llamó y le dijo: «¡Siervo malvado! Te perdoné toda aquella deuda porque me suplicaste. ¿No deberías haber tenido misericordia de tu consiervo, como yo tuve misericordia de ti?». Y su señor, enojado, lo entregó para que lo torturaran hasta que pagara toda su deuda. Así hará también mi Padre celestial con cada uno de vosotros, si no perdonáis de corazón a vuestro hermano o vuestra hermana. (Mateo 18,32-35)

Todos los textos anteriores son ejemplos clásicos del principio rabínico tradicional de *medida por medida* (*midá kenéged midá*). Según este principio, Dios nos tratará de la misma manera que nosotros hayamos tratado a los demás. Yeshúa retoma este principio, pero lo aplica solo a un rasgo de nuestra conducta: si queremos que Dios sea generoso y misericordioso con nosotros, debemos ser generosos y misericordiosos con los demás. Esto refleja el sentir de Yeshúa acerca de la desesperada necesidad de misericordia que todos los seres humanos tienen. La justicia estricta no producirá un

---

16. Los textos sobre la *tzedaká* (caridad) ponen de manifiesto el mismo principio (por ejemplo, Lc 6,38; 16,9-13.19-31; 19,8-9).

buen resultado para nadie. Esto no lo lleva a poner el énfasis en la fe en lugar
de las obras, sino a ponerlo más bien en otro aspecto: cómo actuamos hacia
los demás, nuestra generosidad y nuestra disposición a perdonar.[17]

Según la tradición de Pedro y Santiago, Yeshúa también enseña
que el juicio final que determina los destinos finales tiene en cuenta las
circunstancias únicas, los desafíos y las oportunidades de cada individuo.
El juez evalúa no solo lo que el individuo ha hecho, sino también la relación
entre lo que ha hecho y lo que se le ha dado. Este aspecto del juicio final
destaca especialmente en la parábola de los talentos (Mt 25,14-30), colocada
inmediatamente antes de la parábola de las ovejas y las cabras. Un señor
confía sus propiedades a tres siervos: el primero recibe cinco talentos, el
segundo recibe dos talentos y el tercero recibe uno.[18] El primer siervo se
dedica a los negocios y produce otros cinco talentos para su señor. El segundo
hace lo mismo y, de igual forma, duplica la inversión inicial. La respuesta del
amo en ambos casos es la misma: «Bien hecho, siervo bueno y fiel; has sido
digno de confianza en pocas cosas, te pondré al frente de muchas; entra en
el gozo de tu señor» (Mt 25,21.23). El tercer siervo devuelve el depósito sin
añadir nada más, y es reprendido por ello. Si hubiera producido un talento
adicional —duplicando así la inversión inicial del dueño— habría recibido
el mismo elogio que los otros dos siervos. Así, la satisfacción del señor no
depende simplemente de lo que produce cada siervo, sino de lo que han
hecho con lo que se les dio.

Este principio de responsabilidad relativa en la rendición de cuentas
se refleja igualmente en otro dicho de Yeshúa que trata de señores y siervos:
«Aquel siervo que, conociendo la voluntad de su señor, no se preparó ni hizo
lo que quería, recibirá una paliza severa. Pero el que, sin conocerla, hizo lo
que merecía una paliza, recibirá una paliza leve» (Lc 12,47-48a). El siervo
que no sabía lo que se esperaba de él es, aun así, considerado responsable y
debe rendir cuentas; supuestamente... ¡porque debería haberlo sabido! Su
ignorancia es culpable. Sin embargo, su castigo es leve en comparación con
el del siervo que sabía lo que su señor quería y no lo hizo. El principio de
justicia ilustrado por este ejemplo queda entonces enunciado explícitamente:
«A todo aquel a quien se haya dado mucho, mucho se le exigirá; y de aquel
a quien se haya confiado mucho, aún más será demandado» (Lc 12,48b).
Yeshúa enseña aquí que el juicio final tendrá en cuenta lo que cada uno de
nosotros sabía y lo que no sabía, los recursos que cada uno de nosotros tenía

---

17. Véase Boccaccini, *Middle Judaism*, 217-220. Boccaccini exagera la diferencia
entre la tradición de Yeshúa y el pensamiento rabínico en esta cuestión, pero su
exposición de la enseñanza de la tradición de Yeshúa acerca del perdón es magnífica.

18. Un talento tenía un valor de más de quince años de salario de un trabajador.

o de los que carecía. La justicia perfecta de Dios será administrada a la luz del ojo de Dios, que todo lo ve.

La tradición de Pedro y Santiago llama a la fe en Yeshúa como siervo elegido de Dios, e insiste en que los afligidos son curados cuando confían en él (por ejemplo, Mc 2,5; 5,34.36; 6,5-6; 10,52; Mt 8,10.13; 15,28).[19] Sin embargo, esta tradición no dice en ningún sitio que la fe explícita en Yeshúa (o la falta de tal fe) sea un criterio de juicio en el último día.[20] ¿Cuál es entonces el papel de Yeshúa en la determinación de los destinos finales? Para comprender cómo ve la tradición de Pedro y Santiago esta cuestión, debemos prestar atención a las expectativas escatológicas que se muestran en esta tradición. Juan el Bautista había proclamado un juicio inminente sobre Israel como parte de los dolores de parto de la era mesiánica (Mt 3,1-12). Yeshúa vino a renovar la alianza de Israel (Lc 22,20) y a restaurar las doce tribus (Mt 19,28), pero antes tuvo que cargar con el juicio que correspondía a Israel, para que Israel y las naciones pudieran recibir el perdón divino (Mt 20,28; 26,28). Así como su muerte implica cargar con el juicio de Israel, así también su resurrección anticipa y asegura la resurrección escatológica final de Israel (Mt 27,52-53).

Así pues, la obra redentora de Yeshúa se centra en primer lugar en el destino final de Israel —y del mundo—. Los destinos de los individuos adquieren su sentido particular solo en el marco de ese singular pero

19. En consonancia con su uso en los evangelios sinópticos, Hechos 4,9 emplea la expresión verbal «ser salvado» (*sosotai*) para referirse a la curación corporal. Esta curación también es atribuida al «nombre» de Yeshúa y a «la fe en su nombre» (Hch 3,16). Este es el contexto de la afirmación de Pedro: «En ningún otro hay salvación, pues no hay bajo el cielo otro nombre dado a los mortales, en que hayamos de ser salvados» (Hch 4,12). Obviamente, *salvación* tiene aquí un significado más amplio que la mera «curación física», si bien debe incluir tales manifestaciones de poder salvador. Teniendo en cuenta este hecho, la interpretación del texto que hace John Taylor es digna de mención: «Él [Pedro] estaba diciendo que Jesús de Nazaret es la fuente de todos los actos de curación y salvación que alguna vez hayan tenido lugar. Sabía perfectamente que un gran número de personas habían sido curadas sin tener conocimiento de Jesús, y sin embargo hizo la asombrosa afirmación de que Jesús era el autor oculto de todas las curaciones. Él era el salvador totalmente único, porque era totalmente universal» (Tiessen, *Who Can Be Saved?*, 85).

20. De las dos posibles excepciones, Apocalipsis 21,8 y Marcos 16,16, los *apistois* que son arrojados al lago que arde con fuego (Ap. 21,8) no son «los incrédulos» (KJV, NASB, NIV) sino «los sin fe» (RSV, NRSV, NEB, ESV), «los infieles» (CEV), o los «indignos de confianza» (Stern). JB parafrasea correctamente «los que faltan a su palabra», mientras que TEV dice «los traidores». Esta lectura se apoya en el uso universal que hace el Apocalipsis de la forma positiva del adjetivo (*pistos*) para significar «fiel», y no «creyente» (Ap. 1,5; 2,10; 2,13; 3,14; 17,14; 19,11; 21,5; 21,6). La otra posible excepción a esta generalización (Mc 16,16) se tratará más adelante, por las razones que en su momento se explicarán. [N. del T.: todas las anteriores siglas son abreviaturas de distintas versiones de la Biblia en inglés.]

multifacético destino nacional y cósmico. La misión de Yeshúa tiene, pues, una repercusión directa en la vida y el destino de cada individuo. Pero, ¿proporciona la tradición de Pedro y Santiago alguna idea más clara de lo que esto implica?

Esta tradición nos dice tres cosas adicionales de gran importancia sobre Yeshúa y los destinos finales de los individuos. En primer lugar, Yeshúa mismo será el juez que determine cada destino (Mt 7,22-23; 10,33; 16,27; 25,31-33). Sus enseñanzas y su ejemplo servirán como norma de juicio, pues proporcionan la interpretación definitiva que Dios hace de las exigencias esenciales de la Torá;[21] y su sacrificio expiatorio pondrá a disposición el perdón de Dios. Pero también todos, individualmente, se encontrarán con él cara a cara, para recibir su veredicto personal sobre la vida de cada uno.

En segundo lugar, quienes escuchen su llamada al discipulado, lo dejen todo para seguirlo y permanezcan fieles hasta el final heredarán la vida del mundo futuro (Mt 19,21.29; Mc 8,35). Seguir a Yeshúa es la perfecta observancia de la Torá (Mt 19,16-21) y, por tanto, le cualifica a uno para esa herencia. Los que vivan reconociendo ante el mundo su relación con Yeshúa verán esa relación reconocida por Yeshúa, el juez ante el Padre (Mt 10,32). Incluso los que oigan esa llamada al final de sus vidas, y respondan sinceramente, estarán con Yeshúa en el paraíso (Lc 23,39-43). Sin embargo, si uno se convierte en discípulo y luego, en una situación de estrés, niega conocer a Yeshúa (como Pedro en Mt 26,69-74) y no se arrepiente (a diferencia de Pedro en Mt 26,75), entonces Yeshúa el juez negará a esa persona ante el Padre (Mt 10,33). Esto concuerda con el principio de responsabilidad en la rendición de cuentas: «A todo aquel a quien se haya dado mucho, mucho se le exigirá» (Lc 12,48b).

Por último, como ya se ha dicho, algunos que no eran seguidores conscientes y explícitos de Yeshúa serán recibidos al final por Yeshúa el juez con estas palabras: «Venid, vosotros que sois bendecidos por mi Padre, heredad el reino preparado para vosotros desde la fundación del mundo» (Mt 25,34). Pero, de acuerdo con esta determinante «pintura con palabras del Juicio Final», estos herederos del reino en realidad tenían un historial de haber respondido fielmente a la llamada personal de Yeshúa, y estaban heredando el reino debido precisamente a esa respuesta. Esa llamada había

---

21. Wolfhart Pannenberg señala que las Bienaventuranzas asignan la herencia del reino a categorías de personas cuyo carácter refleja las enseñanzas y el ejemplo de Yeshúa, independientemente de si alguna vez han oído hablar de él: «El mensaje de Jesús es la norma por la que Dios juzga, incluso en el caso de aquellos que nunca conocieron a Jesús personalmente [...] todos aquellos a los que se aplican las bienaventuranzas tendrán parte en la salvación venidera, hayan oído o no hablar de Jesús en esta vida. Porque, de hecho, tienen parte en Jesús y en su mensaje, como se pondrá de manifiesto en el día del juicio» (*Systematic Theology*, vol. 3, 615).

venido a través de los miembros de la familia de Yeshúa: los hambrientos, los sedientos, los forasteros, los desnudos, los enfermos, los encarcelados (Mt 25,35-36.40). Aparentemente, lo que Yeshúa había dicho de los apóstoles también se aplica a los necesitados: «Quien a vosotros os recibe, me recibe a mí» (Mt 10,40).[22] Así, incluso aquellos que nunca han sido conscientes de la presencia o la llamada de Yeshúa que llega a todas las personas (Mt 25,37-38.44), son juzgados por cómo responden a esa llamada.

En resumen: la tradición apostólica de Pedro y Santiago pone en tela de juicio las presunciones de judíos y creyentes en Yeshúa acerca de los destinos finales, e insiste en que el juicio final implicará una evaluación justa y clemente de las obras de todos. Aunque el juicio tendrá en cuenta las circunstancias, los dones y las limitaciones particulares de cada individuo, también examinará meticulosamente sus obras conforme a lo estipulado en la Torá, tal y como fue interpretada, de manera definitiva, por Yeshúa. Esa interpretación definitiva pone especial énfasis en la exigencia de que mostremos misericordia con los demás, dando y perdonando. Yeshúa mismo será el juez, y su evaluación de nuestras obras también revelará cómo fue nuestra relación con él durante nuestras vidas —tanto explícita, como implícitamente.

La tradición de Pablo

Resulta esclarecedor leer a Pablo a la luz de la tradición de Pedro y Santiago, y no al revés. Descubrimos que Pablo emplea su propio marco conceptual y aborda una situación distinta a la descrita en los evangelios (esto es, una misión fuera de la tierra de Israel, entre gentiles, centrada en el establecimiento de comunidades de fe en Yeshúa estables). Sin embargo, su mensaje sobre la cuestión de los destinos finales se aleja poco del de la tradición de Pedro y Santiago.

La tradición de Pedro y Santiago plantea la cuestión de los destinos finales de los individuos en el contexto general del destino final de la vida

---

22. Los exégetas no se ponen de acuerdo sobre la identidad de los «miembros de la familia» de Yeshúa en Mateo 25. Algunos los consideran discípulos de Yeshúa, ya fueran apóstoles u otros miembros de la comunidad, que pudieran sufrir algún daño (véase, por ejemplo, Keener, *A Commentary on the Gospel of Matthew*, 604-606). Otros, como Davies y Allison, piensan que se refiere a las personas necesitadas en general. Aunque yo me inclino por este último punto de vista, en cualquier caso resultan significativas dos cosas: 1) que las ovejas y las cabras son los que están fuera de la comunidad de la alianza, y 2) que no sabían que se estaban encontrando con Yeshúa cuando cuidaban de los «miembros de [su] familia».

nacional de Israel escatológicamente renovada.[23] El cuadro sobre el que pinta la tradición de Pablo es mucho más vasto: la creación en su conjunto sufre, esclava de la decadencia, y anhela la liberación cósmica que vendrá cuando los «hijos de Dios» sean glorificados (Rm 8,18-23). Pablo reconoce que el propósito salvador de Dios afecta a «todas las cosas», y que la autoofrenda de Dios a *cada una de ellas* se otorgará definitivamente cuando Dios gobierne sobre *todas*: «Cuando todas las cosas le estén sometidas [a Yeshúa], entonces el Hijo mismo se someterá a aquel que sometió a él todas las cosas, para que Dios sea todo en todos» (1 Co 15,28). Para expandir nuestra visión más allá del horizonte de nuestras estrechas preocupaciones individuales, Dios nos revela el objetivo último de «todas las cosas»: «Con toda sabiduría e inteligencia nos ha dado a conocer el misterio de su voluntad, según su beneplácito manifestado en Cristo, como un plan para la plenitud de los tiempos de reunir en él todas las cosas, las que están en los cielos y las que están en la tierra» (Ef 1,8b-10). Nuestros destinos individuales están envueltos en el destino de «todas las cosas».

Pero Pablo tiene mucho que decir sobre esos destinos individuales. Al igual que la tradición de Pedro y Santiago, advierte severamente contra cualquier forma de presunción de cara al juicio divino: la descendencia física de los patriarcas y matriarcas (Rm 9,8), la circuncisión como señal del pacto (Rm 2,25-29) y la posesión y conocimiento de la Torá (Rm 2,17-24) son privilegios de enorme valor (Rm 3,1-2; 9,4-5), pero no pueden garantizar la herencia de la vida del mundo venidero; y en cuanto a los gentiles creyentes en Yeshúa, han sido injertados en el árbol de Israel, pero no deben jactarse arrogantemente de su superioridad espiritual sobre los judíos, o Dios cortará sus ramas del tronco (Rm 11,17-22). Estos tampoco deben volver a su pasada vida gentil de idolatría e inmoralidad sexual, pensando que su bautismo en el Mesías y su participación en su comida del pacto van a asegurarles la redención final; esa vuelta al paganismo se parecería a la conducta de la generación del éxodo, y provocaría el mismo juicio que recibieron aquellos israelitas descarriados (1 Co 10,1-13). Pablo deja claro que ni siquiera él, apóstol del Mesías, puede presumir que vaya a tener un juicio favorable, sino que debe perseverar en fidelidad a su llamamiento (1 Co 4,4-5; 9,24-27; Flp 3,11-14).

Pablo sugiere asimismo que debemos evitar conclusiones apresuradas sobre el destino final de quienes están fuera de esa comunidad en la que, en cumplimiento del pacto, las acciones de Dios en Israel y en Yeshúa se manifiestan. En Romanos 2, Pablo cita el ejemplo de los gentiles virtuosos para reprender la presunción de sus compatriotas judíos:

23. Véase McKnight, *A New Vision for Israel.*

> Cuando los gentiles, que no poseen la Torá, instintivamente hacen lo que la Torá requiere, estos, aunque no tengan la Torá, son Torá para sí mismos. Ellos demuestran que lo que la Torá exige está escrito en sus corazones, de lo cual también da testimonio su propia conciencia; y sus pensamientos en conflicto los acusarán o tal vez los excusarán el día en que, según mi evangelio, Dios, por medio de Yeshúa el Mesías, juzgará los pensamientos secretos de todos. (Rm 2,14-16)[24]

> Así, si los incircuncisos guardan lo ordenado en la Torá, ¿no se considerará su incircuncisión como circuncisión? Entonces, los que están físicamente incircuncisos pero guardan la Torá os condenarán a vosotros, que tenéis el texto escrito y la circuncisión, pero quebrantáis la Torá. (Rm 2,26-27)

Ambos textos tienen en mente el juicio final, al igual que los versículos anteriores del capítulo (v. Rm 2,5-13). Pablo no da a entender que tales gentiles sean perfectos en su conformidad con la ley «escrita en sus corazones», sino solo que su relación implícita con el Dios de Israel al final culminará con el reconocimiento explícito de ellos como siervos del Altísimo.[25]

Para Pablo, como para Pedro y Santiago, la actitud correcta para evitar la presunción es la simple expectativa de que Dios juzgará las obras de cada uno en el último día:

> Pero con tu corazón duro e impenitente estás acumulando ira para ti mismo en el día de la ira, cuando se revele el justo juicio de Dios. Porque él retribuirá a cada uno según sus obras: a los que, haciendo el bien con paciencia, buscan gloria, honor e inmortalidad, les dará la vida eterna; mientras que para aquellos que son egoístas y no obedecen a la verdad sino a la maldad, habrá ira y furor. Habrá angustia y aflicción para todo el que hace el mal, el judío en primer lugar y también el griego, pero gloria y honor y paz para todo el que hace el bien, el judío en

---

24. James D. G. Dunn hace destacar la importancia de la referencia a «mi evangelio» en este contexto: «La introducción del evangelio como criterio no está en contradicción con el argumento precedente, como si al hablar del juicio divino Pablo de repente redujera los criterios mucho más amplios con los que había estado operando al más estrecho de la fe en Cristo. Por el contrario, su argumento es precisamente que su evangelio opera con esos factores más amplios, siendo la fe en Cristo una pieza cuya forma de responder al Creador no está tan bien definida [...] La fe en Cristo es, por supuesto, el objetivo de su propia misión y predicación (v. Rm 10,14-17), pero como expresión más completa y normativa, y no exclusiva, de esa forma de responder» (Dunn, *Romans 1-8*, 103).

25. Íd., 101.

primer lugar y también el griego. Porque Dios no hace acepción
de personas. (Rm 2,5-11)

Algunos consideran que estas son palabras hipotéticas y retóricas, y
se niegan a tomarlas al pie de la letra. Ese rechazo del sentido llano de las
palabras de Pablo no se sostiene ni por el más amplio testimonio canónico
de los Escritos Apostólicos, ni por el resto del corpus paulino, donde se
da por sentado que habrá un juicio final de nuestros actos: «Sí, tenemos
confianza, y preferiríamos estar lejos del cuerpo y en casa con el Señor. Por
eso, ya estemos en casa o fuera de ella, procuramos agradarle. Pues todos
nosotros debemos comparecer ante el tribunal del Mesías, para que cada
uno reciba la recompensa por lo que haya hecho en el cuerpo, ya sea bueno
o malo» (2 Co 5,8-10; v. Rm 14,10-12). La expectativa gozosa y la confiada
esperanza de Pablo nunca degeneran en presunción, pues sabe que «todos
nosotros» daremos cuenta de lo que hayamos hecho.[26]

Al igual que la tradición de Pedro y Santiago, Pablo da a entender
que el juicio final tendrá en cuenta las circunstancias particulares de cada
individuo: uno será juzgado... según haya hecho... con lo que se le ha
dado. Pablo ve este principio actuando en el juicio diferenciado de judíos
y gentiles: «Todos los que han pecado fuera de la Torá perecerán también
fuera de la Torá, y todos los que han pecado dentro de lo que marca la Torá
serán juzgados por la Torá. Porque no son los oidores de la Torá los que son
tenidos por justos a ojos de Dios, sino los hacedores de la Torá los que serán
justificados» (Rm 2,12-13).

A continuación, Pablo habla de los gentiles que «instintivamente
hacen lo que la Torá requiere» y demuestran así que «lo que la Torá exige
está escrito en sus corazones» (Rm 2,14-15). En los versículos 12-13, la
palabra *Torá* incluye las detalladas ordenanzas dirigidas específicamente a
Israel y los mandamientos que presuponen un conocimiento explícito del
Dios de Israel; en cambio, la frase «lo que la Torá exige» en los versículos
14-15 consiste solo en enseñanzas morales y religiosas básicas, como las
leyes noájidas, más tarde codificadas. Aquellos que han sido instruidos
y se han formado en la Torá mosaica serán juzgados teniendo en cuenta
esa instrucción, mientras que aquellos cuyo conocimiento de Dios y de
sus requerimientos es más general serán juzgados teniendo en cuenta ese
conocimiento general.

La tradición de Pedro y Santiago insiste en que la observancia de la
Torá prepara para la vida del mundo venidero, y que los dos mandamientos

26. La importancia de esta cuestión en la enseñanza de Pablo ha sido destacada
por VanLandingham, *Judgment & Justification in Early Judaism and the Apostle Paul*,
175-241.

del amor constituyen el núcleo de esa observancia. El apóstol Pablo reconoce el papel central que desempeña el amor al prójimo en la Torá como guía universal e imperecedera hacia la vida en el Mesías (Ga 5,14; 6,2; Rm 13,8-10), y ve el cumplimiento de este mandamiento como una anticipación de la vida del mundo futuro (1 Co 13,8.13). Como expresión esencial de este amor, la tradición paulina se hace eco de la de Pedro y Santiago en su enseñanza sobre el perdón (Col 3,12-14; Ef 4,1-3.31-32; 5,1-2). Pablo se centra en el modo en que ese perdón responde al amor perdonador de Dios en el Mesías, del que participa y que reproduce, pero —a diferencia de la tradición de Pedro y Santiago— él no enseña que conceder perdón sea una condición para recibirlo.

El aspecto en que más se diferencia la enseñanza paulina sobre los destinos finales de la tradición de Pedro y Santiago, es el papel de la fe (Rm 1,16; 1 Co 1,21; 15,1-2). La buena nueva de la vida obediente, la muerte sacrificial y la resurrección victoriosa del Mesías Yeshúa trae la salvación de Dios a Israel, a las naciones y a toda la creación, y el poder salvador de esta buena nueva se hace efectivo entre los que responden a ella con fe:

> «Cerca de ti está la palabra, en tus labios y en tu corazón» [Dt 30,14] (es decir, la palabra de fe que proclamamos); porque si confiesas con tus labios que Yeshúa es el Señor y crees en tu corazón que Dios lo resucitó de entre los muertos, serás salvado. Porque con el corazón se cree para ser justificado, y con la boca se confiesa para ser salvado. Dice la Escritura: «Nadie que crea en él será avergonzado». Ya que no hay distinción entre judío y griego; el mismo Señor es Señor de todos y es generoso con todos los que le invocan. Pues «todo el que invoque el nombre del Señor se salvará». (Rm 10,8-13)

Debemos prestar mucha atención a lo que Pablo dice, y a lo que no dice, aquí. Muchos extraen de este texto suposiciones sobre lo que Pablo entiende por *fe*, que no están respaldadas por sus palabras reales.[27]

Lo primero de todo es que en las cartas paulinas *fe* implica creer en ciertas verdades que son clave. En Romanos 10, las verdades clave tienen que ver con la resurrección de Yeshúa y su entronización como Señor.[28] En Romanos 4, Pablo describe el hecho de que Dios diera un hijo a Abrahán y Sara, ya ancianos, como una especie de resurrección (Rm 4,17.19), y

---

27. Para un estudio profundo y actualizado sobre el uso de *pistis* por Pablo, véase Campbell, *The Quest for Paul's Gospel*, 178-207.

28. «Es significativo que lo que se menciona sea la resurrección, una indicación de que, para Pablo, la creencia en que Dios había levantado a Jesús de los muertos era la creencia decisiva y diferencial de los cristianos» (Cranfield, *The Epistle to the Romans*, vol. 2, 530).

compara explícitamente la fe de Abrahán en la promesa de Dios con nuestra creencia en que Dios resucitó de entre los muertos a «Yeshúa nuestro Señor» (Rm 4,24). ¿Por qué este énfasis en la resurrección y la potestad de Yeshúa? Según Pablo, Yeshúa resucita de entre los muertos como «primicias de los que durmieron» (1 Co 15,20). Su resurrección es el comienzo de la resurrección de los justos, y su humanidad glorificada se convierte en el agente de la transformación vivificante de todos los que le pertenecen (1 Co 15,21-22.45.48-49). En este contexto, creer que Dios resucitó a Yeshúa de entre los muertos es creer que Dios también nos resucitará a nosotros en él, con él y por medio de él.

En segundo lugar, si bien esta fe implica creer en una serie de verdades clave, se trata de mucho más que la mera afirmación intelectual de un conjunto de proposiciones. Romanos 4 presenta a Abrahán como el modelo de la fe, y su fe en la promesa de Dios de que tendría un hijo adoptó la forma de una confianza heroica a lo largo de muchos años (Rm 4,19-21). Su fe (*pistis*) se expresó como fidelidad (otro significado de *pistis*), y también podría caracterizarse como obediencia (Rm 1,5; 16,26). En otro lugar, Pablo habla de «la fe que obra por medio del amor» (Ga 5,6). Así pues, «Pablo no considera la fe en términos puramente pasivos, sino que tiene aspectos morales muy definidos que determinan cómo debe vivir el creyente "por la fe" o "por el Espíritu"».[29]

En tercer lugar, Pablo asocia a menudo la fe con el bautismo (Ga 3,25-27; Ef 4,5). De hecho, los eruditos suelen considerar la confesión de fe a la que se hace referencia en Romanos 10 como parte integrante del ritual de inmersión en la primitiva comunidad de Yeshúa.[30] Esto es significativo, porque implica que la *fe* paulina actúa en un contexto comunitario. No es meramente una experiencia privada, individual y subjetiva, sino una acción realizada en un escenario colectivo.

Finalmente, esta asociación con el bautismo también implica que la *fe* es una de las formas que tiene Pablo de hablar de la unión con el Mesías.[31]

---

29. Barclay, *Obeying the Truth*, 236.

30. Por ejemplo, véase Cranfield, *Romans*, 527; Dunn, *Romans 9-16*, 607; Keck, *Romans*, 254. Dunn compara la confesión de fe en Yeshúa como «Señor» con el *shemá*: «La confesión que sigue funciona, por lo tanto, como un/el equivalente del *shemá* (Dt 6,4): así como quien dice el *shemá* se identifica como perteneciente a Israel, así también quien dice *kyrion Iesoun* [Yeshúa es el Señor] se identifica como perteneciente a Jesús. Como *lema de identificación* sin duda sería usado en el bautismo, pero también y mucho más en el culto (1 Co 12,3), la evangelización (2 Co 4,5) y la parénesis (Col 2,6)».

31. Algunos recientes estudios escandinavos sobre Lutero han concluido que el reformador asimismo entendía la fe principalmente en términos de «unión con Cristo». Véase Braaten and Jenson (editores), *Union with Christ: The New Finnish Interpretation of Luther*.

Tal como Pablo conecta fe y salvación, así también conecta la unión con Yeshúa en el Espíritu y el destino final de la vida en el mundo futuro:

> Si hemos estado unidos a él en una muerte como la suya, es seguro que estaremos unidos a él en una resurrección como la suya [...] si hemos muerto con el Mesías, creemos que también viviremos con él. (Rm 6,5.8)

> Si el Espíritu del que resucitó a Yeshúa de entre los muertos habita en vosotros, el que resucitó al Mesías de entre los muertos dará vida también a vuestros cuerpos mortales por medio de su Espíritu que habita en vosotros. (Rm 8,11)

La importancia de creer en la resurrección de Yeshúa se hace evidente en este contexto. En el acto ritual de la inmersión, y sufriendo aflicción por amor al Mesías (Rm 8,17), el seguidor de Yeshúa participa en su muerte. Lo hacemos con la esperanza de que el culmen de esta participación sea para nosotros la vida de resurrección y la gloria que Yeshúa ahora posee como «Señor».

Así pues, el concepto de *fe* en Pablo tiene una profundidad y un alcance enormes. No tiene nada que ver con el reconocimiento de Yeshúa como Señor mientras se desobedece a Dios y se ignora al Mesías, que es censurado en Mateo 7,21-23. Tampoco tiene que ver con el acuerdo puramente intelectual sin obras que le correspondan, censurado en Santiago 2,14-26. De hecho, su correlato más cercano en la tradición de Pedro y Santiago es el discipulado fiel, pues —como ya se ha dicho— esa tradición proclama que todos los que siguen a Yeshúa como sus discípulos y permanecen fieles hasta el final, heredarán la vida del mundo por venir (Mt 19,21.29; Mc 8,35). Por lo tanto, así como en Pedro y Santiago una relación íntima y leal con el maestro itinerante Yeshúa proporciona la seguridad de un destino final feliz, así también en Pablo la unión con el Señor crucificado y resucitado —en la fe— ofrece la misma seguridad.

Si la fe —que significa vínculo de unión con el Mesías— conduce a un destino final feliz, ¿qué conduce a un final trágico? Varios textos paulinos abordan esta cuestión:

> ¿No sabéis que los malhechores no heredarán el reino de Dios? ¡No seáis engañados! Los fornicadores, los idólatras, los adúlteros, los que ejercen prostitución, los sodomitas, los ladrones, los avariciosos, los borrachos, los maldicientes, los ladrones..., ninguno de estos heredará el reino de Dios. (1 Co 6,9-10)

Ahora bien, las obras de la carne son evidentes: fornicación, impureza, libertinaje, idolatría, hechicerías, enemistades, pleitos, celos, iras, peleas, disensiones, sectarismos, envidia, borracheras, orgías y cosas semejantes a estas. Os lo advierto, como ya os lo advertí antes: los que hacen tales cosas no heredarán el reino de Dios. (Ga 5,19-21)

Haced morir, pues, todo lo que hay de terrenal en vosotros: la fornicación, la impureza, las pasiones, los malos deseos y la avaricia —que es idolatría—. Por estas cosas la ira de Dios viene sobre los que son desobedientes. (Col 3,5-6)

Estad seguros de esto: que ningún fornicario, impuro o avaro (es decir, idólatra) tiene herencia en el reino del Mesías y de Dios. Que nadie os engañe con palabras vanas, porque por estas cosas la ira de Dios viene sobre los que son desobedientes. (Ef 5,5-6)

Pablo insiste en el vínculo entre la fe en Yeshúa y la herencia escatológica del reino de Dios. Pero, al hablar de los que están excluidos de esa herencia, Pablo enumera tipos de comportamiento que constituyen una violación fundamental de las normas de la Torá universalmente aplicables (en términos rabínicos, los mandamientos *noájidas*). No incluye en la lista la incredulidad (es decir, la falta de fe explícita en Yeshúa). Como dedujimos anteriormente de nuestra lectura de Romanos 2, Pablo no divide el mundo sencillamente entre creyentes en Yeshúa (que son *salvados*) y los que no tienen una fe explícita en Yeshúa (que son *condenados*). El juicio será, para todos, según las acciones más que las creencias o experiencias, si bien estas conforman los hechos. Así como las obras de aquellos gentiles justos de Romanos 2 muestran una *torá* implícita inscrita en sus corazones, así también las obras de algunos fuera de los muros visibles de la *ekklesia* (la comunidad creyente en Yeshúa) pueden dar testimonio de su fe implícita en el Mesías crucificado y resucitado.

En conclusión, Pablo se dirige a un público diferente al de la tradición de Pedro y Santiago, y desarrolla un nuevo concepto de *fe*. Pero su enseñanza sobre los destinos finales guarda un gran parecido con la de aquellos apóstoles compañeros suyos.

La tradición de Juan

Al igual que la tradición apostólica de Pablo, la tradición de Juan pone el énfasis en la fe como respuesta adecuada a la persona y al mensaje de Yeshúa. Juan escribe su evangelio con un propósito claro y único, y transmite ese propósito sin ambigüedades al final del libro: «Pero estas [señales] se han escrito para que creáis que Yeshúa es el Mesías, el Hijo de Dios, y para que creyendo tengáis vida en su nombre» (Jn 20,31). ¿Qué quiere decir Juan con *creer*? ¿Y qué quiere decir con *tener* «vida en su nombre»?

Como en Pablo, la fe en Juan implica la afirmación de ciertas verdades, pero centrándose menos en los concretos acontecimientos escatológicos que tuvieron lugar en Yeshúa (es decir, su muerte y resurrección) y más en la identidad personal de Yeshúa.[32] Por la fe se afirma que Yeshúa es el Mesías (Jn 11,27; 20,31; 1 Jn 5,1), el Hijo de Dios (Jn 11,27; 20,31; 1 Jn 5,5), que procede de Dios y es enviado por Dios (Jn 16,27; 17,8.21). Y por fe se ve a Yeshúa como algo más que un mero siervo fiel, al que se le ha confiado una misión redentora única: es el Santo de Dios (Jn 6,69), que habita en el Padre y en quien el Padre habita (Jn 10,38; 14,10-11). Es aquel que comparte el Nombre y la naturaleza divinos (Jn 17,11-12), y por fe en Yeshúa se reconoce lo que él con razón proclama: «Yo soy» (Jn 8,24; 13,19; v. 8,58-59, 18,5-6). En lenguaje contemporáneo, podríamos decir que, para Juan, la verdad central que la fe afirma es la divinidad de Yeshúa.

Sin embargo, Juan no muestra más interés que Pablo en el asentimiento puramente intelectual de las verdades como proposiciones lógicas. Uno no «tiene vida» mediante la afirmación de ciertas fórmulas en un credo. Creer que Yeshúa es el camino, la verdad y la vida (Jn 14,6) implica necesariamente responder a una invitación a entrar en una relación y alimentar esa relación. Es la respuesta humana adecuada a un encuentro personal con Aquel que encarna la autorrevelación del Dios de Israel. Implica *venir a* Yeshúa (Jn 6,35), *amar* a Yeshúa (Jn 16,27) y *obedecer* a Yeshúa (Jn 14,21; 15,10; 3,36; 8,51; 12,47-48). Igual que en Pablo, la fe desempeña un papel equivalente al del discipulado en la tradición de Pedro y Santiago.[33]

¿Qué es la «vida en su nombre» que reciben los que creen en Yeshúa? En la tradición apostólica de Pedro y Santiago, la palabra *vida* hace referencia a un don otorgado en el futuro, en el mundo que ha de venir (Mt 7,14; 18,8-9; 19,16-17.29; 25,46). Por ello, podríamos pensar razonablemente que la principal preocupación de Juan es asegurar a los que creen en Yeshúa su

---

32. «Sin duda, el interés primordial de un evangelio [...] es exponer la acción de Dios en Cristo para el cumplimiento de su propósito de gracia [...] Pero la incesante concentración del evangelista [Juan] en la persona a través de la cual Dios actúa deja claro que para él *función y persona son inseparables*» (Beasley-Murray, *John*, lxxxiv).

33. «La palabra *creer*, por lo tanto, hace referencia a la respuesta adecuada a la revelación de Dios, una acogida fiel de su verdad, como la palabra *fidelidad* en el Antiguo Testamento; es una convicción de la verdad en la que uno pone su vida y sus acciones, no un mero asentimiento pasivo de un hecho» (Keener, *The Gospel of John: A Commentary*, vol. 1, 327).

destino futuro. Y sin embargo, si prestamos atención al uso que del término hace Juan, queda claro que no es así: en Juan, la vida eterna se recibe ahora, en este mundo; es una posesión ya presente, no simple anticipación, del futuro.[34]

> El que cree en el Hijo tiene vida eterna [...] (Jn 3,36)

> En verdad, en verdad os digo que el que oye mi palabra, y cree al que me envió, tiene vida eterna; no anda bajo juicio, sino que ha pasado de muerte a vida. (Jn 5,24)

> En verdad, en verdad os digo que el que cree tiene vida eterna. (Jn 6,47)

> El que come mi carne y bebe mi sangre tiene vida eterna. (Jn 6,54)

La posesión actual de la vida eterna da una esperanza confiada en el mundo futuro (Jn 6,40.54; 11,25-26). Sin embargo, Juan no pone el foco en esa esperanza futura, sino en la vida que *ahora* reciben los que creen.

Yeshúa da vida eterna a los que creen en él (Jn 5,21; 10,26; 17,2); y además, la vida que da sigue siendo suya después de entregarla, pues no es *algo* externo a su persona: Yeshúa da vida... dándose a sí mismo.

> Porque, así como el Padre tiene vida en sí mismo, así también ha concedido al Hijo tener vida en sí mismo [...] (Jn 5,26)

> Yo soy el pan de vida; el que viene a mí nunca tendrá hambre, y el que cree en mí nunca tendrá sed. (Jn 6,35; v. 6,53-58)

> Yo soy la resurrección y la vida [...] (Jn 11,25)

> Yo soy el camino, la verdad y la vida [...] (Jn 14,6)

La vida eterna no es solo un don de Yeshúa para nosotros, es su presencia entre nosotros y dentro de nosotros. Por eso necesitamos *creer en* Yeshúa para tener esa vida, pues *creer* significa venir a él, amarle, permanecer con él. Cuando nos acercamos a Yeshúa, nos acercamos a la vida. Es como la luz o el calor que desprende un fuego: uno no puede tener la luz y el calor sin el fuego, y tampoco se puede tener el fuego sin luz y calor.

Esta identificación de Yeshúa con la «vida» en Juan está vinculada al énfasis de todo el libro en la deidad de Yeshúa: Dios, el único que tiene vida «en sí mismo», ha concedido a Yeshúa tener también vida «en sí mismo»,

---

34. «Para los sinópticos, *la vida eterna* es algo que se recibe en el juicio final o en una era futura (Mc 10,30; Mt 18,8-9), pero para Juan es una posibilidad presente» (Brown, *An Introduction to the Gospel of John*, 239).

para que todos le honren como honran a Dios. Acercarse a Yeshúa es acercarse a Dios, y acercarse a Dios es tener vida: «Y esta es la vida eterna: que te conozcan a ti, el único Dios verdadero, y a Yeshúa el Mesías, a quien has enviado» (Jn 17,3).

Del mismo modo que Juan se centra en la vida eterna como una realidad presente, así también concibe el juicio como algo que está ocurriendo ahora y no solo en el mundo venidero:

> Porque tanto amó Dios al mundo, que dio a su único Hijo, para que todo aquel que crea en él no perezca, sino que tenga vida eterna. En efecto, Dios no envió a su Hijo al mundo para condenar al mundo, sino para que el mundo se salve por él. Los que creen en él no son condenados; pero los que no creen ya están condenados, porque no han creído en el nombre del Hijo único de Dios. Y este es el juicio: que la luz ha venido al mundo, y los hombres amaron más las tinieblas que la luz, porque sus obras eran malas. Pues todos los que hacen el mal odian la luz y no vienen a la luz, para que sus obras no sean descubiertas. Pero los que practican la verdad vienen a la luz, para que se vea claramente que sus obras han sido hechas en Dios. (Jn 3,16-21)

Yeshúa viene como luz que revela lo que hemos hecho y quiénes somos realmente. Los que huyen de la luz son los que prefieren la oscuridad. Su juicio no consiste en un veredicto futuro, sino que es una realidad presente, pues al huir de aquel que es la luz y la vida, se condenan a sí mismos a las tinieblas (la ausencia de luz) y a la muerte (la ausencia de vida).[35]

Mientras que creer en Yeshúa es la forma de recibir la vida (ya que, como se ha dicho antes, Él es la vida, y creer significa «venir a Él») y la razón por la que los hombres «vienen a la luz» es «para que se vea claramente que sus obras han sido hechas en Dios»…, lo contrario también es cierto: los que no creen huyen de la luz para que «sus obras no sean descubiertas», «porque sus obras [son] malas». La respuesta de uno a Yeshúa revela quién es uno realmente: si rechazamos a aquel que es la verdad, mostramos que somos falsos; si rechazamos a aquel que es la bondad misma, mostramos que somos malvados. Así pues, Juan no descarta ni la importancia de las obras (en un supuesto contraste con la *fe*) ni la importancia de la forma en que uno ha vivido *antes* de creer en Yeshúa.[36] En este texto, el juicio sigue siendo según las obras, y creer o no creer no es tanto la base del juicio como *el juicio mismo, ¡dictado por aquel que está siendo juzgado!*

---

35. Véase Brown, *Gospel of John*, 239.
36. Véase Tiessen, *Who Can Be Saved?*, 145.

En la tradición apostólica de Pedro y Santiago no se establece ninguna conexión explícita entre fe en Yeshúa y destinos finales. En la tradición de Pablo, la fe en Yeshúa está vinculada a la salvación, pero el juicio se dicta según las obras que violan los mandamientos noájidas (sin ninguna referencia a la ausencia de fe en Yeshúa). En la tradición de Juan, como acabamos de ver, la fe en Yeshúa conduce a la «vida eterna», y la incredulidad en Yeshúa lleva a la condenación, pero ambos resultados se consideran, sobre todo, condiciones realizadas en el presente y no destinos futuros (por más que tengan implicaciones ciertas para el mundo futuro). No obstante, este novedoso vínculo entre *incredulidad* y *juicio* merece algún comentario.

> Los que creen en él no son condenados; pero los que no creen ya están condenados, porque no han creído en el nombre del Hijo único de Dios. (Jn 3,18)

> El que cree en el Hijo tiene vida eterna; el que desobedece al Hijo no verá la vida, sino que tendrá que sufrir la ira de Dios. (Jn 3,36)

¿Quiénes son los que «no han creído en el nombre del Hijo único de Dios»? ¿Se refiere esto a toda persona en el mundo que no es explícitamente creyente en su nombre? El segundo pasaje citado implicaría que «no han creído» quiere decir algo más, pues quien soporta «la ira de Dios» es el que «desobedece al Hijo», y la desobediencia requiere el conocimiento de un mandato y de un mandante.

Esta deducción tiene también base en otros textos de Juan. En Juan 6,36, Yeshúa dice: «Pero os dije que *me habéis visto* y, sin embargo, no creéis». En los versículos que siguen, Yeshúa contrasta a estos incrédulos con aquellos que creen: «todo aquel que *ve al Hijo* y cree en él [tiene] vida eterna» (Jn 6,40). Así como la creencia en Yeshúa es precedida por un encuentro con él en el que la persona «ve al Hijo», la incredulidad viene precedida de un encuentro similar. En otro lugar, Juan describe este encuentro personal con imágenes auditivas en lugar de ópticas: «Yo no juzgo a ninguno que *oye mis palabras* y no las cumple, porque no he venido a juzgar al mundo, sino a salvar al mundo. El que me rechaza y no recibe mis palabras tiene juez; en el último día, la palabra que yo he hablado le servirá de juez» (Jn 12,47-48). El incrédulo oye las palabras de Yeshúa, y rechaza a Yeshúa y sus palabras. Una vez más, esto contrasta con el creyente en Yeshúa: «De cierto, de cierto os digo: El que *oye mi palabra* y cree al que me envió, tiene vida eterna» (Jn 5,24).[37]

---

37. Esta perspectiva proporciona el contexto necesario para interpretar otros versículos joánicos, como Juan 8,24: «Os dije que moriríais en vuestros pecados, pues

Así pues, el Evangelio de Juan habla poco de los *no* creyentes, ¡pero mucho de los íncrédulos![38] Trata con dureza a los que ven la luz, la reconocen y luego le dan la espalda y huyen de ella. Habla de la condición de los que se han encontrado con Yeshúa y lo han rechazado, no de los que nunca se han encontrado con él. ¿Qué significado tiene esto para nuestros días? Oír y ver a Yeshúa no es solo leer un libro sobre él, oír a un predicador hablar de él en la televisión, ver una película sobre su vida, o recibir un folleto y un discurso memorizado de un misionero en la calle. Lo que realmente percibimos en esos contactos viene determinado por nuestros compromisos comunitarios y nuestra historia personal y familiar. Ver a Yeshúa, en el sentido joánico, es ver *la luz* y reconocer su brillo. Ese es el tipo de encuentro que se necesita para que se produzca la creencia *o* la incredulidad auténticas.

¿Qué significa esto para los judíos que no creen en Yeshúa? Independientemente de lo que sucediera con su propia generación, que claramente lo *vio* y lo *oyó*, y le respondió con un rotundo *no*, no podemos suponer que todas las generaciones posteriores de judíos (que no han creído explícitamente en él) se hayan encontrado con él y le hayan dado la misma respuesta negativa. Solo Dios puede distinguir entre un incrédulo y un no creyente; aun así, incluso si la distinción fuera evidente a ojos de los hombres, las extraordinarias circunstancias de la historia judía nos inclinarían a extremar la cautela a la hora de evaluar los destinos de los judíos individualmente.

¿Qué aporta la tradición de Juan a una investigación sobre el destino futuro de los no creyentes en Yeshúa? Sus supuestos parecen ser similares a los anteriormente distinguidos en las tradiciones de Pedro y Santiago, y de Pablo. Así como el juicio realizado en este mundo a través de un encuentro con Yeshúa conduce a la vida o a la condenación, dependiendo de las acciones previas de la persona que ve la luz del Mesías, así también el juicio final se basará en las acciones: «No os asombréis de esto, porque se acerca la hora en que todos los que están en sus sepulcros oirán su voz y saldrán: los que hicieron el bien, a la resurrección de vida; los que hicieron el mal, a la resurrección de condenación» (Jn 5,28-29).

El prólogo del evangelio de Juan afirma también que todas las cosas se hicieron por medio de la Palabra, que se encarna en Yeshúa (Jn 1,13, 9, 14): en él está la vida, que es la luz de todos los hombres (Jn 1,4-5.9). Muchos

---

en vuestros pecados moriréis a menos que creáis que yo soy». Como señala Tiessen, «es importante recordar que Jesús hizo la declaración específicamente a personas a las que estaba revelando su identidad. Es fundamental que no nos extralimitemos entendiendo que tales afirmaciones incluyen a los no evangelizados, quienes, por definición, carecen de esa revelación» (Tiessen, *Who Can Be Saved?*, 85).

38. Íd., 134.

escritores de la Iglesia primitiva entendieron que esto significaba que el Hijo de Dios había actuado de forma reveladora y salvífica al margen de la historia del pueblo de Israel.[39] Es evidente que la misma tradición de Juan asumía que el Hijo de Dios había actuado de tal forma, pero en la propia historia de Israel (Jn 12,41). En su perspectiva, todos los seres humanos se encuentran con la luz de Yeshúa en alguna medida, y todos tendrán que rendir cuentas de cómo responden a la luz que reciben.

En conclusión, encontramos que la tradición de Juan tiene una enseñanza sobre los destinos finales menos explícita que las tradiciones de Pedro y Santiago o de Pablo. Habla mucho de la «vida eterna» y de la «condenación», pero consideradas estas, sobre todo, condiciones presentes realizadas, más que anticipadas recompensas futuras. La creencia y la incredulidad en Yeshúa no son tanto cualificaciones para destinos futuros como los juicios que los propios individuos emiten sobre sí mismos en el presente, volviéndose hacia la luz o alejándose de la luz, que les es revelada.

Aunque Juan difiere de las tradiciones de Pedro y Santiago y de la de Pablo en la singularidad de su enfoque de la fe en Yeshúa, como aquel en quien Dios habita de manera única, y de su horizonte escatológico predominantemente realizado, no ofrece ninguna enseñanza sobre los destinos futuros que entre en conflicto con las otras tradiciones apostólicas que hemos examinado.

Marcos 16,9-16

El texto final a considerar, Marcos 16,9-16, no se puede adscribir a ninguna corriente de la tradición apostólica en particular. Aunque unido al final del evangelio de Marcos, es opinión académica generalizada que no pertenece a la composición original.[40] Se ha cuestionado su valor canónico, pero no entraremos aquí en ese debate.

Marcos 16,15-16 ofrece el único ejemplo, en los Escritos Apostólicos, de un pasaje que conecta explícitamente la condena final con la falta de fe en la buena nueva: «Y les dijo: "Id por todo el mundo y proclamad la buena nueva a toda la creación. El que crea y sea bautizado se salvará; pero el que no crea será condenado"».

39. Íd., 48-52.

40. Véase Kernaghan, *Mark*, 343-344. Incluso eruditos conservadores que defienden su datación temprana y su valor canónico están de acuerdo en que no pertenece a Marcos: «Puede compararse con la historia de la mujer sorprendida en adulterio, en Juan 8, como ejemplo de una tradición temprana que puede muy bien ser auténtico y que es indudablemente primitivo, pero no pertenece, tal como está, al texto actual del Evangelio» (Cole, *The Gospel According to St. Mark*, 259).

¿Enseña este texto que todos los que no creen en Yeshúa en esta vida están destinados a la destrucción final? En su contexto, es evidente que el significado del pasaje es mucho más limitado. Los versículos anteriores nos dicen lo que significa no creer. Miriam de Migdol (María Magdalena) ve a Yeshúa resucitado, y va a contarles su encuentro a sus seguidores. Pese a que han estado con él durante tres años, que lo han amado, que le han servido, y que le han oído hablar de su próxima muerte y resurrección, no quieren creerla (Mc 16,11). Vienen a ellos dos más con la misma noticia, y siguen sin creerles (Mc 16,13). Finalmente, Yeshúa se les aparece en persona y los amonesta por su «falta de fe» (Mc 16,14). Entonces, les ordena «proclamar la buena nueva a toda la creación» (Mc 16,15). En este contexto, es evidente que *el que no cree* es uno que oye la buena nueva, se encuentra a través de ella con un testimonio convincente del Señor resucitado y, sin embargo, se niega obstinada y persistentemente a convertirse en discípulo (es decir, a ser bautizado y entrar en la comunidad de los que lo aman, le sirven, obedecen y confían en él).

La enseñanza sobre creer y no creer en Marcos 16,9-16 se parece a lo que hemos encontrado en la tradición de Juan. La condenación aguarda a aquellos que voluntariamente no creen; esto es, que rechazan la luz que ha descendido sobre ellos. Estas palabras no se refieren a los que carecen de conocimiento o experiencia real de Yeshúa, sino a los que, como los discípulos, lo conocen, ven la luz, y luego se niegan a aceptar lo que ha hecho por ellos. Marcos 16,16 no clasifica a todo el mundo en dos grupos de creyentes y no creyentes, ni condena tampoco a estos últimos a la perdición eterna. Lo que hace, en cambio, es describir las dos respuestas dadas por las personas que se han encontrado, auténticamente, con Yeshúa.

Conclusión

Al principio de este trabajo, afirmé que una respuesta rigurosa y convincente a la cuestión de los destinos finales incluiría al menos cuatro elementos, y que aquí me ocuparía solo del primero de ellos. Por lo tanto, cualquier conclusión que se extraiga en este punto debe ser provisional, puesta a prueba y perfeccionada con posteriores reflexiones teológicas, prácticas e históricas. No obstante, nuestro estudio de la enseñanza bíblica explícita sobre el tema ofrece una hipótesis preliminar que merece una seria consideración.

Según esta hipótesis, la enseñanza apostólica (como atestiguan especialmente las tradiciones de Pedro-Santiago y Pablo) comienza advirtiéndonos contra la presunción acerca de nuestra propia salvación y la condenación de otros. Es sorprendente la frecuencia con la que cristianos evangélicos han entendido la enseñanza apostólica exactamente de la forma opuesta: asegurando nuestra salvación y la de otros como nosotros (en opiniones, experiencias o afiliación comunitaria), y la condenación de los que no son como nosotros. Creo que Søren Kierkegaard iba por buen camino en su meditación sobre el «temor y temblor»: «Nunca he llegado tan lejos en mi vida, y no es probable que alcance nunca más allá del punto del "temor y temblor", en donde descubro —con, literalmente, bastante certeza— que todas las demás personas fácilmente serán bendecidas; y solo yo no. Decir a los demás "Estáis eternamente perdidos", eso no lo puedo hacer. Para mí, la situación sigue siendo siempre esta: todos los demás serán bendecidos, eso es bastante cierto; solo conmigo puede haber dificultades».[41] Kierkegaard no está haciendo aquí una declaración doctrinal sobre la salvación de «los demás». Está intentando, en cambio, ejemplificar la actitud que las buenas nuevas pretenden suscitar con sus advertencias sobre los destinos finales.

La enseñanza apostólica universal de que todos serán juzgados según sus obras debería servir de salvaguardia contra cualquier tipo de presunción. Encontramos esta enseñanza en todas las corrientes de la tradición apostólica que hemos examinado. Lo que cuenta, en el análisis final, no es nuestro linaje, etnia, afiliación religiosa, experiencias u opiniones religiosas, sino cómo vivimos nuestras vidas. ¿Obedecimos los mandamientos divinos? ¿Hicimos la voluntad de Dios? ¿Realizamos el propósito de Dios para nuestras vidas?

La justicia de Dios en este juicio final se expresa en que Dios hace a cada uno responsable solo de lo que ha recibido. Somos responsables de coger lo que sabemos y lo que se nos ha dado y hacer algo con ello. Cada uno o cada una debe responder a la luz de la revelación que se le ha proporcionado. Esto debería hacernos más sensatos a quienes hemos contemplado la gloria de Yeshúa, y también debería hacernos moderar nuestros juicios de valor acerca del destino de los demás.

El propósito redentor de Dios para Israel, para las naciones y para toda la creación se realiza a través de la persona y la obra del Mesías Yeshúa y el don del Espíritu. Puesto que los destinos de los individuos reciben su carácter del más amplio destino colectivo y cósmico que comparten, ninguno puede alcanzar un final de bendición al margen de la obra salvadora de Yeshúa. En última instancia, la felicidad del mundo por venir consistirá en una comunidad eterna de «todas las cosas» con el Padre, por medio del Hijo, en el Espíritu. Como anticipo de ese día, Dios nos ofrece la oportunidad de entrar ahora en esa eterna relación de parentesco. Esto

41. Citado en Von Balthasar, *Dare We Hope "That All Men Be Saved"?*, 88.

es lo que la tradición de Pedro y Santiago conoce como discipulado, y lo que las tradiciones de Pablo y Juan entienden por fe en Yeshúa. El juicio de nuestras acciones determinará si, implícita o explícitamente, ya hemos comenzado a vivir en esta relación eterna y si hemos seguido haciéndolo o hemos buscado escapar de ella.

Para los que no tienen fe explícita en Yeshúa, el juicio de sus obras revelará cómo han respondido a la luz (o mejor, la Luz) que se les ha dado. Toda criatura —lo sepa o no— ha sido creada y es sustentada por Dios por medio de la Palabra divina en el Espíritu. Todas las criaturas —y todos los seres humanos en particular— se encuentran con Dios, por medio de la Palabra, en el Espíritu, cada día, cada hora, cada instante. Yeshúa se encuentra en la persona del necesitado; está al lado de cualquiera que ha sido agraviado y debe decidir si guardar rencor o dejarlo pasar; él habla a cada uno con la ley «escrita en sus corazones» (Rm 2,15). Y lo que es más importante, Yeshúa se revela explícitamente mediante la proclamación de la buena noticia, mediante la transmisión de su enseñanza y mediante la encarnación de su misión redentora en la vida de la comunidad que da testimonio de su nombre. ¿Cómo hemos respondido a Yeshúa, la Torá viviente, en todas nuestras acciones? Al final, él requerirá, de todos, respuesta a esta pregunta.

Lo que C. S. Lewis dice de las advertencias de Yeshúa acerca del infierno vale también para toda la enseñanza apostólica sobre los destinos finales: «Los pronunciamientos del Señor sobre el infierno, como todos los dichos del Señor, se dirigen a la conciencia y a la voluntad, no a nuestra curiosidad intelectual. Cuando nos han despertado a la acción, convenciéndonos de una terrible posibilidad, han hecho, probablemente, todo lo que pretendían hacer».[42] De manera similar, las promesas del Señor y de los apóstoles acerca de la vida del mundo futuro nos despiertan a la acción, no alertándonos de su «terrible posibilidad», sino poniendo ante nosotros una esperanza gloriosa. Ojalá que cada uno de nosotros responda a la Luz que ha iluminado nuestras vidas y él nos dé a cada uno la bienvenida con las palabras «Bien hecho, siervo bueno y fiel, entra en el gozo de tu Señor».

---

42. Lewis, *The Problem of Pain*, 119.

Capítulo 7

Lumen gentium, vista por un judío mesiánico[1]

Este estudio fue escrito y presentado por Mark Kinzer en nombre de los judíos mesiánicos participantes en el Grupo de Diálogo Católico Romano-Judío Mesiánico, en su reunión de 2008. El grupo se reunió por primera vez en el monasterio de Camaldoli (Italia) en el año 2000 y desde entonces ha seguido reuniéndose todos los años. Aquí Kinzer interactúa con el documento del Concilio Vaticano II *Lumen gentium* (que establece el papel de la Iglesia como «luz de las naciones») desde la perspectiva de un judío mesiánico. Elogia el documento por su tratamiento tanto del cuerpo de Cristo como del pueblo de Dios, por su exhortación a mantener la unidad en medio de la diversidad, y por su benévola y prometedora actitud hacia los no católicos. Expresa su preocupación por la afirmación, en el documento, de que la Iglesia es el «nuevo pueblo de Dios», explicando que la conclusión lógica de tal postura es que Israel según la carne ya no tiene una vocación divina en el mundo, y que los judíos que vienen a ser creyentes en Yeshúa no tienen un llamamiento divino a vivir como judíos. Ese lenguaje de *Lumen gentium* al hablar de la Iglesia como el «nuevo Israel» revela una inclinación supersesionista y, desde el punto de vista de Kinzer, el tratamiento del pueblo de Dios en el documento adolece de un sentido exagerado de

---

1. Publicado con algunas modificaciones en *First Things* 189 (enero de 2009); aquí introducido por Jennifer M. Rosner. Pueden verse algunas reacciones, y sus réplicas por Mark Kinzer, en *First Things* 193 (mayo de 2009).

discontinuidad. Aunque el *Catecismo de la Iglesia Católica* (1992) sirve para corregir algunos de los elementos problemáticos de *Lumen gentium*, las afirmaciones positivas hechas en el catecismo sobre el pueblo judío no están plenamente integradas en su eclesiología. Dado que las deficiencias que persisten se deben en gran parte a omisiones, Kinzer tiene la esperanza de que la Iglesia Católica pueda avanzar hacia un mayor desarrollo de su enseñanza sobre la relación de la Iglesia con el pueblo judío.

JEN ROSNER

Cualquier encuentro serio entre judíos mesiánicos y católicos romanos acaba en un debate sobre eclesiología. Cada cual plantea preguntas que cuestionan las afirmaciones identitarias del otro, pero estas preguntas pueden abrir vías imprevistas de reflexión teológica, que llevan a una autocomprensión más profunda a todos los que participan en la conversación.

No hay mejor modo de comenzar el debate que con una lectura atenta de *Lumen gentium*, el documento del Vaticano II que proporciona la enseñanza más completa y lúcida sobre la significación y el papel de la Iglesia que cualquier organismo cristiano oficial haya ofrecido a lo largo de los siglos. Al mismo tiempo, debemos reconocer que desde el Vaticano II se han producido importantes avances en el pensamiento católico sobre el pueblo judío. Por lo tanto, debemos complementar esta lectura de *Lumen gentium* prestando atención también al *Catecismo de la Iglesia Católica* (*CIC*), que ha incluido estos avances en su enseñanza.

¿Qué piensa un judío mesiánico del tratamiento que en *Lumen gentium* y el *Catecismo* católico se hace de la Iglesia, el judaísmo y el pueblo judío?

Aspectos a valorar

Hay mucho que este judío mesiánico admira en *Lumen gentium*. El documento, sabiamente, considera capitales para la identidad de la Iglesia estos dos conceptos bíblicos: el cuerpo de Cristo y el pueblo de Dios. El primer concepto resalta la unión de la Iglesia con Yeshúa crucificado y resucitado, y su identidad como encarnación terrenal permanente de su presencia (*LG* 7). Dado que la Iglesia es el cuerpo de Cristo, sirve como sacramento en medio del mundo, un medio de transmisión a ese mundo de la realidad del Señor resucitado (*LG* 48). El segundo concepto subraya la identidad de la Iglesia como sociedad humanamente estructurada con continuidad en el tiempo (*LG* 9-17). Puesto que la Iglesia es el pueblo de Dios, vive como una comunidad que está plenamente en el mundo, aunque no es del mundo. El primer concepto pone el énfasis en la unión de la Iglesia con Dios a través de Cristo en el Espíritu; el segundo, en el papel de la Iglesia como expresión comunitaria en este mundo de una humanidad renovada y transformada por la obra redentora del Mesías. Al vincular ambos conceptos, *Lumen gentium* afirma que la Iglesia es tanto una realidad mística como una comunidad plenamente humana, y que ninguna puede legítimamente destacarse a expensas de la otra.[2]

En correspondencia con esta doble identidad, el documento describe las funciones de la Iglesia en los términos del tradicional triple oficio de Cristo como sacerdote, profeta y rey (*LG* 10-13, 21, 25-27, 34-36).[3] Caracterizar a la Iglesia de este modo sugiere la unión con Cristo como su cuerpo, ya que asume corporativamente las mismas funciones que propiamente le corresponden a él como su cabeza. Por otra parte, los tres oficios originalmente hacen referencia a los puestos de liderazgo clave dentro del pueblo de Israel y, por lo tanto, su uso en el documento da a entender una similitud con la realidad comunitaria e institucional de la vida de Israel. El motivo reiterado del triple oficio confirma y refuerza así la importancia primordial de la doble identidad de la Iglesia como cuerpo de Cristo y pueblo de Dios.

Al atribuir tanta importancia a la identidad de la Iglesia como pueblo de Dios, *Lumen gentium* plantea la cuestión eclesiológica que más preocupa a los judíos mesiánicos: ¿cuál es la relación entre la Iglesia y el pueblo judío? El documento aborda honestamente esta cuestión centrándose en la transición de la antigua a la nueva alianza, y del Israel bíblico a la Iglesia

---

2. «Mas la sociedad provista de sus órganos jerárquicos y el Cuerpo místico de Cristo, la asamblea visible y la comunidad espiritual, la Iglesia terrestre y la Iglesia enriquecida con los bienes celestiales, no deben ser consideradas como dos cosas distintas, sino que más bien forman una realidad compleja que está integrada de un elemento humano y otro divino. Por eso se la compara, por una notable analogía, al misterio del Verbo encarnado, pues así como la naturaleza asumida sirve al Verbo divino como de instrumento vivo de salvación unido indisolublemente a Él, de modo semejante la articulación social de la Iglesia sirve al Espíritu Santo, que la vivifica, para el acrecentamiento de su cuerpo (v. Ef 4,16)» (*LG* 8).

3. El triple oficio de sacerdote/profeta/rey proporciona un motivo estructural clave para todo el documento. Así, la Iglesia como pueblo de Dios es descrita en su función sacerdotal (*LG* 10-11), su función profética (*LG* 12) y su función como representación del reino (*LG* 13-16). La siguiente sección muestra cómo el episcopado (con su clero subordinado) encarna y representa estas tres funciones (*LG* 21, 25-27). Por último, el documento describe la forma, propia y diferente, en la que los laicos participan en el triple oficio (*LG* 34-36).

(*LG* 9). Aunque insatisfecho con las respuestas que ofrece *Lumen gentium*, aprecio la forma en que, con su presentación, la Iglesia pone esta cuestión en el centro de la agenda eclesiológica.

Los judíos mesiánicos deberían sentirse interpelados por el llamamiento que el documento hace a la unidad y a la universalidad eclesial, e impresionados por el modo en que este llamamiento se equilibra con el valor concedido a la diversidad interna de la Iglesia.[4] *Lumen gentium* reconoce la importancia de las diferencias regionales (*LG* 13), las diferencias históricas en las costumbres de las iglesias particulares fundadas en distintas épocas (*LG* 13); las diferencias vocacionales entre el clero, los laicos y los religiosos (*LG* 18-29; 30-38; 43-47); y las diferencias escatológicas entre la iglesia en peregrinación y la iglesia en el cielo (*LG* 48-51). Esta combinación de unidad y diversidad ofrece un posible marco para debatir acerca de las consecuencias del renacimiento de la iglesia procedente de la circuncisión.[5]

Como judío mesiánico, agradezco la perspectiva abierta, esperanzadora y realista de *Lumen gentium* sobre los que están fuera de la estructura visible de la Iglesia católica romana, e incluso los que están fuera de una explícita confesión de fe en Cristo (*LG* 15-16). Sin minimizar la importancia capital de esa fe, y sin comprometer sus propias afirmaciones eclesiológicas esenciales, el documento hace posible que los católicos entablen relaciones fructíferas y constructivas con los no católicos. Anima a la consideración benévola y humilde del prójimo, sin sacrificar la tarea apostólica y evangélica de la Iglesia en el mundo (*LG* 17).

Quizá el mayor punto fuerte de *Lumen gentium* sea su diseño general. El documento aborda algunas de las enseñanzas más distintivas y controvertidas del catolicismo romano —como la infalibilidad y la jurisdicción universal del papa, la inmaculada concepción y la asunción de María, y los siete sacramentos—, pero contextualizándolas en un marco espiritual y comunitario que ofrece una nueva perspectiva de su significado.

Empezando con una reflexión trinitaria sobre el misterio de la Iglesia como cuerpo de Cristo (*LG* 2-4), *Lumen gentium* deja claro que la realidad espiritual de la Iglesia prevalece sobre su estructura jurídica. A continuación, el documento aborda el tema de la Iglesia como sociedad humana, pero lo

---

4. «Por designio divino, la santa Iglesia está organizada y se gobierna sobre la base de una admirable variedad» (*LG* 32).

5. [N. del T.: como otros autores, antiguos y modernos, Mark Kinzer en sus escritos utiliza a veces las expresiones latinas *ecclesia ex gentibus* (la Iglesia procedente de los gentiles) y *ecclesia ex circumcisione* (la Iglesia procedente de la circuncisión, es decir de los judíos creyentes en Jesús), sobre todo en referencia a los primeros siglos de la historia de la Iglesia. Estos términos latinos aparecen en un conocido mosaico de la iglesia de Santa Sabina en Roma, del siglo v.]

hace caracterizándola como *el pueblo de Dios* (*LG* 9-17). La naturaleza de la Iglesia como comunidad estructurada, como pueblo, con continuidad en el tiempo, incluye a todos sus miembros y no solo a sus dirigentes oficiales. Así, la realidad comunitaria de la Iglesia también prevalece sobre su estructura jurídica. Por supuesto, *Lumen gentium* considera que la estructura jerárquica de la Iglesia es de inmensa importancia, y dedica buena parte de su texto a explicar su función (*LG* 18-29). Pero al mismo tiempo, al situar el debate sobre la jerarquía eclesiástica en el contexto de la naturaleza de la Iglesia como cuerpo de Cristo y pueblo de Dios, el documento indica que la estructura jerárquica existe para servir a fines superiores a ella misma.[6] Del mismo modo, al presentar la enseñanza del Concilio sobre María como una especie de apéndice a su enseñanza sobre la Iglesia (*LG* 52-69), en lugar de dedicarle un documento especial, el Concilio indica que el papel principal de María es servir de modelo, tipo y madre para la Iglesia, más que funcionar como objeto independiente de devoción.

Los judíos mesiánicos podemos y debemos reconocer que *Lumen gentium* es un logro histórico trascendental del Concilio Vaticano II. Pero, evidentemente, no todos los aspectos del documento suscitan nuestra inequívoca conformidad.

Aspectos que preocupan

Aunque los judíos mesiánicos podemos agradecer la forma en que *Lumen gentium* da nueva importancia a la cuestión de la identidad de la Iglesia en relación con Israel, también encontramos que las respuestas que da son insatisfactorias. El *Catecismo* ayuda en este sentido, pues compensa algunas de las deficiencias que vemos en *Lumen gentium*. No obstante, a ojos de los judíos mesiánicos, ni siquiera el *Catecismo* va lo suficientemente lejos.

Antes de explicar las cosas que nos preocupan, resumamos lo que *Lumen gentium* dice sobre el pueblo judío. El documento habla por primera vez del pueblo de Israel al comienzo de su introducción trinitaria (*LG* 2), al considerar el plan de Dios Padre, concebido «antes de todos los siglos»:

> El Padre Eterno [...] decretó elevar a los hombres a participar
> de la vida divina [...] A todos los elegidos, el Padre, antes de

---

6. También hay que señalar que *Lumen gentium* sitúa su enseñanza sobre el papado (*LG* 22) en el contexto más amplio del episcopado y la sucesión apostólica (*LG* 19-21). El obispo de Roma ejerce «sobre la Iglesia [...] plena, suprema y universal potestad» (*LG* 22), pero lo hace como cabeza de un colegio episcopal, aunque no necesita la aprobación explícita de los demás obispos para ejercer su autoridad.

todos los siglos, «los conoció de antemano y los predestinó a ser conformes con la imagen de su Hijo, para que este sea el primogénito entre muchos hermanos» (Rm 8,29). Y estableció convocar a quienes creen en Cristo en la santa Iglesia, que ya fue prefigurada desde el origen del mundo, preparada admirablemente en la historia del pueblo de Israel y en la antigua alianza, constituida en los tiempos definitivos, manifestada por la efusión del Espíritu y que se consumará gloriosamente al final de los tiempos. (*Lumen gentium* 2)

El propósito de Dios —«elevar a los hombres a participar de la vida divina»— se realiza en su plan de «convocar a quienes creen en Cristo en la santa Iglesia». La historia del pueblo de Israel prefigura y prepara el establecimiento de la Iglesia, que se constituye mediante la persona, la vida y la obra de Cristo, y se manifiesta por el derramamiento del Espíritu. Así pues, la Iglesia es una realidad esencialmente nueva en el mundo. Comparte algunos rasgos comunes con el pueblo de Israel en la antigua alianza, pero es fundamentalmente discontinua con él. El objetivo del plan divino, concebido «antes de todos los siglos», es el establecimiento de la Iglesia, y los tratos de Dios con el pueblo de Israel en la antigua alianza fueron todos ordenados para preparar ese objetivo.

Esta visión del Israel de la antigua alianza se reitera y desarrolla en *LG* 9, el principal párrafo del documento sobre este tema. Ese párrafo presenta el que es motivo central de *Lumen gentium*: la Iglesia como pueblo de Dios. Comienza describiendo el propósito colectivo de Dios para la humanidad, y cómo ese propósito conduce a la elección del pueblo de Israel y al establecimiento de la alianza de Dios con ellos:

En todo tiempo y en todo pueblo es grato a Dios quien le teme y practica la justicia (v. Hch 10,35). Sin embargo, fue voluntad de Dios el santificar y salvar a los hombres, no aisladamente, sin conexión alguna de unos con otros, sino constituyendo un pueblo, que le confesara en verdad y le sirviera santamente. Por ello eligió al pueblo de Israel como pueblo suyo, pactó con él una alianza y le instruyó gradualmente, revelándose a Sí mismo y los designios de su voluntad a través de la historia de este pueblo, y santificándolo para Sí. (*Lumen gentium* 9)

El propósito último de esta elección, sin embargo, no tiene que ver con el propio Israel como comunidad particular, sino con la nueva realidad universal que es la Iglesia:

Pero todo esto sucedió como preparación y figura de la alianza nueva y perfecta que había de pactarse en Cristo y de la revelación completa que había de hacerse por el mismo Verbo de Dios hecho carne. «He aquí que llegará el tiempo, dice el Señor, y haré un nuevo pacto con la casa de Israel y con la casa de Judá [...] Pondré mi ley en sus entrañas y la escribiré en sus corazones, y seré Dios para ellos y ellos serán mi pueblo [...] Todos, desde el pequeño al mayor, me conocerán, dice el Señor» (Jr 31,31-34). Ese pacto nuevo, a saber, el Nuevo Testamento en su sangre (v. 1 Co 11,25), lo estableció Cristo convocando un pueblo de judíos y gentiles, que se unificara no según la carne, sino en el Espíritu, y constituyera el nuevo Pueblo de Dios. Pues quienes creen en Cristo, renacidos no de un germen corruptible, sino de uno incorruptible, mediante la palabra de Dios vivo (v. 1 P 1,23), no de la carne, sino del agua y del Espíritu Santo (v. Jn 3,5-6), pasan, finalmente, a constituir «un linaje escogido, sacerdocio regio, nación santa, pueblo de adquisición [...], que en un tiempo no era pueblo y ahora es pueblo de Dios» (1 P 2, 9-10). (*Lumen gentium* 9)

La alianza con Israel, que establece a Israel como nación, no es más que una «preparación» y «figura» de una alianza nueva y mejor que establecerá «el nuevo Pueblo de Dios». Este nuevo pueblo —la pertenencia al cual no está determinada por nacimiento físico, sino espiritual— es el Israel mencionado por Jeremías 31 como destinatario de un «pacto nuevo». Así pues, *Lumen gentium* presenta a la Iglesia como una nueva realidad, inspirada en cierto modo en el pueblo de Israel y maravillosamente preparada por él, pero esencialmente discontinua con él. La conclusión lógica de esta caracterización de la Iglesia es que Israel según la carne ya no tiene un llamamiento divino particular en el mundo (más allá de la de otros grupos étnicos), y que los judíos que entran en la Iglesia tampoco tienen una vocación divina particular —como judíos— dentro de la esfera eclesial.

Tras una nueva descripción de la Iglesia como «pueblo mesiánico» llamado a ser «instrumento de la redención universal», *LG* 9 procede a hablar de ella como un verdadero pueblo que posee todos «los medios apropiados de unión visible y social».

Así como al pueblo de Israel, según la carne, peregrinando por el desierto, se le designa ya como Iglesia (v. 2 Esd 13,1; Nm 20,4; Dt 23,1ss), así el nuevo Israel, que caminando en el tiempo presente busca la ciudad futura y perenne (v. Hb 13,14), también es designado como Iglesia de Cristo (v. Mt 16,18) [...] Debiendo difundirse en todo el mundo, entra, por consiguiente, en la historia de la humanidad, si bien trasciende los tiempos y las fronteras de los pueblos. (*Lumen gentium* 9)

El documento aquí adopta el lenguaje del apóstol Pablo cuando este hace referencia a «Israel según la carne» (1 Co 10,18). Luego va más allá del lenguaje de Pablo y del Nuevo Testamento y se refiere a la Iglesia como «el nuevo Israel». Esta terminología, combinada con la naturaleza simplemente 'preparatoria' del llamamiento de Israel, implica que el Israel carnal ya no conserva una vocación única y positiva en el mundo. En cierto sentido, ya ni siquiera merece el título de *Israel*. Y al mismo tiempo, señalando que a «Israel, según la carne [...] se le designa ya como [la] Iglesia [de Dios][7]», *Lumen gentium* insinúa que la discontinuidad histórica entre los dos Israel —uno en la antigua alianza, el otro en la nueva— podría no ser tan radical como parecía en un principio.

Solo un párrafo de *Lumen gentium* (*LG* 16) aborda de manera explícita la relación entre la Iglesia y el pueblo judío después de la venida de Cristo:

> Por último, quienes todavía no recibieron el Evangelio, se ordenan al Pueblo de Dios de diversas maneras. En primer lugar, aquel pueblo que recibió los testamentos y las promesas y del que Cristo nació según la carne (v. Rm 9,45). Por causa de los padres es un pueblo amadísimo en razón de la elección, pues Dios no se arrepiente de sus dones y de su vocación (v. Rm 11, 28-29).

Citando Romanos 11,28-29, *Lumen gentium* rechaza decididamente la idea de que Israel según la carne ha perdido su elección y ya no tiene una vocación divina que le distingue en el mundo, más allá de las diferencias étnicas. Sin embargo, el contexto de este rechazo del supersesionismo en cierta medida resta autoridad a su mensaje positivo, porque el pueblo judío es presentado como el primero de muchos grupos «quienes todavía no recibieron el Evangelio», formando parte de una categoría más amplia de seguidores de 'religiones no cristianas'[8]. Estos seguidores —se nos dice— «se ordenan al Pueblo de Dios de diversas maneras»[9]. El pueblo judío, por tanto, no forma *parte del* pueblo de Dios, es decir, de la Iglesia, sino que —como todos los seres humanos— *está relacionado con ella*[10] debido a la vocación universal de la Iglesia. Así, en el mismo punto en el

---

7. [N. del T.: en la versión en inglés de *Lumen gentium*, que se puede consultar en la web del Vaticano y es en la que se basa el texto original de Mark Kinzer, se dice «*Israel* [...] *was already called the Church of God* (trad., la Iglesia de Dios)». Ni el determinante *la* ni el sintagma *de Dios* figuran en la versión en español.]

8. [N. del T.: así denominadas en el subtítulo y el punto 1 de *Nostra aetate*.]

9. [N. del T.: en versión inglesa se dice «están relacionados de diversas maneras con el pueblo de Dios» («*are related in various ways to the people of God*»).]

10. [N. del T.: «se ordena a ella», según versión en español de *LG* 9.]

que *Lumen gentium* intenta hacer una declaración explícitamente positiva sobre el pueblo judío, implícitamente distancia a Israel de su propio estatus original como pueblo de Dios, e implícitamente trata la tradición religiosa de Israel, cuya fuente es la revelación divina, como meramente la primera entre muchas tradiciones no cristianas.[11]

¿Qué opina un judío mesiánico de las enseñanzas de *Lumen gentium* sobre Israel según la carne? A ojos de un judío mesiánico, la visión general de *Lumen gentium* sobre el pueblo judío —tanto antes como después de la venida de Cristo— adolece de un énfasis exagerado en la discontinuidad. El uso frecuente que en el documento se hace del término *nuevo* acentúa ese énfasis: se habla del *nuevo pueblo de Dios* y del *nuevo Israel*; y se habla también de la Iglesia como *constituida por primera vez* en nuestra era, aparentemente por la muerte y resurrección de Cristo. El mensaje del documento hace evidente que *nuevo* aquí hace referencia a la aparición de una realidad que, en ningún sentido, existía antes. El nuevo pueblo, el nuevo Israel, fue prefigurado por el antiguo y por ello comparte ciertas características a modo de analogía, pero ambas realidades no están necesariamente interconectadas.

Para la forma de pensar de un judío mesiánico, esta forma de emplear la palabra *nuevo* devalúa su más rico significado bíblico. En muchos textos bíblicos la palabra hebrea equivalente sería más adecuadamente traducida como *renovado*: los cielos nuevos y la tierra nueva son formas glorificadas de lo que existía antes; la nueva humanidad es la vieja humanidad, resucitada de entre los muertos y transformada. Esta forma de entender la *novedad* escatológica está respaldada por su caso más paradigmático: la resurrección de Yeshúa. El Yeshúa resucitado es nuevo, diferente, pero el mismo ser humano nacido de María. Del mismo modo, la Iglesia debe verse como un Israel renovado, un pueblo de Dios renovado. Es una forma escatológica de Israel, que participa anticipadamente de la vida del mundo venidero mediante el don del Espíritu. Como realidad escatológica, es también un

---

11. La relación entre el judaísmo y la fe cristiana es mejor captada por John Howard Yoder cuando afirma que el judaísmo es una «religión 'no no-cristiana'» (*The Jewish-Christian Schism Revisited*, 147, 156). Esta relación también se expresa, en la práctica, en la decisión del Vaticano de relacionarse con el judaísmo a través de un órgano dedicado al diálogo intracristiano, como señala Richard John Neuhaus: «Por parte judía, cuando después del concilio la Iglesia católica estaba formalizando sus conversaciones con los no cristianos, los interlocutores judíos insistieron en que no se los agrupara en el dicasterio vaticano destinado a tratar con otras religiones, sino que se los incluyera en el secretariado para promover la unidad de los cristianos. Había razones políticas para esa insistencia, sobre todo relacionadas con la política de Oriente Próximo, pero ese acuerdo tiene —creo— implicaciones mucho más profundas de lo que quizá se pensó en aquel momento» («Salvation is From the Jews», en Braaten y Jenson (editores), *Jews and Christians*, 68).

Israel ampliado, que incluye en sus filas a personas de todas las naciones del mundo. Pero en el período apóstolico aquella iglesia seguía manteniendo una continuidad con Israel según la carne: había sido fundada y estaba dirigida por judíos observantes (esto es, los apóstoles y los ancianos), tenía su centro en la ciudad santa de Jerusalén y, en sí misma, constituía una expresión colectiva visible de la vida judía (esto es, la congregación de creyentes en Yeshúa de Jerusalén). Esta continuidad se extendía a la relación de la Iglesia con el mundo judío en general, que aún no había aceptado la condición de la Iglesia como un Israel escatológico ampliado. Para Pedro, Pablo y Santiago, los dirigentes del pueblo judío seguían siendo sus dirigentes y el pueblo judío seguía siendo su pueblo, el pueblo de Dios.

Del mismo modo, la nueva alianza de Jeremías 31 es prometida, no a la Iglesia como una nueva y distinta realidad, sino a Israel según la carne. Dios promete a Israel que renovará la alianza que hizo con ellos cuando salieron de Egipto. Wolfhart Pannenberg lo afirma claramente:

> Jeremías (Jr 31,31-32) e Isaías (Is 59,21) prometen la nueva alianza, no a otro pueblo, sino a Israel, como la renovación escatológica y el cumplimiento de su relación de alianza con su Dios. Cuando, en la última cena que celebró con sus discípulos la noche de su arresto, Jesús relacionó la promesa de la nueva alianza con la comunión en la mesa con sus discípulos sellada con su autoofrenda, no estaba rompiendo el vínculo de esta promesa hecha al pueblo de Israel. Por el contrario, estaba mostrando que la comunión con él es, para todo el pueblo judío, el futuro de la salvación que irrumpe ya en la comunidad del grupo de discípulos. La posterior inclusión de los no judíos en la comunidad cristiana, sobre el fundamento de la confesión de Jesús sellada con el bautismo, no cambia nada de esto.[12]

Hasta ahora, solo una pequeña parte de Israel según la carne ha entrado plenamente en esta alianza renovada, pero la promesa sigue siendo para todo Israel, y la promesa se cumplirá. En este sentido, Israel según la carne es en sí mismo el pueblo de la nueva, o renovada, alianza, el pueblo al que esa alianza única y particularmente pertenece como herencia.

Lumen gentium 9 reconoce que la Iglesia es esencialmente «un pueblo de judíos y gentiles», unidos «en el Espíritu». Pero, en el contexto, esta expresión parece querer decir solo que la pertenencia a la Iglesia no tiene nada que ver con restricciones basadas en el nacimiento o la etnia. Decir que está compuesta «de judíos y gentiles» significa simplemente que está formada por todas las gentes, y que los judíos en medio de ella no tienen

---

12. Pannenberg, *Systematic Theology*, vol. 3, 477.

ninguna posición privilegiada. Es cierto que *Lumen gentium* no pretende enseñar que la Iglesia deba siempre incluir a judíos, ni que dichos judíos deban serlo visiblemente, ni que la Iglesia deba garantizar siempre que en su seno pueda vivirse con integridad una vida judía diferenciada, ni que los judíos que forman parte de la Iglesia tengan obligación o incluso permiso para transmitir la vida judía a la generación siguiente...; pero también es cierto que *Lumen gentium* no excluye ninguna de esas ideas.

Afortunadamente, muchas de estas deficiencias se tienen en cuenta en el *Catecismo de la Iglesia Católica*. Allí, la vocación sacerdotal de Israel aparece en presente, y no en tiempo pasado: «Israel *es* el pueblo sacerdotal de Dios» (*CIC* 63, cursivas del autor). El resto de la frase identifica inequívocamente a este «Israel» con el pueblo judío, no con la Iglesia.

Más adelante, el *Catecismo* afirma explícitamente la perdurable significación del pueblo judío, en párrafos que se presentan como comentario a *Lumen gentium* 16:

> «[...] los que todavía no han recibido el Evangelio también están ordenados al Pueblo de Dios de diversas maneras» (*LG* 16):
> *La relación de la Iglesia con el pueblo judío*. La Iglesia, Pueblo de Dios en la Nueva Alianza, al escrutar su propio misterio, descubre su vinculación con el pueblo judío (v. *NA* 4) «a quien Dios ha hablado primero» (*Misal Romano*, Viernes Santo: Oración universal VI). A diferencia de otras religiones no cristianas la fe judía ya es una respuesta a la revelación de Dios en la Antigua Alianza. Pertenece al pueblo judío «la adopción filial, la gloria, las alianzas, la legislación, el culto, las promesas y los patriarcas; de todo lo cual [...] procede Cristo según la carne» (v. Rm 9,4-5), «porque los dones y la vocación de Dios son irrevocables» (Rm 11,29). = [...] = Por otra parte, cuando se considera el futuro, el Pueblo de Dios de la Antigua Alianza y el nuevo Pueblo de Dios tienden hacia fines análogos: la espera de la venida (o el retorno) del Mesías; pues para unos, es la espera de la vuelta del Mesías, muerto y resucitado, reconocido como Señor e Hijo de Dios; para los otros, es la venida del Mesías cuyos rasgos permanecen velados hasta el fin de los tiempos, espera que está acompañada del drama de la ignorancia o del rechazo de Cristo Jesús. (*CIC* 839-840)

La importancia de estos párrafos no puede ser mayor, pues corrigen los problemas más graves del tratamiento del pueblo judío en *Lumen gentium*, de tres formas: 1) la distinción entre el pueblo judío y la Iglesia ya no es la de Israel según la carne y el nuevo Israel, sino entre «el pueblo de Dios de la Antigua Alianza» y «el pueblo de Dios en la Nueva Alianza», aplicándose el primer título no solo al Israel anterior a la venida de Cristo, sino al pueblo judío a lo largo de la historia (aunque pongo en cuestión que este sea el título más adecuado para el pueblo judío, al menos no deja lugar a dudas sobre el estatus espiritual de Israel, que sigue siendo el pueblo de Dios); 2) «la fe judía» se distingue claramente de todas las «otras religiones no cristianas» y se reconoce que, al igual que la fe de la Iglesia, el judaísmo es una respuesta a la revelación de Dios, que sus dones y su llamamiento por Dios son irrevocables, y que sus creencias fundamentales —incluido el papel permanente de la Torá en la vida judía— fueron dadas por Dios; y 3) la relación entre la Iglesia y el pueblo judío (y entre la fe cristiana y la fe judía) no es externa a la identidad de la Iglesia, como podía concluirse de las radicales discontinuidades de *Lumen gentium* (e incluso de la cita de *Lumen gentium* 16 con la que comienza el fragmento), sino que el pueblo judío y la fe judía están íntegramente ligados a la propia identidad de la Iglesia, pues la Iglesia «descubre su vínculo con el pueblo judío» volviéndose hacia su interior y reflexionando sobre el misterio de su propio ser como iglesia (una alusión al punto 4 de *Nostra aetate*), lo que implica un origen común y un destino mesiánico también común.

Mientras que en *Lumen gentium* se identifica a la Iglesia como el «nuevo Israel» y la adopción de tal título no exigía ni implicaba vínculo evidente alguno con el pueblo judío, en cambio el *Catecismo* deja claro que la entrada de los gentiles en la Iglesia —y su nueva identidad como participantes en la vida de Israel— implica un «[volverse] hacia los judíos»:

> La llegada de los magos a Jerusalén para «rendir homenaje al rey de los judíos» (Mt 2,2) muestra que buscan en Israel, a la luz mesiánica de la estrella de David (v. Nm 24,17; Ap 22,16), al que será el rey de las naciones (v. Nm 24,17-19). Su venida significa que los gentiles no pueden descubrir a Jesús y adorarle como Hijo de Dios y Salvador del mundo sino volviéndose hacia los judíos (v. Jn 4,22) y recibiendo de ellos su promesa mesiánica tal como está contenida en el Antiguo Testamento (v. Mt 2,4-6). La Epifanía manifiesta que «la multitud de los gentiles entra en la familia de los patriarcas» (San León Magno, *Sermones*, 23: PL 54, 224B) y adquiere la *israelitica dignitas* (la dignidad israelítica)[13] (*Misal Romano*: Vigilia pascual, Oración después de la tercera lectura). (*CIC* 528)

La venida de los magos a Jerusalén prefigura la respuesta de los gentiles al mensaje de los apóstoles judíos del Mesías judío, y este hace posible que los gentiles entren «en la familia de los patriarcas», pero solo mediante un

---

13. Es decir, «son hechos dignos de la herencia de Israel».

nuevo vínculo que se establece entre ellos y la «familia [de carne y hueso] de los patriarcas».

Cuando el *Catecismo* trata directamente del pueblo judío y de la fe judía —tanto antes como después de Cristo— no adolece de las mismas debilidades que *Lumen gentium*. Sin embargo, cuando el *Catecismo* dirige su atención al artículo del credo que trata de la Iglesia (*CIC* 748-975), sigue de cerca el esquema de *Lumen gentium* y apenas menciona al pueblo judío. Más que un fallo cometido, se trata de un fallo por omisión, pero que nos deja ver que el *Catecismo* no ha integrado en su eclesiología sus propias afirmaciones sobre el pueblo judío. En lo que respecta a nuestras preocupaciones como judíos mesiánicos, el *Catecismo* significa una gran mejoría, pero aún no ha dado del todo en el blanco.

Aspectos a desarrollar

El principal punto débil de *Lumen gentium* en cuanto al tratamiento que se hace del pueblo judío y de la fe judía deriva también de una omisión. Su enseñanza sobre este tema parece problemática para un judío mesiánico más por lo que implica que por lo que afirma. Este es un punto de gran importancia, pues significa que la Iglesia católica podría desarrollar su doctrina sobre eclesiología y el pueblo de Israel por nuevas vías constructivas, sin contradecir su enseñanza oficial anterior.

Por simple omisión

¿Qué nuevos puntos hay que añadir al tratamiento que *Lumen gentium* hace del pueblo judío y de la fe judía, además de lo que ya añade el *Catecismo*? Desde el punto de vista del judaísmo mesiánico, hay dos omisiones que requieren atención. Primero, la Iglesia histórica necesita examinar el significado y el papel de la Iglesia desde la circuncisión, tanto en sus orígenes bíblicos como en sus manifestaciones contemporáneas. Este examen será tan desafiante y problemático para los católicos como *Lumen gentium* lo es para los judíos mesiánicos, pero espero que igual de enriquecedor. Si bien el resurgimiento de la Iglesia de la circuncisión plantea difíciles cuestiones sobre la identidad 'católica', también abre nuevas posibilidades para afirmar la continuidad con el «Israel de la Antigua Alianza», sin menoscabo de la novedad escatológica que supone la obra redentora de Dios, por medio del Hijo, en el Espíritu. Yeshúa no es solo *lumen gentium* —«una luz para los gentiles»—, sino también «gloria de tu pueblo Israel» (Lc 2,32). Su cuerpo debe iluminar igualmente ambos ámbitos, pero de manera diferente, como tan bien ha descrito el cardenal Schönborn en un artículo reciente.[14]

En segundo lugar, ni *Lumen gentium* ni el *Catecismo* abordan la cuestión de qué relación hay entre la tierra de Israel y el pueblo de Israel, ni las implicaciones de esta relación para la propia identidad de la Iglesia, en una época en la que el pueblo de Israel vuelve a habitar esa tierra. Del mismo modo que la destrucción de la presencia nacional judía en la ciudad santa y en la tierra en el siglo I abrió la puerta a una eclesiología supersesionista, así también el restablecimiento de dicha presencia en el siglo XX pone en tela de juicio esa eclesiología. Este segundo punto está relacionado con el primero, porque el restablecimiento de una existencia nacional judía en la tierra prometida a los patriarcas y matriarcas también ha conducido a la restauración de la Iglesia de la circuncisión en la tierra santa y la ciudad santa. Si Jerusalén fue el centro originario de la Iglesia, ¿podría ser que Sion volviera a desempeñar un papel central en la vida de la Iglesia?, ¿podría ser que la que se convirtió en capital de la Iglesia de los gentiles —aunque los católicos romanos serán reacios a admitir que [Roma] sea solo eso— deba aprender a compartir el orgullo de su posición con otra cuya historia es aún más sagrada? De acuerdo con Romanos 11, el *Catecismo* reconoce que «la venida del Mesías glorioso, en un momento determinado de la historia (v. Rm 11,31), se vincula al reconocimiento del Mesías por "todo Israel" (Rm 11,26; Mt 23,39) [...]» (*CIC* 674). Si ese reconocimiento surge gradualmente y no en un repentino estallido de iluminación, ¿no deberíamos esperar el resurgimiento de la Iglesia de la circuncisión, y el resurgimiento de la tierra santa y de la ciudad santa como centros, no solo de peregrinación, sino también de identidad eclesial?

Aunque ninguno de estos dos puntos se trata ni en *Lumen gentium* ni en el *Catecismo*, el final del párrafo que acabamos de citar (*CIC* 674) puede darnos una pista, cuyo significado podría desarrollarse más: «La entrada de "la plenitud de los judíos" (Rm 11,12) en la salvación mesiánica, a continuación de "la plenitud de los gentiles" (Rm 11,25; v. Lc 21,24), hará al pueblo de Dios "llegar a la plenitud de Cristo" (Ef 4,13) en la cual "Dios será todo en nosotros"[15] (1 Co 15,28)». El «pueblo de Dios» no alcanzará su

---

14. «San Pablo distingue entre las dos vocaciones, los que creyeron en Jesús como el Mesías y que venían "de la circuncisión" y los que se convirtieron a Cristo y venían "de los gentiles" [...] Al acoger el Evangelio, los judíos son testigos de la fidelidad de Dios a su promesa, mientras que los gentiles son testigos de la universalidad de su misericordia. Estos dos llamamientos en la Iglesia reflejan la doble vía de la misma salvación en Cristo, una para judíos y otra para gentiles. Así, el mismo Jesucristo es simultáneamente "luz para revelación a los gentiles y [luz] para la gloria de tu pueblo Israel" (Lc 2,32)» (Schönborn, "Judaism's Way to Salvation", 9).

15. [N. del T.: así la cita de la primera carta de Corintios en el punto 674 del

plenitud hasta que el pueblo judío —como realidad colectiva— y la Iglesia de los gentiles se reúnan como un solo rebaño con un solo Pastor, para celebrar la gloria de Dios, por medio del crucificado y resucitado Mesías de Israel, en el poder del Espíritu Santo.

Por un desarrollo insuficiente

Además de estas omisiones, hay tres asuntos fundamentales en *Lumen gentium* cuyas implicaciones no se exploran adecuadamente ni en ese documento ni en el *Catecismo*. El primero es la relación entre los dos principales conceptos bíblicos empleados por *Lumen gentium*: el de pueblo de Dios y el de cuerpo de Cristo. Aunque estos dos conceptos se emplean juntos en el documento, no se desarrolla la relación que existe entre ellos. El *Catecismo* ofrece alguna perspectiva sobre esa relación: «Las imágenes tomadas del Antiguo Testamento [para hablar de la Iglesia] constituyen variaciones de una idea de fondo, la del "Pueblo de Dios". En el Nuevo Testamento (v. Ef 1,22; Col 1,18), todas estas imágenes adquieren un nuevo centro por el hecho de que Cristo viene a ser "la Cabeza" de este Pueblo (v. *LG* 9), el cual es desde entonces su Cuerpo» (*CIC* 753).

Estas afirmaciones son muy escuetas y podrían entenderse de diversas formas. Consideremos una forma de entenderlas que abriría nuevas perspectivas a la eclesiología: Yeshúa se convierte en la cabeza del pueblo de Israel mediante su muerte y resurrección, y —*en cierto modo*[16]— todos los que forman parte de ese pueblo reciben un nuevo estatus como miembros de su cuerpo, los judíos que reciben la buena nueva afirman ese estatus y entran en el Israel escatológicamente renovado y ampliado, y los que no reciben la buena nueva se encuentran en una situación anómala y precaria, pero Yeshúa sigue siendo su rey y cabeza, lo reconozcan ellos o no. Él nació como «el rey de los judíos» (Mt 2,2), fue crucificado bajo el mismo título (Mt 27,11.29.37) y llevará ese título por toda la eternidad. Así pues, para los judíos, participar en la vida del pueblo de Dios es pertenecer al cuerpo del que fue designado su rey mesiánico. Para los gentiles, en cambio, la situación es inversa: todos los gentiles que se unen al cuerpo de Cristo por la fe y el

---

Catecismo en la web vaticana; «todo en todos» («*all in all*») en el original en inglés (transcripción de la *NRSV*) y también en la biblia *El libro del pueblo de Dios* (1990) de la misma web vaticana.]

16. Empleo deliberadamente la expresión *en cierto modo*, que es usada en la constitución pastoral *Gaudium et Spes* del Concilio Vaticano II: «El Hijo de Dios con su encarnación se ha unido, *en cierto modo*, con todo hombre» (*GS* 22, cursivas añadidas). Aunque no estoy planteando exactamente lo mismo que *GS* 22, mi uso de la frase es el mismo.

bautismo pasan a formar parte de un pueblo de Israel ampliado; para ellos, pertenecer al cuerpo es tener la ciudadanía de la mancomunidad de Israel.

En cuanto a cómo la pertenencia al cuerpo del Mesías conduce a la ciudadanía de Israel, debemos reflexionar sobre el hecho de que Yeshúa nació judío, fue circuncidado al octavo día y vivió como un judío fiel a lo largo de toda su vida terrenal. Cuando resucitó de entre los muertos, su identidad judía se trasladó a su existencia glorificada, al igual que su género masculino. Decir que Yeshúa *era* judío es un hecho histórico. Decir que Yeshúa *es* judío es un hecho de consecuencias teológicas explosivas. El Hijo de Dios no asume una naturaleza humana genérica, sino la humanidad que desciende de Abrahán, Isaac y Jacob, Sara, Rebeca, Raquel y Lea. Cuando los gentiles pasan a formar parte de ese cuerpo, pasan a formar parte de un cuerpo judío. No se convierten ellos mismos en judíos, sino que pasan a formar parte de la mancomunidad judía.

Un segundo asunto fundamental no suficientemente explorado de *Lumen gentium* apunta en una dirección similar: se trata del triple oficio de sacerdote/profeta/rey, que Cristo comparte con su cuerpo. Si bien *Lumen gentium* introduce el triple oficio de Cristo en su sección sobre la Iglesia como pueblo de Dios (apartados 10 a 16), en ningún sitio relaciona este tema con la vida de Israel según la carne, por más que esa sea su fuente, pues es en la Torá donde se definen las instituciones de liderazgo de Israel según los oficios de sacerdote, profeta y rey (Dt 16,18-18,22). El teólogo inglés Colin Gunton hace explícita esa conexión que *Lumen gentium* deja implícita: «Como todas las sociedades, Israel tenía en su vida diversas dimensiones —religiosa, moral y política—, y puede decirse que los oficios que a estas correspondían eran los de sacerdote, profeta y rey [...] Los tres [...] están igualmente y a la vez orientados a la relación de Israel con Dios y al orden social que es consecuencia de esa relación. Fueron señalados para mantener la fidelidad de Israel a la alianza».[17]

Describir a Yeshúa como *sacerdote, profeta y rey* es afirmar, por un lado, que Dios lo ha designado gobernante definitivo de Israel, el llamado a «mantener la fidelidad de Israel a la alianza»; y, por otro, que toda la línea del liderazgo nacional de Israel se resume en él.

> En lo que hace y enseña, este profeta inspirado por el Espíritu concentra en sí mismo la obra de los legisladores, profetas, reyes, sacerdotes y verdaderos maestros en sabiduría de Israel. La obra de todos ellos culmina en él.[18]

17. Gunton, *The Christian Faith*, 69.
18. Íd., 106.

En su persona, y a través de los diversos actos y fases de su trayectoria histórica, Jesús dota a los oficios e instituciones de Israel de un significado diferente y definitivo [...][19]

De este modo, la vida del pueblo de Israel va más allá de ser preparación y prefiguración de la Iglesia; Israel, incluso, «da sentido a la cristología».[20]

¿Cuáles son las consecuencias prácticas de esta conexión entre el triple oficio de Cristo y la vida nacional del pueblo de Israel? Podría llevar a las mismas conclusiones que las sugeridas anteriormente al discutir la relación entre el pueblo de Dios y el cuerpo de Cristo. El nombramiento divino de Yeshúa para esos cargos nacionales lo pone en relación con el pueblo judío en su conjunto, y con cada judío. Él es el sacerdote, profeta y rey del que derivan los aspectos sacerdotales, proféticos y reales de la vida judía. Los judíos entran en relación con él por el hecho de formar parte del pueblo, lo sepan o no, les guste o no. Puede que esta relación no sea salvífica, pero, de un modo misterioso, fundamenta y constituye su identidad en la alianza: cuando los judíos reconocen a Yeshúa como sacerdote, profeta y rey de Israel, confirman su propia identidad como miembros del pueblo de Israel escatológicamente renovado.

Así pues, la participación en el pueblo de Dios dirige a los judíos a una relación con Cristo (aunque la mayoría de los judíos aún no disciernen el significado de las señales). Para los gentiles, en cambio, el proceso tiene lugar en orden inverso: la relación con Cristo los inicia en el pueblo de Dios.

Estos dos temas fundamentales de *Lumen gentium* —la Iglesia como pueblo de Dios y cuerpo de Cristo, y la Iglesia como participante en el triple oficio de Cristo— presuponen una verdad básica: Yeshúa resume no solo la línea de los líderes de Israel, sino toda la vida de Israel. Él es el Israel 'en un solo hombre', que lleva en sí a todo el pueblo, incluso más que su antepasado Jacob. Por eso toda la identidad judía «culmina en él». *Lumen gentium* reconoce que esto es cierto para la relación de Cristo con la Iglesia. Deberíamos llevar esto más lejos, y afirmarlo también de su relación con el pueblo judío.

Y lo que hemos encontrado en estos dos temas tiene un paralelo exacto en un tercer tema fundamental de *Lumen gentium*, susceptible, asimismo, de mayor exploración: la Virgen María como *tipo* de la Iglesia. El documento concluye con una enseñanza sobre María porque pretende contextualizar adecuadamente su importante papel. En lugar de considerarla como objeto independiente de devoción, se anima a los católicos a verla como una encarnación individual de lo que la Iglesia debe ser en su conjunto:

19. Íd., 72.
20. Íd., 80.

Por ese motivo es también proclamada como miembro excelentísimo y enteramente singular de la Iglesia y como tipo y ejemplar acabadísimo de la misma en la fe y en la caridad [...] (*LG* 53)

La Virgen Santísima, por el don y la prerrogativa de la maternidad divina, que la une con el Hijo [...] está también íntimamente unida con la Iglesia. Como ya enseñó San Ambrosio, la Madre de Dios es tipo de la Iglesia en el orden de la fe, de la caridad y de la unión perfecta con Cristo. Pues en el misterio de la Iglesia, que con razón es llamada también madre y virgen, precedió la Santísima Virgen, presentándose de forma eminente y singular como modelo tanto de la virgen como de la madre. (*LG* 63)

La Iglesia, a su vez, glorificando a Cristo, se hace más semejante a su excelso Modelo, progresando continuamente en la fe, en la esperanza y en la caridad y buscando y obedeciendo en todo la voluntad divina. Por eso también la Iglesia, en su labor apostólica, se fija con razón en aquella que engendró a Cristo, concebido del Espíritu Santo y nacido de la Virgen, para que también nazca y crezca por medio de la Iglesia en las almas de los fieles. La Virgen fue en su vida ejemplo de aquel amor maternal con que es necesario que estén animados todos aquellos que, en la misión apostólica de la Iglesia, cooperan a la regeneración de los hombres. (*LG* 65)

La Virgen se convierte en modelo para cada católico por su virtud y para toda la Iglesia por su amor maternal. En ese amor, la Iglesia da a luz a sus hijos a través de las aguas del bautismo y los nutre con las enseñanzas de Cristo, su esposo.

Pero, ¿qué hay de la relación de María con el pueblo de Israel? Solo una vez alude *Lumen gentium* a esa relación, llamándola «Hija excelsa de Sion» (*LG* 55). Esta singular referencia merece mucha más atención de la que recibe. Cuando la Escritura presenta al pueblo de Israel como una realidad colectiva, normalmente habla de la comunidad utilizando un lenguaje masculino: la comunidad es Jacob, hijo y representante de Dios en el mundo. Sin embargo, cuando habla de la capital, Jerusalén, el lenguaje es femenino: la ciudad representa la realidad corporativa de la comunidad en relación con Dios su esposo, y el pueblo mismo son los hijos de ella. Así como Yeshúa encarna a Israel como sacerdote, profeta y rey, María encarna a Sion, madre de todos los fieles.

María es tipo de la Iglesia, pero se convierte en ese tipo por su papel como representación individual, en persona, de la ciudad santa y del templo que residía en su centro. Al descuidar esta dimensión de la identidad de María, *Lumen gentium* acentúa de nuevo la discontinuidad a expensas de la continuidad. Así como la Iglesia es vista como una realidad radicalmente nueva, prefigurada por la antigua pero discontinua con ella, así también las imágenes de Sion solo parecen una prefiguración profética de una nueva comunidad multinacional en la que los judíos no son sino uno entre otros grupos étnicos redimidos.

Pero, ¿no sigue siendo María una madre judía, del mismo modo que Yeshúa sigue siendo un Mesías judío? Al dar a luz al Mesías, ¿no fue ella una expresión de toda la historia y la vida de Israel, la suma de tantos judíos humildes y fieles a lo largo de los siglos, una historia tan necesaria para la concepción de Yeshúa como el propio fíat de María? Si en verdad María tiene un lugar especial en las cortes celestiales y si en verdad vela por sus hijos en la tierra, ¿no tiene su pueblo según la carne un lugar especial en su corazón entre esos hijos amados?

Aunque este tema, como los demás mencionados en esta sección, no está recogido en *Lumen gentium*, es, sin embargo, totalmente compatible con su enseñanza. Lo que falta se puede añadir como desarrollo legítimo, y no como rechazo o crítica. Puede que *Lumen gentium* sea en sí misma una *preparación* y una *prefiguración* de algo más grande que está por venir.

Conclusión

Lumen gentium desafía a los judíos mesiánicos —en gran medida formados en el *ethos* individualista del protestantismo— a considerar el significado y las implicaciones de reconocer la continuidad de la Iglesia como una comunidad real en el tiempo, «establecida y organizada en este mundo como una sociedad» (*LG 8*). *La existencia* de los judíos mesiánicos desafía a los católicos romanos —formados en gran medida en el *ethos* supersesionista de la cultura católica tradicional— a considerar la significación y las implicaciones de reconocer la continuidad entre Israel según la carne y la Iglesia.

El predicador de la Casa Pontificia, el padre Raniero Cantalamessa, sugiere que el movimiento mesiánico judío puede ser el comienzo de la «reunión de Israel con la Iglesia».[21] Al mismo tiempo, reconoce que este acontecimiento escatológico tendrá un profundo impacto en la propia Iglesia: «Es seguro que la reunión de Israel con la Iglesia implicará una reorganización de la Iglesia; significará una conversión, para ambas partes. Será también una reunión de la Iglesia con Israel». Si el P. Cantalamessa

---

21. Cantalamessa, *The Mystery of Christmas*, 101.

está en lo cierto —y nuestra lectura de *Lumen gentium* apoya su visionaria afirmación— tal «reorganización» no dañará a la Iglesia católica, sino que le permitirá realizar su catolicidad original en plenitud escatológica.

Epílogo

«*Postmissionary Messianic Judaism*, tres años después: reflexiones sobre una conversación recién iniciada»

Como participante en las Robert L. Lindsey Lectures, Mark Kinzer pronunció esta conferencia en julio de 2008, en la congregación de la calle Narkis en Jerusalén. En ella repasa la acogida de su libro *Postmissionary Messianic Judaism*, respondiendo a sus numerosas críticas y reseñas. Kinzer hace una aclaración acerca de la importancia de una afirmación hecha en el capítulo 2 de *Postmissionary Messianic Judaism*, a saber, que según los Escritos Apostólicos (el Nuevo Testamento), la observancia judía es obligatoria para los judíos creyentes en Yeshúa, por una cuestión de fidelidad a la alianza. De esta afirmación derivan multitud de otras implicaciones, siendo la primera y más importante en el pensamiento de Kinzer la noción de «eclesiología bilateral en solidaridad con Israel». Si los creyentes de la rama judía de la *ekklesia* (comunidad creyente en Yeshúa) están obligados por el pacto a vivir como judíos, mientras que la rama gentil de la *ekklesia* no lo está, Kinzer afirma que ese es el único marco eclesial adecuado. Aunque las novedosas ideas de Kinzer en *Postmissionary Messianic Judaism* siguen generando diálogo, aún hará falta mucho más para concretar cómo han de ponerse en práctica esas ideas. Kinzer hace explícitas sus esperanzas de que la conversación continúe en varios ámbitos diferentes y recomienda que se considere seriamente el compromiso de la Iglesia católica con la evolución sin cismas y la incorporación de nuevas comunidades y movimientos.

JEN ROSNER

Se me ha pedido que hable esta tarde sobre mi libro *Postmissionary Messianic Judaism: Redefining Christian Engagement with the Jewish People*[1], publicado en 2005, que resume la visión que ha guiado el primer medio siglo de mi vida; y que hable también acerca del debate que ha suscitado, en el que han saltado algunas chispas.[2] Esta imagen parece especialmente apropiada, toda vez que la conversación ha sido a veces un tanto airada; afortunadamente, la luz de esas chispas ha sido también a veces proporcional al calor que desprendían.

El libro recibió una atención inmediata en el movimiento de congregaciones judías mesiánicas y en el mundo de las misiones cristianas a los judíos. Un año después de su publicación, las revistas académicas asociadas a esas dos comunidades, *Kesher* y *Mishkan*, habían publicado catorce respuestas a *PMJ*, con réplicas del autor. Desde entonces, el debate no ha cesado en ambas comunidades. Han aparecido también reseñas del libro en círculos cristianos y académicos, y hay previstas más. Hasta la fecha, no se han publicado reseñas ni respuestas en ninguna publicación judía importante (aunque el libro no ha pasado desapercibido, como veremos más adelante).

A algunos lectores *PMJ* les ha resultado muy inquietante. Una de las primeras reseñas lo calificó de «profundamente defectuoso» y «antibíblico».[3] Otra afirmó: «Si se adoptara el programa del Sr. Kinzer, la fe bíblica en Jesús sería destruida tanto entre los judíos como entre los gentiles».[4] Un biblista evangélico calificó mi propuesta eclesiológica de «*apartheid*».[5] Un misionero evangélico, con mejor humor, sugirió que esta eclesiología, «si fuera adoptada por una parte significativa de la Iglesia, ocasionaría en los evangélicos unas cuantas noches de insomnio».[6]

Un crítico amigo comentó que «muchos cristianos podrían considerar la propuesta de Kinzer poco menos que teológicamente extravagante».[7] Otro crítico menos amistoso argumentó que «el camino hacia el judaísmo

1. [N. del T.: trad. «Judaísmo mesiánico posmisionero: redefiniendo el compromiso cristiano con el pueblo judío», en adelante *PMJ*.]

2. Las fuentes citadas en este ensayo se pueden encontrar al final de este libro en *Bibliografía referente a* Postmissionary Messianic Judaism, *en orden cronológico*. Algunos recursos importantes relacionados con *Postmissionary Messianic Judaism*, publicados o presentados desde que se dio esta conferencia, aparecen allí señalados con un asterisco.

3. Robinson, "Postmissionary Messianic Judaism".

4. Maoz, «Four Comments on *Postmissionary Messianic Judaism*», 70.

5. Schnable, «The Identity and the Mission of Believers in Jesus Messiah», 47.

6. Daniels, «Avoiding potholes on the road to Jerusalem», 10.

7. Neuhaus, «On the Square».

mesiánico posmisionero es el camino hacia la negación de la verdadera fe mesiánica»;[8] y al parecer decidió que no se había expresado con suficiente claridad o fuerza, por lo que añadió: «Temo, por tanto, que el judaísmo mesiánico posmisionero resultará ser el comienzo del camino hacia la apostasía para muchos creyentes judíos (e incluso gentiles), el comienzo del camino hacia la confusión espiritual para muchos más y, en términos generales para muchas congregaciones, el comienzo del camino hacia el marchitamiento y la muerte del verdadero "judaísmo mesiánico"».[9] Tal vez sea este el tipo de respuestas que cabe esperar cuando un libro es ampliamente considerado «desafiante»[10], «atrevido»[11] y «audaz».[12]

Afortunadamente, no todo ha sido igual. Ha habido también críticos y lectores favorables a *PMJ* que han encontrado el libro «fascinante»[13], «atractivo»[14], «sofisticado»[15], «rico en sutiles matizaciones»[16], «lúcido»[17] y «bien escrito»[18]. Más allá de que pueda ser una buena lectura (al menos en comparación con libros del mismo género), tanto los críticos como los lectores favorables han reconocido que *PMJ* es «innovador»[19], «trascendental»[20], «importante»[21], «lectura obligada»[22] y «libro clave».[23] David Stern considera *PMJ* un «descubrimiento eclesiológico» y sugiere que yo podría ser «el Copérnico de la eclesiología».[24] (Viendo algunas de las reacciones al libro, ¡más me siento Galileo, que Copérnico!)

8. Brown, «Is A Post-Missionary, Truly Messianic Judaism Possible?».

9. Íd.

10. Daniels, «Avoiding potholes on the road to Jerusalem», 10.

11. Schebera, «Postmissionary Messianic Judaism», 129.

12. Yocum, «On Mark Kinzer's *Postmissionary Messianic Judaism*», 902.

13. Maoz, «Four Comments», 69; Neuhaus, «On the Square».

14. Maoz, «Four Comments», 69.

15. Robinson, «*Postmissionary Messianic Judaism*: A Review Essay», 8; Brown, «Is A Post-Missionary, Truly Messianic Judaism Possible?».

16. Brown, «Is A Post-Missionary, Truly Messianic Judaism Possible?»; Soulen, «Postmissionary Messianic Judaism», 37.

17. Soulen, «Postmissionary Messianic Judaism», 37.

18. Akiva Cohen, «Four Comments», 1.

19. Harvey, «Shaping the Aims and Aspirations of Jewish Believers», 22; Harink, «A Response», 43.

20. Harvey, «Shaping the Aims and Aspirations of Jewish Believers», 22.

21. Soulen, «Postmissionary Messianic Judaism», 37.

22. Robinson, «*Postmissionary Messianic Judaism*: A Review Essay», 21.

23. Brown, «Is A Post-Missionary, Truly Messianic Judaism Possible?».

24. Stern, «A Response», 17.

En esta exposición me gustaría reflexionar sobre el diálogo iniciado por *PMJ*, abordando algunas de las cuestiones que han sido planteadas sobre el libro y expresando esperanzas acerca de los cauces por los que en el futuro se podría llevar la conversación. Antes de hacerlo, sin embargo, me gustaría resumir el argumento de *PMJ*, e identificar un elemento crucial en su estructura, que en buena medida ha pasado desapercibido.

El papel de la obligación judía al pacto, en el argumento de *PMJ*

Como reconocen la mayoría de los lectores, *PMJ* es un libro sobre eclesiología. Intenta repensar la relación entre la Iglesia cristiana y el pueblo judío, y para ello propone conceptualizar el marco comunitario de la Iglesia de una forma nueva que yo llamo *eclesiología bilateral*. En este marco, la *ekklesia* consiste en una comunidad unida esencialmente dual, pues contiene una subcomunidad judía que la vincula con la vida nacional y la historia del pueblo de Israel, y una subcomunidad multinacional que extiende la herencia de Israel entre los pueblos de la tierra sin anular sus identidades culturales distintivas. Así, la constitución bilateral de la *ekklesia* le permite cumplir una vocación universal, al tiempo que mantiene la solidaridad con Israel.

Además, *PMJ* sostiene que esta solidaridad implica el reconocimiento de que el pueblo judío sigue siendo una comunidad en alianza con Dios, y que su resistencia colectiva a la fe en Yeshúa no ha socavado esta alianza, ni ha invalidado la autoridad de su tradición y sus maestros. Yendo más allá, *PMJ* sostiene que el mismo Yeshúa no habita solo con la Iglesia cristiana, sino también con el pueblo judío, y que su presencia se manifiesta en la vida judía siempre que los judíos permanecen fieles a la alianza. Por tanto, la parte judía de la *ekklesia* puede participar en la vida de la comunidad judía en sentido amplio y adherirse a la tradición judía, sin poner en peligro la fidelidad al Mesías, cuyo nombre confiesa explícitamente y sin ninguna vergüenza.

Los lectores han aplaudido o han atacado estas conclusiones y la evidencia y el razonamiento invocados en *PMJ* para respaldarlas. Sin embargo, pocos lectores se han fijado en el núcleo del argumento de *PMJ* y el papel recurrente que desempeña a lo largo de todo el libro: me refiero al capítulo 2 de *PMJ*, titulado «El Nuevo Testamento y la práctica judía».

En ese capítulo examino cómo tratan los Escritos Apostólicos el conjunto de las prácticas judías arraigadas en la Torá, que en el siglo I se habían convertido en marcas esenciales de la identidad judía: la circuncisión, la observancia del Shabat y festividades, y el *kashrut* (leyes dietéticas judías). Y llego a la siguiente conclusión: «Nuestro estudio de las enseñanzas del Nuevo Testamento sobre la práctica judía (para los judíos) ha producido un resultado sorprendente: tenemos buenas razones para sostener la opinión de que el Nuevo Testamento en su conjunto considera la práctica judía obligatoria para los judíos».[25] No afirmo ahí meramente «que los judíos mesiánicos vivían observando la Torá en la época del Nuevo Testamento»;[26] sostengo, en cambio, que los Escritos Apostólicos consideran que esa observancia es una expresión obligatoria de la fidelidad judía al pacto, nacida de una convicción teológica y no de una decisión adoptada por prudencia.[27]

Las frases finales del capítulo 2 demuestran la importancia que yo le doy a esta proposición: «Esta conclusión tiene profundas implicaciones teológicas. En muchos sentidos, en el resto de este libro solo trato de reflexionar sobre esas implicaciones y su significación para la Iglesia y para el pueblo judío».[28] Este descubrimiento —el de una exigencia permanente de un nivel básico de observancia de la Torá para los judíos creyentes en Yeshúa— es interesante e importante en sí mismo, y se erige en principio fundamental para gran parte del movimiento congregacional judío mesiánico en la diáspora. Muchos lectores se han dado cuenta del énfasis que *PMJ* pone en este punto y han reaccionado a él criticándolo o valorándolo positivamente. Sin embargo, pocos han captado la posición nuclear que ocupa en la estructura argumental de *PMJ*. ¿Qué tiene que ver el requisito de la práctica judía con una eclesiología bilateral solidaria con Israel que afirme, no solo la Torá de Israel, sino también su tradición religiosa? ¿Cuál es la relación entre el capítulo 2 y las expansivas y controvertidas conclusiones del resto del libro? Para responder a estas preguntas, repasemos las líneas básicas de la argumentación de *PMJ* (que se expresan desde el capítulo 2 al 7), prestando atención al papel que desempeñan las conclusiones a las que se llega en el capítulo 2.

El capítulo 3, «El Nuevo Testamento y el pueblo judío», aborda la cuestión del estatus espiritual del pueblo judío en su conjunto. La introducción al capítulo explica las implicaciones que en esta cuestión tiene lo tratado en el capítulo 2: «Concluimos en nuestro capítulo anterior que

---

25. Kinzer, *Postmissionary Messianic Judaism*, 95.

26. Glaser, «A response», 31.

27. Profundizo sobre este punto en mi respuesta a Glaser en *Kesher*, 58-62. Al igual que Glaser, Robinson (2006) considera que mi argumento se basa en el ejemplo del estilo de vida apostólico. Mi respuesta a él en *Mishkan* es oportuna también aquí: «Lo que es decisivo no es la observancia apostólica de la Torá, sino la evidente convicción de los apóstoles de que esta observancia es una cuestión de obediencia a un mandamiento divino».

28. Kinzer, *Postmissionary Messianic Judaism*, 96.

el Nuevo Testamento considera que la práctica judía debe ser normativa para los judíos que creen en Yeshúa, aunque no para los gentiles creyentes en Yeshúa. También señalamos la íntima conexión entre dicha práctica y la identidad nacional judía. Dada esta conexión, la obligación de la práctica judía para los judíos (y no para los gentiles) implica que el Nuevo Testamento considera al pueblo judío destinatario de un llamamiento particular y siervo con un papel y una misión diferenciados en el propósito divino».[29]

Sin embargo, podría ser también que solo los judíos creyentes en Yeshúa desempeñaran este «papel y misión diferenciados», y que el resto del pueblo judío quedara apartado de la herencia espiritual de Israel. En la introducción del capítulo 3 se considera esta posibilidad, y a continuación se señalan «[...] los formidables problemas teológicos que esta hipótesis plantea. Puesto que en algún momento del primer milenio dejó de existir un cuerpo de judíos creyentes en Yeshúa dedicados fielmente a la práctica judía, esta hipótesis llevaría a la inquietante conclusión de que el pueblo judío en su conjunto habría expirado en ese momento. ¿Es esto teológicamente sostenible? Si la práctica judía es importante para Dios, entonces el pueblo judío es importante para Dios. ¿Permitió Dios que este pueblo pereciera?».[30] Por lo tanto, la única conclusión que tiene sentido es que «los judíos que no han creído en Yeshúa, pero que han mantenido lealmente una presencia comunitaria judía continua en el mundo, en tiempos de la más profunda oscuridad, son herederos de la alianza de Dios con Israel».[31]

Esta es solo la introducción al capítulo 3. El resto del capítulo consiste en un estudio exegético de la enseñanza real de los Escritos Apostólicos sobre esta cuestión. Las implicaciones lógicas del capítulo 2 determinan y apoyan una tesis que hay que poner a prueba, pero no pueden corroborarla de manera concluyente sin un compromiso de interpretación directa del texto. Como veremos, este es el método seguido a lo largo de *PMJ*: yo formulo una tesis basada en gran medida en las implicaciones del capítulo 2 y entonces la pongo a prueba viendo si nos permite dar un sentido correcto a los textos bíblicos que son relevantes al respecto.

Con el capítulo 4, «Eclesiología bilateral en solidaridad con Israel», alcanzamos el corazón de *PMJ*, tanto física (el capítulo comienza en la página 151 de un libro de 310 páginas) como teológicamente. En este capítulo defiendo la visión eclesiológica que constituye el punto principal de *PMJ*. Tal como en el capítulo 3, la introducción del capítulo formula su tesis dilatando las implicaciones del capítulo 2:

29. Íd., 97.
30. Íd., 98.
31. Íd.

[...] La práctica judía es intrínsecamente colectiva por naturaleza. La circuncisión es un rito social, realizado por un experto oficialmente capacitado dentro de la comunidad. La observancia del Shabat requiere un respaldo social y una expresión comunitaria. Las leyes dietéticas exigen seguir un procedimiento *kosher* con la carne y para ello una red de familias relacionadas que sigan costumbres alimentarias similares. La necesidad práctica de apoyo comunitario refuerza el significado que subyace a toda la práctica judía: ser señal efectiva que marque a Israel como pueblo apartado para Dios.

Al mismo tiempo, en el Nuevo Testamento también se da importancia a que los gentiles formen parte de la *ekklesia* sin convertirse en judíos [...]

Solo un arreglo estructural permitiría una vida comunitaria judía diferenciada en el contexto de una comunidad transnacional de judíos y gentiles: la única *ekklesia* debe constar de dos subcomunidades corporativas [...] Así pues, la primera conclusión de los capítulos 2 y 3 es que la *ekklesia* es bilateral: una realidad que subsiste en dos formas.

Dado que [...] la práctica judía fiel requiere un amplio respaldo comunitario, una segunda conclusión surge de la primera: la rama judía de la *ekklesia* dual debe identificarse con el pueblo judío en su conjunto y participar activamente en su vida comunitaria.[32]

Tras expresar la tesis en su introducción, el capítulo 4 procede a probarla examinando los textos de los Escritos Apostólicos más relevantes al respecto. Como en el capítulo 3, el contenido bíblico confirma una tesis derivada inicialmente de las conclusiones del capítulo 2.

El capítulo 5, «El "No" cristiano a Israel: el supersesionismo cristiano y la práctica judía», narra la triste historia del nacimiento y desarrollo del supersesionismo cristiano desde Ignacio de Antioquía hasta Tomás de Aquino. El relato de esta historia se ha convertido en un lugar común en el mundo de la teología cristiana y las relaciones ecuménicas posterior al Holocausto. Pero el enfoque de mi relato difiere de la mayoría de los demás. *PMJ* no pretende documentar de nuevo el desprecio hacia los judíos y el judaísmo cultivado por la Iglesia cristiana, ni la afirmación cristiana de que la Iglesia y el cristianismo han sustituido a Israel y al judaísmo. *PMJ* describe en cambio cómo el desprecio y el supersesionismo adoptaron la forma de la denegación de la práctica judía para los judíos creyentes en Yeshúa y la deslegitimación de la *ekklesia* judía, en cuya forma de vida esa práctica se

32. Íd., 151-152.

encarnaba. Los eruditos rara vez tienen en cuenta esta forma de desprecio y supersesionismo, porque rara vez admiten la enseñanza apostólica respecto a la práctica judía. Es una vez que se admite esta última (la enseñanza apostólica), cuando aquellos (el desprecio y el supersesionismo) se vuelven especialmente significativos: lo considerado obligatorio por los apóstoles… ¡ahora se condena como pecado mortal! De esta forma, el «No» cristiano a Israel (expresado en la prohibición de la práctica judía eclesial) implica en parte un «No» cristiano a los apóstoles y al Mesías de Israel que los nombró.

Esto prepara el escenario para el capítulo más radical y controvertido de *PMJ*. Tras haber visto el histórico «No» cristiano a Israel, examinamos entonces el «No» histórico judío a Yeshúa. La premisa subyacente a ambos capítulos 6 y 7 es que la práctica judía requiere una tradición viva de aplicación comunitaria, y que cualquier versión de la *ekklesia* judía en el siglo XXI debe reconocer que la tradición judía tiene cierto grado de autoridad: «No se puede construir un judaísmo contemporáneo basándose exclusivamente en la Biblia o en la sensibilidad moderna (o posmoderna). Sin alguna conexión con la experiencia histórica del pueblo judío, el judaísmo se evapora hasta desaparecer».[33] Pero esto plantea una pregunta: ¿cómo pueden los creyentes en Yeshúa considerar en modo alguno autorizada una tradición que dijo «No» a Yeshúa? Este es un desafío formidable, pero veremos que las conclusiones del capítulo 2, que hicieron necesaria la pregunta, juegan también un papel crucial a la hora de responderla.

Como comunidad, el pueblo judío del siglo I no aceptó las afirmaciones mesiánicas de Yeshúa. Esta falta de un «Sí» colectivo tiene una importancia teológica por sí misma; pero no se trata de un «No» rotundo. Es probable que la mayoría de los judíos del siglo I tuvieran poco conocimiento de esas afirmaciones y pocas oportunidades de responder a ellas. Para cuando el nombre de Yeshúa llegó a ser ampliamente conocido entre el pueblo judío, el mensaje que él había proclamado y confiado a sus apóstoles —en lo que se refiere al pueblo judío— había dado un completo vuelco.

> Como se ha visto en los capítulos 2, 3 y 4, el mensaje de Yeshúa llegó a la primera generación de oyentes judíos como una proclamación del modo en que el Dios de Israel había actuado y estaba actuando en Yeshúa para la redención de Israel y del mundo […] Como se ha visto en el capítulo 5, el mensaje sobre Yeshúa que llegó a los judíos del siglo II era radicalmente diferente: hablaba de cómo la alianza y la forma de vida de Israel habían sido anuladas en el Mesías, y afirmaba que la identidad y la práctica judías carecían de valor, o incluso que estaban

---

33. Íd., 215.

prohibidas. Cualquier judío que fuera leal al pacto llegaría a la conclusión de que semejante mensaje no podía proceder del Dios de Israel. Y rechazar a ese supuesto Mesías ¡sería un acto de fidelidad, no de infidelidad, a Dios![34]

Además, durante la Edad Media, sociedades aparentemente cristianas a veces exigieron que los judíos que vivían en medio de ellas se convirtieran al cristianismo (y abandonaran las prácticas y la identidad judías), sin otra alternativa a la conversión que la muerte o el exilio. En una situación así, ¿quién estaba viviendo según la buena nueva del Evangelio? ¿Los cristianos, exigiendo algo tan perverso? ¿Los judíos convertidos al filo de la espada? ¿O los judíos que sacrificaron sus vidas para permanecer fieles a la alianza? Cuando nos situamos en el contexto de la imperecedera obligación de la práctica y la identidad judías, tal y como la enseñaron los apóstoles, nos vemos obligados a aceptar esta paradoja: ¡que esos mártires judíos... estaban siendo ejemplo perfecto del Evangelio en el mismo momento en que, supuestamente, lo estaban rechazando!

En este punto, algunos de mis críticos gritan «¡Falta!»:

> El rechazo judío del mensaje de la Iglesia fue una «participación oculta en la obediencia de Yeshúa». Creativo, sí es esto; pero habrá de perdonársenos que veamos un juego de manos teológico en ese argumento [...] Al llamar *sí* a un *no*, se le ha dado la vuelta a algún aspecto fundamental del mensaje bíblico.[35]

> Así, un no es sí, y juicio es bendición, y ausencia es presencia, y el endurecimiento es redentor. ¿Se supone que debemos aceptar esto?[36]

Creo que no es coincidencia que las objeciones más fuertes a mi razonamiento en estos capítulos provengan de autores que no aceptan mis conclusiones del capítulo 2. Si uno no considera que la práctica y la identidad judías son obligatorias para los judíos según la enseñanza apostólica, entonces mi argumento del capítulo 6 parecerá hueco. De hecho, si esas conclusiones son falsas, ¡mi argumento del capítulo 6 es hueco! Sin embargo, si el capítulo 2 nos orienta en la dirección correcta, entonces la paradoja del capítulo 6 no es un «juego de manos teológico», sino más bien un fortalecedor desafío a los escleróticos paradigmas misionológicos y eclesiológicos. Como en

---

34. Íd., 224.

35. Robinson, «*Postmissionary Messianic Judaism*: A Review Essay», 17.

36. Brown, «Is A Post-Missionary, Truly Messianic Judaism Possible?».

otras partes de *PMJ*, muchas cosas se sostienen o decaen dependiendo de la credibilidad dada al capítulo 2.[37]

En el capítulo 6 se argumenta que el aparente «No» judío a Yeshúa no resta valor ni autoridad a una tradición judía que desempeña un papel esencial en el sostenimiento de la práctica judía a través de los siglos. El capítulo 7, «La tradición judía y la prueba bíblica», continúa el argumento del capítulo 6 proponiendo una interpretación de esa tradición y de los Escritos Apostólicos que los hacen compatibles. Ambos capítulos dependen de las conclusiones del capítulo 2, pues no se requiere ninguna tradición de interpretación y aplicación legal si la práctica judía es opcional y no normativa.

Aunque el mensaje de *PMJ* va mucho más allá del carácter obligatorio de la práctica y la identidad judías basadas en la Torá para los judíos creyentes en Yeshúa, no se puede subestimar la importancia capital de esta proposición para la argumentación del libro en su conjunto. Es mucho más importante como base para llegar a otras conclusiones, que como conclusión en sí misma.

El debate posterior

El debate que ha seguido a la publicación de *PMJ* pone indirectamente de relieve el papel crucial que desempeña el capítulo 2 en su argumentación. La mayoría del movimiento congregacional judío mesiánico de la diáspora está de acuerdo en que alguna forma de práctica judía basada en la Torá es una responsabilidad inherente al pacto para los judíos creyentes en Yeshúa. Como resultado, la eclesiología bilateral tiene sentido para ellos, y encuentran poco que objetar en los primeros cinco capítulos de *PMJ*. La controversia solo surge cuando defiendo la autoridad legítima de la tradición judía (capítulos 6 y 7) y el imperativo práctico del testimonio posmisionero (capítulos 8 y 9). Como me dijo un importante dirigente de la Messianic Jewish Alliance of America, «¡Ojalá hubieras terminado el libro tras el capítulo 5!».

En cambio, en el ámbito de las misiones cristianas, la mayoría encuentra *PMJ* problemático de principio a fin. No ven convincentes los argumentos ni las conclusiones del capítulo 2 y, por tanto, la eclesiología bilateral solidaria con Israel no tiene relevancia para ellos. Algunos de

---

37. Incluso en el caso del capítulo 6, que parte de una interpretación teológica de la historia, intento encontrar, al menos implícita, una corroboración bíblica. El respaldo bíblico procede de mi lectura de Romanos 8-11 (véase *Postmissionary Messianic Judaism*, 129-137).

los misioneros han aprobado las congregaciones judías mesiánicas, pero normalmente como una opción misionológica conveniente más que como un imperativo eclesiológico esencial.[38] Se considera igualmente viable que los judíos creyentes en Yeshúa sean miembros de la Iglesia. El objetivo primordial sigue siendo llevar individualmente a los judíos «no salvados» a la fe en Cristo y a ser miembros de la Iglesia.

Al mismo tiempo, algunos misioneros han respondido a *PMJ* reconociendo la importancia de los asuntos planteados en el libro y se han mostrado dispuestos a abordarlos de forma constructiva:

> ¿Qué significa ser *judío* —no solo de qué promesas es el pueblo judío destinatario, sino también qué *obligaciones* derivadas de la Alianza, si las hay, recaen en los judíos por el hecho de serlo—? Kinzer tiene razón al plantear la cuestión = [...] = ¿De qué manera se puede afirmar que el pueblo judío sigue siendo un pueblo distinto, si no hay alguna forma en la que ese carácter distintivo pueda vivirse manifiestamente y transmitirse a las generaciones futuras? = [...] = Dando por sentado que el pueblo judío es todavía *un pueblo* y no solo un conjunto de individuos judíos, ¿cómo puede o debe realizarse esa expresión colectiva de su condición de pueblo?[39]

> Sé que el libro de Kinzer desafiará a los judíos mesiánicos, como yo, a replantearse nuestra forma de entender quiénes somos como judíos en el Mesías Yeshúa. Además, los que trabajamos en las misiones judías también tenemos que reflexionar sobre nuestra relación con la comunidad judía [...] Kinzer tiene razón al recordar a los judíos mesiánicos que deben verse a sí mismos como parte de la comunidad judía y comportarse consecuentemente [...] La comunidad de las misiones a los judíos tiene que empezar a pensar como personas de dentro y no

---

38. Así, en un número reciente de *The Chosen People* (vol. XIV, núm. 5, junio de 2008), Glaser escribe: «Mi esposa y yo hemos asistido a iglesias la mayor parte de nuestras vidas, y nuestras hijas —que se identifican como judías mesiánicas— crecieron asistiendo a iglesias. Chosen People Ministries promueve intencionalmente las congregaciones mesiánicas porque creemos que el pueblo judío debe poder elegir. Las congregaciones mesiánicas son lugares culturalmente cómodos donde los judíos pueden adorar al Señor y traer a sus familiares y amigos judíos no creyentes [...] Es cierto que muchos judíos pueden ir a una iglesia y encontrar al Señor, pero no todos los judíos abiertos al Evangelio se sentirán cómodos en una iglesia. Así que promovemos congregaciones mesiánicas para dar, a aquellos judíos que prefieren la comodidad de un ambiente más "judío", la oportunidad de escuchar el Evangelio, ser salvos y luego crecer en gracia como parte de una comunidad judía con la mirada puesta en Jesús».

39. Robinson, «*Postmissionary Messianic Judaism*: A Review Essay», 9.

como de afuera, y creo que esto fortalecerá nuestros ministerios hacia nuestra gente.[40]

Ciertamente, hay muchos temas que [Kinzer] ha puesto sobre la mesa de forma clara y razonada y que exigen nuestra atención, más concretamente, la cuestión del problema de la asimilación para los creyentes judíos y la solución propuesta de una eclesiología bilateral estricta.[41]

Robinson, Glaser y Brown parecen reconocer que los judíos mesiánicos son responsables de vivir como judíos, participar en la vida del pueblo judío y transmitir la vida judía a sus hijos y nietos. Mi pregunta para ellos es la siguiente: ¿podemos cumplir esa responsabilidad al margen de una eclesiología bilateral solidaria con Israel?

Si bien hay discrepancias entre misioneros y mesiánicos acerca de los capítulos del 1 al 5, son muchos los que coinciden en su resistencia a los capítulos del 6 al 9. Las dos preocupaciones planteadas por los judíos mesiánicos —sobre la legítima autoridad de la tradición judía y sobre el imperativo práctico del testimonio posmisionero— aparecen de nuevo en la respuesta misionera, aunque con una mayor tendencia a caricaturizar mi posición: «En medio de 300 páginas de argumentos a menudo sofisticados y llenos de sutiles matices, resulta un tanto chocante llegar a dos de las principales conclusiones del libro: primero, que los creyentes judíos deberían adoptar el judaísmo ortodoxo; y en segundo lugar, que nuestro testimonio de Yeshúa a nuestro propio pueblo debería en lo sucesivo "realizarse de un modo posmisionero". Estas sugerencias son escandalosas y deben ser categóricamente rechazadas».[42]

Permítanme intentar aclarar mis puntos de vista sobre estas dos cuestiones. En primer lugar, *PMJ* nunca aboga por la adopción del «judaísmo ortodoxo». Sí defiende que ninguna forma moderna o posmoderna de judaísmo puede ignorar la tradición rabínica. Al principio del capítulo 6, cito —estando de acuerdo con ellas— las palabras de Peter Ochs: «En cierto sentido, no hay otro judaísmo para los judíos que el que procede del judaísmo rabínico, o el judaísmo de la Mishná, el Talmud, la sinagoga, el libro de oraciones y el estudio de la Torá que surgieron tras la pérdida del Segundo Templo, a pesar de esa pérdida y en respuesta a ella. Todos los nuevos judaísmos que han aparecido desde entonces lo han hecho a partir de, y en los términos de, este judaísmo rabínico».[43]

40. Glaser, «A response», 34-36.
41. Brown, «Is A Post-Missionary, Truly Messianic Judaism Possible?».
42. Íd.
43. Kinzer, *Postmissionary Messianic Judaism*, 215.

Al final del capítulo 7, sostengo que esto también debe ser cierto para el «nuevo judaísmo» que está emergiendo con el movimiento del que formo parte: «Como toda tradición transmitida y alimentada por comunidades humanas, incluida la tradición cristiana, el judaísmo rabínico es imperfecto y requiere de renovación, desarrollo y nueva aplicación contextual continuos. En cualquier caso, es el *judaísmo rabínico* el que se está renovando, desarrollando y reaplicando contextualmente. No podemos afirmar la elección y el modo de vida del pueblo judío sin afirmar también la tradición que los ha sustentado a ambos».[44]

Siento un enorme respeto por el judaísmo ortodoxo, pero no pretendo ser un judío ortodoxo ni trabajo para crear una versión ortodoxa del judaísmo mesiánico. Intento vivir como un judío *observante* y mi objetivo es fomentar una expresión del judaísmo mesiánico que aprenda de toda la amplia tradición judía. De todas formas, el judaísmo mesiánico siempre ofrecerá su propia interpretación diferenciada del judaísmo, centrada en la enseñanza, el ejemplo y la obra redentora del Mesías Yeshúa; es este el modo en que trata de renovar, desarrollar y reaplicar contextualmente, el judaísmo rabínico, que es la herencia común de todo el pueblo judío.[45]

Por lo que respecta a la segunda cuestión, la otra preocupación expresada tanto en el movimiento congregacional judío mesiánico como en el mundo misionero está relacionada con las implicaciones soteriológicas y misionológicas de *PMJ*. Planteando una pregunta sobre el fundamento de la salvación, Mitch Glaser escribe: «Desafiaría al autor a ofrecer una aclaración más explícita de sus puntos de vista sobre esta cuestión tan importante».[46] Traté de hacerlo en una ponencia sobre destinos finales presentada en el Borough Park Symposium en octubre de 2007.[47] Pero la principal preocupación en este área no ha sido teológica, sino práctica: ¿fomenta *PMJ* una mentalidad que reste autoridad al testimonio activo y efectivo de Yeshúa entre el pueblo judío? Quise responder a esa preocupación en una conferencia en julio de 2007 titulada «Yeshúa, la gloria de Dios y la gloria de Israel: motivos para la divulgación judío-mesiánica posmisionera».[48] Ser posmisionero no significa trascender la buena nueva, sino entender su

---

44. Íd., 260.

45. Para conocer algunas particularidades de la forma de judaísmo mesiánico que defiendo, se pueden consultar las *Messianic Jewish Rabbinical Council Standards of Observance* (mayo de 2007), disponibles en www.ourrabbis.org .

46. Glaser, «A Response», 32-33.

47. Titulada «Destinos finales: requisitos para recibir una herencia escatológica» (aquí reproducida en el capítulo 6).

48. Una grabación de este mensaje está disponible en la web; véase la bibliografía cronológica, para más detalles.

mensaje como la realización, no la anulación, de la identidad y el destino comunitarios del pueblo judío. *Ser posmisionero es pensar siempre en los judíos individuales y en su futuro en relación con el pueblo judío en su conjunto y su futuro.* El testimonio posmisionero de Yeshúa implica una nueva orientación hacia la vida colectiva, la historia y la tradición religiosa judías, pero sigue siendo un testimonio de Yeshúa. Y yo diría que es un testimonio apasionado, con mucha fuerza, y muy convincente.

En cuanto a la respuesta cristiana a *PMJ*, la cuestión más importante gira en torno a la unidad de la *ekklesia* bilateral.

> Al mismo tiempo, la visión de Kinzer de la Iglesia como una comunidad de reconciliación entre los que siguen siendo genuinamente diferentes me dejó con algunas preguntas persistentes sobre cómo trataría Kinzer la preocupación eclesial más tradicional, y no obstante totalmente justificada, de expresar la paz mesiánica a través de la unidad visible.[49]

> Esto genera preguntas eclesiológicas desconcertantes. ¿Hay entonces dos iglesias, una para los judíos y otra para los gentiles?[50]

> No está claro, por ejemplo, cómo este planteamiento (que no es solo una idea, sino una realidad personificada en una serie de congregaciones judías mesiánicas) puede sostener que, por su cruz, Cristo ha unido a judíos y gentiles en un solo cuerpo (v. Ef 2,11-22). A veces parece como si Cristo tuviera dos cuerpos —dos iglesias—, ninguno de los cuales tiene una misión salvadora universal. Con ello, deja de ser evidente el sentido en el que Cristo mismo tiene un único propósito salvador para todos.[51]

PMJ sí afirma la unidad de la *ekklesia* bilateral. Empleando el lenguaje de Karl Barth, en el capítulo 4 se dice: «Tenemos, por tanto, una comunidad bilateral: es a la vez *indisolublemente una* e *inefablemente dos*».[52] Sin embargo, el capítulo también cita, aprobándolas, las palabras de David Noel Freedman, que describe una «teoría de las dos casas del cristianismo» que dividía a judíos y gentiles en «dos clases, iguales pero separadas».[53] En retrospectiva, considero que el lenguaje de Freedman es problemático:

49. Soulen, «A Response», 106.

50. Neuhaus, «On the Square».

51. Marshall, «Elder Brothers: John Paul II's Teaching on the Jewish People as a Question to the Church», 125.

52. Kinzer, *Postmissionary Messianic Judaism*, 175.

53. Íd., 178.

aunque las dos partes de la *ekklesia* bilateral deben seguir siendo distintas, no pueden estar «separadas».

Por tanto, mis interlocutores cristianos están justificados en sus preocupaciones. Debemos afirmar y salvaguardar la unidad de la *ekklesia* al mismo tiempo que preservamos su doble naturaleza esencial. ¿Cómo se puede conseguir esto? En *PMJ* no pretendía proponer un arreglo gubernamental o estructural concreto para la *ekklesia* bilateral. Intentaba en cambio definir la realidad comunitaria y de relaciones que cualquier arreglo de este tipo debe fomentar. La discusión acerca de la estructura eclesial aún no ha tenido lugar. Debería establecerse en un diálogo entre líderes cristianos y judíos mesiánicos que acepten y estén conformes con la necesidad tanto de unidad como de diferenciación bilateral.

Los debates futuros sobre la estructura práctica de una *ekklesia* bilateral se beneficiarían con una consideración de la sabiduría, en este sentido, de la tradición católica. En el mundo protestante, las nuevas comunidades y movimientos tienden a generar nuevas denominaciones. En cambio, el catolicismo tiene una larga historia de incorporaciones de nuevas comunidades y movimientos a su vida institucional, sin que se produzcan fragmentaciones. Lo vemos especialmente en la formación de órdenes religiosas y su integración en la vida más amplia de la Iglesia. Sin embargo, más relevante para nuestra situación es el enfoque católico de los diversos ritos (como el bizantino, el ucraniano o el siríaco). El catolicismo ha encontrado la forma de acomodar dentro de sus filas las particularidades de las diversas tradiciones teológicas, litúrgicas y devocionales. En parte tiene la capacidad de hacerlo porque sus estructuras eclesiales trascienden la congregación local. Cuando la congregación local es la portadora exclusiva de la identidad y la vida eclesiales, entonces es difícil concebir una eclesiología bilateral que establezca el nivel de unidad que exige la buena nueva.

Una segunda reflexión proveniente del catolicismo tiene que ver con la centralidad de la cena del Señor o eucaristía (que mi propia comunidad denomina *hazikarón*). En los Escritos Apostólicos parece claro que una de las funciones cruciales de este ritual es ser expresión e instrumento de unidad (1 Co 10,16-17; 11,17-32). También está claro que los apóstoles consideraban que compartir la comida en la misma mesa (en contextos que probablemente incluían una dimensión eucarística) era un signo primordial de la reconciliación de judíos y gentiles en una comunidad (Ga 2,11-14). Así pues, cualquier materialización estructural y comunitaria de la eclesiología bilateral, para ser válida, tendrá que proporcionar contextos en los que los miembros judíos y gentiles de una *ekklesia* única puedan reunirse para celebrar *hazikarón* como un cuerpo dual.

Algunos lectores cristianos de *PMJ* también han comentado las cuestiones teológicas más amplias que plantea en los ámbitos de la cristología y la pneumatología. Así, Peter Hocken escribe:

> Una parte importante del libro de Kinzer trata de la identificación total y permanente de Yeshúa con su propio pueblo y de Yeshúa como «Israel en un solo hombre». Kinzer hace de esto un puntal clave —creo que acertadamente— en su defensa de la importancia teológica del judaísmo rabínico y su significación respecto a la alianza de Israel, pero no lo utiliza para proporcionar un fundamento cristológico a su eclesiología judía mesiánica. Si una eclesiología de base bíblica se fundamenta en las misiones del Hijo y del Espíritu, una interpretación mesiánica y no supersesionista de la Iglesia se basará en el Mesías crucificado y resucitado de Israel, cuya humanidad glorificada, a través de la cual se derrama el Espíritu Santo, sigue siendo siempre judeo-israelita y se convierte en el instrumento por el que los creyentes gentiles son injertados en la transformada mancomunidad de Israel.[54]

Y John Yocum se fija más en la pneumatología:

> Una ausencia preocupante del libro es la mención al don del Espíritu Santo como constitutivo del cuerpo de Cristo, y lo que esto podría significar para nuestra comprensión del estatus del pueblo de Israel. Kinzer plantea una «prueba cristológica» para la validez del judaísmo rabínico, y concluye que la tradición del Talmud y la Mishná superan esa prueba. Yo no sugeriría que exista algo así como una 'prueba pneumatológica', pues normalmente la presencia del Espíritu Santo se prueba por referencia a Cristo y no al revés; pero, ¿no es posible la presencia de Cristo de diferentes modos, y no está la confesión de Yeshúa como Mesías intrínsecamente conectada a su presencia vivificante, iluminadora y fortalecedora a través del derramamiento del Espíritu Santo? Ciertamente, el Nuevo Testamento indica que de alguna manera Cristo ya estaba presente y activo en la historia de Israel antes de la encarnación, pero no del modo en que está presente para quienes reciben el don del Espíritu Santo después de la resurrección. ¿Es solo el reconocimiento de la presencia íntima del que ya está presente en medio de ellos de lo que se trata en la aceptación de Yeshúa como Mesías?[55]

---

54. Hocken, «A Response», 52.
55. Yocum, «On Mark Kinzer's *Postmissionary Messianic Judaism*», 904.

Hocken y Yocum plantean cuestiones de importancia capital. Para tener mérito, la eclesiología que propongo debe estar arraigada en las realidades fundamentales de quién es Dios y de lo que Dios ha hecho, está haciendo y hará; y también deberá arrojar nueva luz sobre nuestra comprensión de estas realidades. Así pues, acepto la crítica amistosa de Hocken y Yocum, y apruebo la dirección a la que apuntan. De hecho, espero que mi próximo libro esté dedicado al tema de la cristología, la eclesiología bilateral y el Dios de Israel.

Pero esto nos lleva a la sección final de este trabajo.

El futuro de la discusión

Para concluir mi exposición, me gustaría expresar mis esperanzas para el futuro de esta conversación. Me centraré menos en la respuesta a *PMJ* como libro, y más en la discusión de las cuestiones de fondo que el libro plantea. Lo haré distinguiendo cinco ámbitos de conversación: 1) el movimiento congregacional judío mesiánico en la diáspora; 2) el movimiento congregacional judío mesiánico en la tierra de Israel; 3) el de los involucrados en las misiones cristianas a los judíos; 4) la Iglesia cristiana, y 5) la comunidad judía mayoritaria en general.

Dentro del movimiento congregacional judío mesiánico en la diáspora, espero que se produzca un mayor debate sobre nuestra relación con las misiones cristianas a los judíos, con el cristianismo evangélico y con la comunidad judía y su tradición religiosa. En *PMJ* sostengo que, aunque el judaísmo mesiánico se originó en las misiones cristianas a los judíos, apunta más allá de ese mundo (aunque no más allá de la misión *per se*). En contraste con el mundo de las misiones cristianas, el judaísmo mesiánico ha aceptado la responsabilidad hacia el pacto de la práctica judía basada en la Torá, y se ha identificado a sí mismo como una forma diferenciada de judaísmo centrada en Yeshúa. De este modo, se ha alejado de la consideración de sí mismo como mero subgrupo del protestantismo evangélico.

Sin embargo, creo que la dificultad que tienen muchos judíos mesiánicos para valorar positivamente los capítulos 6 y 7 de *PMJ* refleja la necesidad de una seria reflexión sobre las consecuencias de lo que ya hemos aceptado como verdad. ¿Es posible practicar una forma de vida judía basada sustancialmente en la Torá, sin recurrir en gran medida a la tradición religiosa judía? ¿Y es posible recurrir en gran medida a la tradición religiosa judía sin tener una afirmación cristológicamente fundamentada de la comunidad que portó y produjo esta tradición, y de la tradición misma? Y a largo plazo, ¿es posible aceptar las conclusiones del capítulo 2 de *PMJ* sin adoptar también posiciones parecidas a las de los capítulos 6 y 7?

La eclesiología bilateral en solidaridad con Israel convoca al movimiento congregacional judío mesiánico a dar pasos para acercarse al mundo judío y alejarse de su matriz evangélica. Solo distinguiéndose del cristianismo evangélico y estando conectado con el judaísmo, puede ese judaísmo mesiánico cumplir su vocación de puente eclesiológico que permita a la Iglesia descubrir su identidad en el parentesco con Israel, y al pueblo judío encontrarse con su Mesías como nunca antes lo ha hecho.

Dentro del movimiento congregacional judío mesiánico en la tierra de Israel, espero que surja un debate teológico serio en general. Hasta ahora, la comunidad judía mesiánica israelí ha tenido pocos eruditos formados y poco interés en el discurso teológico. Veo signos de cambio en este sentido, y preveo que nuevas ideas habrán de surgir de una comunidad judía mesiánica plena de conocimiento y teológicamente consciente, viviendo en la tierra de Israel.

En particular, espero que se produzca un debate teológico serio entre los judíos mesiánicos israelíes sobre la naturaleza, la significación y las obligaciones de la identidad judía en la alianza. En el pasado, a menudo los judíos mesiánicos israelíes han visto a sus parientes en la diáspora como miembros de la casa de Jacob psicológicamente inseguros, que se asoman a la práctica judía basada en la Torá —y en la tradición que da forma a dicha práctica— como una muleta con la que sostener una identidad imposible de mantener en el exilio. A diferencia de estos, ellos —como israelíes— no tienen esos problemas, pues hablan hebreo, viven en la tierra prometida a nuestros antepasados y participan como ciudadanos en un Estado judío.

Por supuesto, esta actitud reflejaba las opiniones de la sociedad secular israelí en su conjunto acerca del sionismo y el judaísmo de la diáspora. Sin embargo, el debate sobre la identidad judía en el Israel del siglo XXI ha cambiado radicalmente. Numerosos factores han contribuido a este cambio: el fracaso de la ideología y el *ethos* sionistas laicos; el resurgimiento de la ortodoxia en sus diversas formas; la presencia de cientos de miles de ciudadanos israelíes que son, técnicamente, gentiles de ascendencia judía; el gran número de israelíes que viven al menos parte de su vida en la diáspora y experimentan, de primera mano, el judaísmo de la diáspora; y el desafío árabe al estatus de Israel como Estado judío. De pronto, la identidad judía en la tierra parece casi tan insegura como la identidad judía en la diáspora. Para dar anclaje a esa identidad, muchos israelíes están reconociendo la necesidad de recuperar una conexión con el pasado judío. Y no basta con rastrear nuestras raíces hasta el rey David, los macabeos y los zelotes. No podemos saltar del año 70 d. de C. al 1900 o 1948, como si los dieciocho siglos intermedios fueran una anomalía histórica sin consecuencias.

Unos pocos judíos mesiánicos israelíes han llegado a conclusiones similares. Se han dado cuenta de que no es suficiente rastrear sus raíces hasta los discípulos judíos de Yeshúa en Hechos de los Apóstoles; que la vida judía no terminó con la destrucción del templo en el año 70, ni con la desaparición de Jerusalén de la comunidad creyente en Yeshúa que allí se congregaba; y que esa vida judía no renació de la nada con la aparición del movimiento sionista o del hebreo-cristiano. *La vida judía se extiende como una línea continua e ininterrumpida, y la identidad judía depende de nuestra capacidad para hacer de cada segmento de esa línea un recurso para nuestra etapa en el viaje.* Deseo y espero un aumento del número de judíos mesiánicos israelíes que lleguen a esta conclusión, y el establecimiento entre ellos de una conversación vibrante y fructífera, que enriquecerá tanto al movimiento mesiánico israelí como a sus parientes en el extranjero.

Dentro de la comunidad de las misiones cristianas a los judíos, yo esperaría que hubiera una voluntad de profundizar en las cuestiones eclesiológicas y de considerarlas importantes en sí mismas, no solo como materias subordinadas relacionadas con la misionología y la soteriología. Como debería quedar claro de la lectura de *PMJ*, considero que la identidad comunitaria judía es una realidad eclesial fundamental para la vida y la misión de la Iglesia cristiana. Algunas de las respuestas a *PMJ* provenientes de la comunidad misionera han reconocido la importancia de estas cuestiones, y han llamado a colegas suyos a tratarlas. Que yo sepa, esto aún no ha ocurrido, pero la conversación no ha hecho más que empezar.

En particular, estoy ansioso por escuchar un debate entre misioneros sobre la importancia de favorecer una vida judía intergeneracional para sus conversos. ¿Es importante que los nietos de los judíos creyentes en Yeshúa también se identifiquen y vivan como judíos? Si lo es, ¿los métodos y modelos misioneros tradicionales han facilitado este objetivo, o lo han obstaculizado? Si la eclesiología bilateral solidaria con Israel no es una opción, ¿cómo se puede alcanzar ese objetivo? Para abordar con compromiso estas cuestiones será necesario que los misioneros dejen de lado los enfoques atomistas de la eclesiología, la misionología y la soteriología, y piensen en términos más comunitarios. En el proceso, puede que descubran verdades olvidadas en una Biblia que tomó forma en un mundo ajeno al individualismo occidental moderno.

Dentro de la Iglesia cristiana, espero ver una conciencia cada vez mayor de la importancia del judaísmo mesiánico para la identidad cristiana y para abrir nuevas perspectivas sobre la relación de la Iglesia con el pueblo judío en su conjunto. Esto ya ha comenzado a suceder. He participado personalmente en un proyecto digno de mención, que muestra un gran potencial y que ilustra lo que podría desarrollarse a mayor escala. En el otoño del año 2000, un pequeño grupo de judíos mesiánicos y católicos romanos fueron convocados por el padre (luego cardenal) Georges Cottier, teólogo de la Casa Pontificia, para iniciar una conversación. La reunión no fue un diálogo formal patrocinado por el Vaticano, sino una iniciativa no oficial del cardenal Cottier y otros destacados dignatarios católicos. Nos hemos reunido cada año desde el año 2000 y hemos aprendido mucho unos de otros. Los participantes católicos han mostrado un gran aprecio por la significación espiritual del movimiento judío mesiánico y una actitud sinceramente receptiva hacia el desafiante mensaje que aportamos. Si tales encuentros son posibles entre dirigentes, al más alto nivel, de la Iglesia católica y de los judíos mesiánicos, ¿no podemos esperar que se desarrollen relaciones y conversaciones similares con otros en el mundo del cristianismo?

En última instancia, estas conversaciones deben conducir a una discusión sobre la importancia de preservar la vida judía y la identidad de los judíos creyentes en Yeshúa. Los líderes cristianos deben afrontar esta cuestión, tanto como los misioneros cristianos a los judíos. Incluso también los pastores y las denominaciones que no se dedican a la evangelización organizada y deliberadamente dirigida a los judíos, pues sus iglesias atraen a almas judías que han perdido, o nunca tuvieron, apego a la vida comunitaria judía. ¿Qué responsabilidad tienen los líderes cristianos de animar a esas personas a seguir viviendo como judíos? ¿Qué responsabilidad tienen en ayudarles a hacerlo? Estas son preguntas que los cristianos nunca se han planteado y, si las perspectivas avanzadas en *PMJ* tuvieran algún poder de atracción, ahora se les podrán plantear.

Por último, dentro del mundo judío en general, espero que se dé a conocer que esta conversación entre judíos mesiánicos, misioneros y dirigentes cristianos, está teniendo lugar. Ya ha recibido cierta atención. Así, en un artículo publicado por la *Jewish Telegraphic Agency*, un respetado periodista judío analizaba el panorama judío mesiánico y escribía lo siguiente:

> En los dos últimos años, algunos líderes mesiánicos se han cuestionado si su movimiento está demasiado alineado con los evangélicos. La primera andanada se produjo en 2005, cuando el teólogo Mark Kinzer publicó un libro titulado *Post-Missionary Messianic Judaism*, en el que sostenía que aceptar a Cristo no exime a un judío de ciertas obligaciones religiosas, como guardar el *kosher* y observar el Shabat. = [...] = Kinzer [...] cree que las congregaciones mesiánicas tienen la obligación de preservar esas

prácticas, no como una forma de cristianismo «contextualizado», sino más bien como lo que él llama un auténtico judaísmo: «La alianza de Dios con Israel hace necesaria una determinada forma de vida —afirma—. No es una opción. Un mensaje que aleje a los judíos del judaísmo no es el Evangelio; no se habrá salvado así un alma judía».[56]

De forma parecida, el *Jewish Daily Forward* hablaba de grupos dentro del mundo judío mesiánico que abogaban por una conexión más estrecha con la comunidad judía en general:

> Una piedra de toque para este grupo ha venido a ser el libro *Postmissionary Messianic Judaism: Redefining Christian Engagement With the Jewish People*, del autor Mark Kinzer, en 2005. Kinzer ha sido mucho menos bien recibido en círculos misioneros tan manifiestamente cristianos como la Lausanne Consultation on Jewish Evangelism, fundada por líderes evangélicos cristianos en 1980.[57]

Aunque estos artículos muestran que *PMJ* no ha pasado totalmente desapercibido en el mundo judío en general, muy pocos miembros de esa comunidad tienen alguna idea del debate que está teniendo lugar entre nosotros. Espero que eso cambie en los próximos años.

No preveo que la comunidad judía en sentido amplio abra sus brazos para acoger con entusiasmo *PMJ* y la forma de judaísmo que defiende. Sin embargo, sí creo que *PMJ* proporciona una plataforma para un avance sin precedentes: el de un diálogo genuino entre mesiánicos y judíos de la corriente dominante. No comprometeremos nuestras convicciones sobre Yeshúa como el Mesías de Israel, y tampoco espero que ellos comprometan sus convicciones de que estamos gravemente equivocados en este punto. No obstante, hay puntos en común suficientes para comenzar una conversación. Ojalá empiece pronto.

Me complace que la mayoría de mis lectores estén de acuerdo en que *PMJ* es un libro importante. Uno de mis más formidables críticos —Michael Brown— ha dicho de él que es punto de inflexión (literalmente, «divisoria de vertientes»). Si Michael Brown está en lo cierto, en los próximos años la conversación general avanzará mucho más allá de donde se encuentra actualmente. Estaría encantado de que así fuera, aunque mi libro no se recordara como el lugar donde las corrientes empezaron a fluir en otra dirección.

56. Yeoman, «Messianics are praying the "Shema", but preaching Jesus as the messiah».

57. Siegel, «Messianic Jews Find Fertile Ground in the Bible Belt».

Bibliografía general

ALLISON, Dale C.: *Jesus of Nazareth—Millenarian Prophet*, Mineápolis (MN, Estados Unidos): Fortress Press, 1998.

BAECK, Leo: «Romantic Religion», en *Jewish Perspectives on Christianity*, ed. Fritz A. Rothschild, 56-91, Nueva York: Continuum, 1996.

— «Judaism in the Church», en *Jewish Perspectives on Christianity*, ed. Fritz A. Rothschild, 92-110, Nueva York: Continuum, 1996.

BARCLAY, John M. G.: *Obeying the Truth*, Mineápolis (MN, Estados Unidos): Fortress Press, 1988.

BARTH, Karl: *Prayer*, Louisville (KY, Estados Unidos): Westminster John Knox, 2002 (ed. orig. 1952).

BEASLEY-MURRAY, George R.: *John*, Word Biblical Commentary vol. 36, Waco (TX, Estados Unidos): Word Books, 1987.

BERKOVITS, Eliezer: *Not in Heaven: The Nature and Function of Halakha*, Hoboken (NJ, Estados Unidos): Ktav, 1983.

BOCCACCINI, Gabriele: *Middle Judaism*, Mineápolis (MN, Estados Unidos): Fortress, 1991.

BRAUDE, William G. (trad.): *The Midrash on Psalms*, vol 2, New Haven (CT, Estados Unidos): Yale University Press, 1959.

BRAATEN, Carl, y Robert JENSON (eds.): *Union with Christ, The New Finnish Interpretation of Luther*, Grand Rapids (MI, Estados Unidos): Eerdmans, 1998.

— y Robert JENSON (eds.): *Jews and Christians: People of God*, Grand Rapids (MI, Estados Unidos): Eerdmans, 2003.

BRAWLEY, Robert L.: *Luke-Acts and the Jews*, Atlanta (GA, Estados Unidos): Scholars Press, 1987.

BROWN, Raymond E.: *An Introduction to the Gospel of John*, Nueva York: Doubleday, 2003.

BROWN, Wesley H., y Peter F. PENNER (eds.): *Christian Perspectives on the Israeli-Palestinian Conflict*, Pasadena (CA, Estados Unidos): WCIU Press, 2008.

BUBER, Martin: «The Two Foci of the Jewish Soul», en *Jewish Perspectives on Christianity*, (ed.) Fritz A. Rothschild, 122-131, Nueva York: Continuum, 1996.

CAMPBELL, Douglas A.: *The Quest for Paul's Gospel*, Londres: T&T Clark, 2005.

CANTALAMESSA, Fr. Raniero: *The Mystery of Christmas*, Sydney (Australia): St. Paul's Publications, 1988.

COHEN, Arthur A.: «The Natural and the Supernatural Jew», en *Contemporary Jewish Theology*, (ed.) Elliot N. Dorff y Louis E. Newman, 190-198, Nueva York: Oxford University Press, 1999.

COLE, Alan R.: *The Gospel According to St. Mark*, Grand Rapids (MI, Estados Unidos): Eerdmans, 1961.

COSGROVE, Charles H.: *Elusive Israel*, Louisville (KY, Estados Unidos): Westminster John Knox, 1997.

CRANFIELD, Charles E. B.: *The Epistle to the Romans*, vol. 2, Edimburgo (Reino Unido): T&T Clark, 1979.

CRÜSEMANN, Frank: *The Torah*, Edimburgo (Reino Unido): T&T Clark, 1996.

DANBY, Herbert: *The Mishnah*, Oxford (Reino Unido): Oxford University Press, 1933.

DANIELOU, Jean: *The Theology of Jewish Christianity*, Londres: Darton, Longman, & Todd, 1964.

DAVIES, William D.: *Paul and Rabbinic Judaism*, Filadelfia (PA, Estados Unidos): Fortress, 1980 (ed. orig. 1948).

— y Dale C. ALLISON: *A Critical and Exegetical Commentary on The Gospel According to Saint Matthew*, Edimburgo (Reino Unido): T&T Clark, 1997.

DICKSON, Athol: *The Gospel According to Moses*, Grand Rapids (MI, Estados Unidos): Brazos, 2003.

DONIN, rabí Hayim Halevy: *To Pray as a Jew*, Nueva York: Basic, 1980.

DUNN, James D. G.: «Jesus, Table-Fellowship, and Qumran», en *Jesus and the Dead Sea Scrolls*, (ed.) James H. Charlesworth, 254-272, Nueva York: Doubleday, 1992.

— *The Partings of the Ways*, Filadelfia (PA, Estados Unidos): Trinity, 1991.

— *Romans 1-8*, Word Biblical Commentary, vol. 38a, Dallas (TX, Estados Unidos): Word, 1988.

— *Romans 9-16*, Word Biblical Commentary, vol. 38a, Dallas (TX, Estados Unidos): Word, 1988.

EDERSHEIM, Alfred: *Prophecy and History*, Grand Rapids (MI, Estados Unidos): Baker, 1980 (ed. orig. 1885).

FALK, Harvey: *Jesus the Pharisee*, Mahwah (NJ, Estados Unidos): Paulist, 1984.

FISHBANE, Michael: *Biblical Interpretation in Ancient Israel*, Oxford (Reino Unido): Oxford University Press, 1985.

FOSSUM, Jarl E.: *The Name of God and the Angel of the Lord*, Tubinga (Alemania): J.C.B. Mohr [Paul Siebeck], 1985.

FRANCE, R. T.: *The Gospel According to Matthew*, Grand Rapids (MI, Estados Unidos): Eerdmans, 1985.

FUCHS-KREIMER, Nancy: «Redemption: What I Have Learned from Christians», en *Christianity in Jewish Terms*, (ed.) Tikva Frymer-Kensky y otros, 275-284, Boulder (CO, Estados Unidos): Westview, 2000.

GREENBERG, Irving: *The Jewish Way*, Nueva York: Touchstone, 1988.

GRUBER, Daniel: *Rabbi Akiba's Messiah: The Origins of Rabbinic Authority*, Hanover (NH, Estados Unidos): Elijah, 1999.

GUGGENHEIMER, Heinrich: *The Scholar's Haggadah*, Northvale (NJ, Estados Unidos): Jason Aronson, 1995.

GUNTON, Colin E.: *The Christian Faith*, Oxford (Reino Unido): Blackwell, 2002.

HALIVNI, David Weiss: *Peshat and Derash*, Oxford (Reino Unido): Oxford University Press, 1991.

— *Revelation Restored*, Boulder (CO, Estados Unidos): Westview, 1997.

HAMMER, Reuven: *Entering Jewish Prayer*, Nueva York: Schocken, 1994.

— (trad.) *Sifre on Deuteronomy*, New Haven (CT, Estados Unidos): Yale University Press, 1986.

HARLOW, rabí Jules (ed.): *Siddur Sim Shalom*, Nueva York: The Rabbinical Assembly and The United Synagogue of America, 1985.

HARRINGTON, Daniel J.: *The Gospel of Matthew*, Collegeville (MN, Estados Unidos): Liturgical Press, 1991.

HARTMAN, David: *A Living Covenant*, Woodstock (VT, Estados Unidos): Jewish Lights, 1997.

HARVEY, Richard: *Mapping Messianic Jewish Theology: A Constructive Approach*, Carlisle (Reino Unido): Paternoster Press, 2009.

HAYS, Richard B.: *The Moral Vision of the New Testament: Community, Cross, New Creation, A Contemporary Introduction to New Testament Ethics*, Nueva York: HarperOne, 1996.

HAYNES, Stephen R.: *Prospects for Post-Holocaust Theology*, Atlanta (GA, Estados Unidos): Scholars Press, 1991.

HENGEL, Martin: «The Effective History of Isaiah 53 in the Pre-Christian Period», en *The Suffering Servant: Isaiah 53 in Jewish and Christian Sources*, (ed.) Bernd Janowski y Peter Stuhlmacher, 75-146, Grand Rapids (MI, Estados Unidos): Eerdmans, 2004.

HERBERG, Will: *Faith Enacted as History*, Filadelfia (PA, Estados Unidos): Westminster, 1976.

— «Judaism and Christianity: Their Unity and Difference», en *The Journal of Bible and Religion* núm. 21 (abril, 1953), 67-78.

HESCHEL, Abraham Joshua: *God in Search of Man*, Nueva York: Farrar, Straus & Cudahy, 1955.

— *The Sabbath*, Nueva York: Farrar, Straus and Giroux, 2001 (ed. orig. 1951).

HOENIG, Samuel N.: *The Essence of Talmudic Law and Thought*, Northvale (NJ, Estados Unidos): Jason Aronson, 1993.

JACOBS, Louis: «The Uplifting of Sparks in Later Jewish Mysticism», en *Jewish Spirituality: From the Sixteenth Century Revival to the Present*, (ed.) Arthur Green, 99-126, Nueva York: Crossroad, 1997.

JENSON, Robert: *Systematic Theology*, vol. 1, Oxford (Reino Unido): Oxford University Press, 1997.

JEREMIAS, Joachim: *New Testament Theology*, Nueva York: Charles Scribner's Sons, 1971.

JOHNSON, Elizabeth, y David M. HAY (eds.): *Pauline Theology*, vol. 4, Atlanta (GA, Estados Unidos): Scholars Press, 1997.

JOSEFO, Flavio: *Jewish Antiquities*, (trad.) Ralph Marcus, Cambridge (MA, Estados Unidos): Harvard University Press, 1986 (ed. orig. 1933).

JUSTER, Daniel C.: *Jewish Roots*, Rockville (MD, Estados Unidos): Davar, 1986.

KADUSHIN, Max: *The Rabbinic Mind*, Nueva York: Blaisdell, 1965.

KECK, Leander E.: *Romans*, Nashville (TN, Estados Unidos): Abingdon, 2005.

KEENER, Craig S.: *A Commentary on the Gospel of Matthew*, Grand Rapids (MI, Estados Unidos): Eerdmans, 1999.

— *The Gospel of John: A Commentary*, vol. 1, Peabody (MA, Estados Unidos): Hendrickson, 2003.

KERNAGHAN, Ronald J.: *Mark*, Downers Grove (IL, Estados Unidos): Intervarsity, 2007.

KINZER, Mark: *The Nature of Messianic Judaism*, West Hartford (CT, Estados Unidos): Hashivenu Archives, 2000.

KINZER, Mark (*continuación*): «On *The Nature of Messianic Judaism*: Replying to My Respondents», en *Kesher núm.* 13 (verano 2001), 36-67.

— «Beginning with the End: The Place of Eschatology in the Messianic Jewish Canonical Narrative», 2002 Hashivenu Forum, Internet: hashivenu.org/forum-papers/ (2002 Messianic Jewish Canonical Narrative).

— «Messianic Judaism and Jewish Tradition in the 21st Century: A Biblical Defense of "Oral Torah"», 2003 Hashivenu Forum, Internet: hashivenu.org/forum-papers/ (2003 Messianic Judaism & Jewish Tradition).

— *Postmissionary Messianic Judaism*, Grand Rapids (MI, Estados Unidos): Brazos, 2005.

— «Prayer in Yeshua, Prayer in Israel: The Shema in Messianic Perspective», 2008 Hashivenu Forum, Internet: hashivenu.org/forum-papers/ (2008 Yeshua & Jewish Life).

LACHS, Samuel Tobias: *A Rabbinic Commentary on the New Testament: The Gospels of Matthew, Mark and Luke*, Hoboken (NJ, Estados Unidos): Ktav, 1987.

LEVENSON, Jon D.: *Sinai and Zion*, Nueva York: Harper and Row, 1987.

— *The Death and Resurrection of the Beloved Son*, New Haven (CT, Estados Unidos): Yale University Press, 1993.

LEVERING, Matthew: *Christ's Fulfillment of Torah and Temple*, Notre Dame (IN, Estados Unidos): University of Notre Dame Press, 2002.

— *Jewish-Christian Dialogue and the Life of Wisdom*, Nueva York: Continuum, 2010.

LEWIS, C. S.: *God in the Dock*, Grand Rapids (MI, Estados Unidos): Eerdmans, 1970.

— *The Problem of Pain*, Nueva York: Macmillan Publishing Co., 1962.

LIEBER, David L. (ed.): *Etz Hayim: Torah and Commentary*, Filadelfia (PA, Estados Unidos): Jewish Publication Society, 2001.

LONGENECKER, Richard N.: *The Christology of Early Jewish Christianity*, Grand Rapids (MI, Estados Unidos): Baker, 1981.

LOPES CARDOZO, Nathan T.: *The Written and Oral Torah*, Northvale (NJ, Estados Unidos): Jason Aronson, 1997.

MASON, Steve: «Chief Priests, Sadducees, Pharisees and Sanhedrin in Acts», en *The Book of Acts in Its First Century Setting*, vol. 4 *Palestinian Setting*, (ed.) Richard Bauckham, 133-157, Grand Rapids (MI, Estados Unidos): Eerdmans, 1995.

McKNIGHT, Scot: *A New Vision for Israel*, Grand Rapids (MI, Estados Unidos): Eerdmans, 1999.

MILGROM, Jacob: *Leviticus 1-16*, en *The Anchor Bible*, Nueva York: Doubleday, 1991.

MOORE, George Foot: *Judaism*, vol. 1, Peabody (MA, Estados Unidos): Hendrickson, 1997 (ed. orig. 1927).

MOSÈS, Stéphane: *System and Revelation*, Detroit (MI, Estados Unidos): Wayne State University Press, 1992.

MULLEN, E. Theodore: «Hosts, Host of Heaven», en *The Anchor Bible Dictionary*, vol. 3, (ed.) David Noel Freedman, 301-304, Nueva York: Doubleday, 1992.

NEUHAUS, Richard John: «Salvation is From the Jews», en *First Things* 117 (noviembre, 2001), 17-22.

NEUSNER, Jacob: *A Short History of Judaism*, Mineápolis (MN, Estados Unidos): Fortress, 1992.

— *An Introduction to Judaism: A Textbook and Reader*, Louisville (KY, Estados Unidos): Westminster John Knox, 1991.

— *Genesis Rabbah*, vol. 1, Atlanta (GA, Estados Unidos): Scholars Press, 1985.

NOVAK, David: «Beyond Supersessionism», en *First Things* 81 (marzo, 1998) 5760.

— *The Election of Israel*, Cambridge (Reino Unido): Cambridge University Press, 1995.

PANNENBERG, Wolfhart: *Systematic Theology*, 3 vols., (trad.) Geoffrey Bromiley, Grand Rapids (MI, Estados Unidos): Eerdmans, 1991, 1994, 1998.

ROSENZWEIG, Franz: *The Star of Redemption*, Notre Dame (IN, Estados Unidos): University of Notre Dame Press, 1985.

SALDARINI, Anthony J.: *Matthew's Christian-Jewish Community*, Chicago (IL, Estados Unidos): University of Chicago Press, 1994.

— *Pharisees, Scribes and Sadducees in Palestinian Society*, Wilmington (DE, Estados Unidos): Michael Glazier, 1988.

SANDERS, E. P.: *Jewish Law from Jesus to the Mishnah*, Filadelfia (PA, Estados Unidos): Trinity, 1990.

SARNA, Nahum M.: *The JPS Torah Commentary: Genesis*, Filadelfia (PA, Estados Unidos): The Jewish Publication Society (JPS), 1989.

SCHERMAN, rabí Nosson (trad.): *The Complete ArtScroll Siddur*, Brooklyn (NY, Estados Unidos): Mesorah, 1984.

SCHIFFMAN, Lawrence H.: *From Text to Tradition*, Hoboken (NJ, Estados Unidos): Ktav, 1991.

SCHOEPS, Hans J.: *Paul*, Filadelfia (PA, Estados Unidos): Westminster, 1961.

SCHOLEM, Gershom G.: *Major Trends in Jewish Mysticism*, Nueva York: Schocken, 1941.

SCHÖNBORN, cardenal Christoph: «Judaism's Way to Salvation», en *The Tablet* (29 de marzo, 2008), 8-9.

SIM, David: *The Gospel of Matthew and Christian Judaism*, Edimburgo (Reino Unido): T&T Clark, 1998.

SIMON, Maurice (trad.): *Hebrew-English Edition of the Babylonian Talmud: Berakoth*, Londres: Soncino, 1984.

SOLOVEITCHIK, Joseph: *Halakhic Man*, Nueva York: The Jewish Publication Society (JPS), 1983.

SOULEN, R. Kendall: *The God of Israel and Christian Theology*, Mineápolis (MN, Estados Unidos): Fortress, 1996.

SPIEGEL, Shalom: *The Last Trial*, Woodstock (VT, Estados Unidos): Jewish Lights, 1993 (ed. orig. 1967).

STACKHOUSE, John G. (ed.): *What Does It Mean To Be Saved?*, Grand Rapids (MI, Estados Unidos): Baker Academic, 2002.

STERN, David: *Messianic Jewish Manifesto*, Clarksville (MD, Estados Unidos): Jewish New Testament Publications, 1988.

TENDLER, Moshe Dovid: «Harsh Words», en *Moment* 23:4 (agosto, 1998), 36-38.

THOMA, Clemens: *A Christian Theology of Judaism*, Nueva York: Paulist Press, 1980.

TIESSEN, Terrance L.: *Who Can Be Saved?*, Downers Grove (IL, Estados Unidos): Intervarsity, 2004.

TORRANCE, Thomas F.: *The Mediation of Christ*, Colorado Springs (CO, Estados Unidos): Helmers & Howard Publishers, 1992.

— «The divine vocation and destiny of Israel in world history», en *The Witness of the Jews to God*, (ed.) David W. Torrance, 85-104, Edimburgo (Reino Unido): Handsel Press, 1982.

VAN BUREN, Paul M.: *According to the Scriptures*, Grand Rapids (MI, Estados Unidos): Eerdmans, 1998.

VAN BUREN, Paul M. (*continuación*): *A Theology of the Jewish-Christian Reality, Part 2: A Christian Theology of the People Israel*, Lanham (MD, Estados Unidos): University Press of America, 1995.

VANHOOZER, Kevin J.: *The Drama of Doctrine*, Louisville (KY, Estados Unidos): Westminster John Knox, 2005.

VANLANDINGHAM, Chris: *Judgment & Justification in Early Judaism and the Apostle Paul*, Peabody (MA, Estados Unidos): Hendrickson, 2006.

VON BALTHASAR, Hans Urs: *Dare We Hope "That All Men Be Saved"?*, San Francisco (CA, Estados Unidos): Ignatius, 1988.

WRIGHT, N. T.: *The Climax of the Covenant*, Mineápolis (MN, Estados Unidos): Fortress, 1992.

— *The New Testament and the People of God*, Mineápolis (MN, Estados Unidos): Fortress, 1992.

— *What Saint Paul Really Said*, Grand Rapids (MI, Estados Unidos): Eerdmans, 1997.

WYSCHOGROD, Michael: *Abraham's Promise: Judaism and Jewish-Christian Relations*, Grand Rapids (MI, Estados Unidos): Eerdmans, 2004.

— *The Body of Faith*, Northvale (NJ, Estados Unidos): Jason Aronson, 1996.

— «Incarnation», en *Pro Ecclesia* 2 (primavera 1993), 208-215.

YODER, John Howard: *The Jewish-Christian Schism Revisited*, Grand Rapids (MI, Estados Unidos): Eerdmans, 2003.

ZEMER, Moshe: *Evolving Halakhah*, Woodstock (VT, Estados Unidos): Jewish Lights, 1999.

Bibliografía (en orden cronológico) referente a Postmissionary Messianic Judaism

SADAN, Tsvi: «Mark Kinzer, Postmissionary Messianic Judaism», en *Kivun* 47 (sep-oct, 2005), 19.

ROBINSON, Rich: «Postmissionary Messianic Judaism», en *Havurah* 8, núm. 4 (11 de Noviembre, 2005).

VAN ENGEN, Charles: «Response to *Postmissionary Messianic Judaism*», Hashivenu Forum en Pasadena (CA, Estados Unidos), enero de 2006, Internet: hashivenu. org/forum-papers/ (2006 Charles Van Engen, pdf).

STOKES, H. Bruce: «Response to Postmissionary Messianic Judaism», Hashivenu Forum en Pasadena (CA, Estados Unidos), enero de 2006, Internet: hashivenu. org/forum-papers/ (2006 H. Bruce Stokes, pdf).

ROTTENBERG, Isaac: «Postmissionary Messianic Judaism? Observations on the Mark Kinzer Thesis», en *Restore* 9, núm. 3 (enero 2006), 10-13.

NEREL, Gershon: «*Nostra Aetate*: Between Hebrew Catholics and Messianic Jews», *Mishkan* 46 (2006), 47-58, Internet: www.caspari.com/wp-content/uploads/2016/05/mishkan46.pdf .

Kesher núm. 20 (invierno/primavera de 2006). Este número de la revista incluyó los siguientes artículos:

    KAPLAN, Jonathan: «A Synopsis of Mark Kinzer's *Post-Missionary Messianic Judaism*», 7-15.

    STERN, David H.: «A Response», 16-22.

    JUSTER, Daniel C.: «A Response», 23-29.

    GLASER , Mitch: «A Response», 30-36.

    SOULEN, R. Kendall: «A Response», 37-42.

    HARINK, Douglas K.: «A Response», 43-48.

    HOCKEN, Peter: «A Response», 49-55.

    KINZER, Mark S.: «Rejoinder to Responses», 56-64.

Mishkan 48 (2006). Internet: www.caspari.com/wp-content/uploads/2016/05/mishkan4 8.pdf . Este número de la revista incluyó los siguientes artículos:

    KJAER-HANSEN, Kai: «Postmissionary in Three Senses», 3.

    — «Mark Kinzer and Joseph Rabinowitz», 4-7.

    ROBINSON, Rich: «Postmissinary Messianic Judaism: A Review Essay», 8-21.

    HARVEY, Richard: «Shaping the Aims and Aspirations of Jewish Believers», 22-27.

    SCHNABLE, Eckhard J.: «The Identity and the Mission of Believers in Jesus Messiah», 28-53.

KINZER, Mark S.: «Response to Mishkan Reviewers of My Book», 54-65.

COHEN, Akiva, Derek LEMAN, Baruch MAOZ, y David STERN: «Four Comments on *Postmissionary Messianic Judaism*», 66-72.

SCHEBERA, Richard L.: «Postmissionary Messianic Judaism», en *Dialogue & Alliance* 20 núm. 1, (primavera/verano 2006), 127-129.

KELLNER, Mark A.: «All in the Family: Unraveling the Church's Confusion about Messianic Jews», en *Christianity Today* (marzo, 2006), 75-76.

DANIELS, David: «Avoiding potholes on the road to Jerusalem», en *Christian Week* (3 de marzo, 2006), 10.

NEUHAUS, Richard John: «On the Square: Observations & Contentions», en *First Things* (24 de mayo, 2006), Internet: www.firstthings.com/onthesquare/2006/05/rjn-52406-so-whats-your-church .

GARNER, Daniel: «Postmissionary Messianic Judaism», en *Reviews in Religion and Theology* (enero, 2007), 36-38.

SOULEN, R. Kendall: «Postmissionary Messianic Judaism», en *Pro Ecclesia* XVI, núm. 1 (invierno 2007), 105-107.

BROWN, Michael L.: «Is A Post-Missionary, Truly Messianic Judaism Possible», presentado en la North American Lausanne Consultation on Jewish Evangelism (18 de abril, 2007), Internet: www.lcje.net/papers/2007.html (LCJE NA Conference, San Antonio, Texas).

MESSIANIC JEWISH RABBINICAL COUNCIL: *Standards of Observance*, (mayo, 2007), Internet: www.ourrabbis.org .

SIEGEL, Jennifer: «Messianic Jews Find Fertile Ground in the Bible Belt», en *Jewish Daily Forward* (13 de junio, 2007).

SADAN, Tsvi: «Hamision Hashlihut Vema Shebeinehem», entrevista a Mark Kinzer (por Michael Brown), *Kivun* 56 (julio-agosto, 2007), 8-9.

KINZER, Mark S.: «Yeshua, The Glory of God and the Glory of Israel: Motives for Postmissionary Messianic Jewish Outreach», exposición en la conferencia anual de la Union of Messianic Jewish Congregations (julio de 2007, Chicago), Internet: www.messianicstudies.com/uploads/1/3/3/3/13335212/kinzerumjc07__48_kbps_.mp3 .

—   «Final Destinies: Qualifications for Receiving an Eschatological Inheritance», ponencia en Borough Park Symposium (octubre de 2007, Nueva York), publicada en *Kesher* 22 (primavera/verano 2008), 87-119, Internet: boroughparksymposium. com/wp-content/uploads/2007_Papers/01_symposium1.pdf (131-164).

YEOMAN, Barry: «Messianics are praying the "Shema," but preaching Jesus as the messiah», en *Jewish Telegraphic Agency (JTA)* (15 de noviembre, 2007), Internet: barryyeoman.com/2007/11/messianics-rising-two/ .

REAGAN, David R.: «Messianic Judaism: Its Meaning and Significance», en *Lamplighter* XXVIII, núm. 6 (noviembre/diciembre, 2007), 8-9.

HARVEY, Richard: «The Hidden Messiah», presentado en la International Lausanne Consultation on Jewish Evangelism (agosto, 2007), *Lausanne Consultation on Jewish Evangelism Bulletin* 90 (noviembre, 2007), Internet: http://www.lcje.net/papers/2007.html (LCJE Int. Conf. Keszthely, Hungría).

MARSHALL, Bruce D.: «Elder Brothers: John Paul II's Teaching on the Jewish People as a Question to the Church», en David G. Dalin y Matthew Levering (eds.), *John Paul II and the Jewish People*, 113-129, Lanham (MD, Estados Unidos): Rowman & Littlefield, 2008.

YOCUM, John P.: «On Mark S. Kinzer's *Postmissionary Messianic Judaism: Redifining Christian Engagement with the Jewish People*», en *Nova et Vetera* vol. 5, núm. 4 (otoño 2007), 895-906.

*BLOMBERG, Craig: «Freedom from the Law only for Gentiles? A Non- supersessionist Alternative to Mark Kinzer's *Postmissionary Messianic Judaism*», presentado en la Biblical Studies Conference on Messianic Judaism (Seminario de Denver, 12-13 de febrero, 2009).

*GURETZKI, David: «Karl Barth on Mark Kinzer's "Non-supersessionist and Post-Missionary Ecclesiology": Yes! and No!», presentado en la Canadian Evangelical Theological Association (Carleton University, Ottawa , 23 de mayo, 2009).

*COLYER, Elmer M.: «Post-Missionary Messianic Judaism», en *Scottish Journal of Theology* 62:4 (noviembre, 2009), 516-519.

*LEVERING, Matthew: «Supersessionism and Messianic Judaism», en *Jewish-Christian Dialogue and the Life of Wisdom: Engagements with the Theology of David Novak*, 12-46, Nueva York: Continuum, 2010.

Índice de materias y nombres

Índice de citas de las Escrituras y textos antiguos

Números (*continuación*)

11,11-15	38n34
11,16	38n36, 39n39
11,16-17	38n34
11,17	38n37
11,24	38n36, 39n39
11,24-25	38n34
11,25-30	38n37
15	74, 74n32
15,32-36	37n31
15,37-41	68n9, 74
15,39-40	74n31
15,39b	74n33
15,41	74n34
16,1-11	105
16,16-22	105
16,35	105
18,21-32	32
27	37n31
36	37n31

Deuteronomio (Dt)

1	38, 55n91
1,9-18	34n17, 35
1,15-16	34n17
4,19	77n40
5,14	32n6
6	74n32
6,4	68n13, 69, 75, 144n30
6,4-9	68, 68n9, 70, 72, 73, 73n29
6,5	71n24
6,6	74n31
6,6-9	71n24
6,7	68
10,1-8	96
11	72, 74, 74n32
11,13	71n24, 72n27, 74n31
11,13-17	71-72
11,13-21	68n9, 71, 73n29
11,16-17	74n33
11,17	72, 72n26, 73
11,18	73, 73n29
11,18-20	71n24
11,19	68
11,2	73
11,21	73-74
12,22-29	32
13,6	36n26

14,11-18	32n8
15,17	32
16,2	32-33
16,7	33
16,18	39
16,18-20	35n20
16,18-29	35
16,18-18,22	35n19, 39n41, 171
17	37, 38, 40, 43, 45, 51, 55
17,3	77n40
17,7	36n26
17,8	35n22, 36, 37, 45
17,8ss	36
17,8-13	35n21
17,1	35n23, 54, 55
17,11	35n24, 43, 44
17,11-13	36n25
17,14-15	39
19,19	36n26
21,21	36n26
22,21	36n26
24,7	36n26
30,14	143

1 Samuel (1 Sm)

5	105

2 Samuel (2 Sm)

6,6-7	105

2 Reyes

2,9-10	38n38
2,15	38n38

1 Crónicas (1 Cr)

29,14	81n50

Ester (Est)

9,27	39n43

Salmos (Sal)

22,29	100
44,23	68
92	98
104,24	79
113-118	12, 44
145-150	99

ESCRITOS APOSTÓLICOS / NUEVO TESTAMENTO